business model

T型商业模式

揭示独角兽企业的成功密码

李庆丰◎著

北京时代华文书局

序　言

回归初心之作

雷军与董明珠曾有一个“10亿赌约”。在2013年12月12日的“中国经济年度人物”颁奖典礼上，雷军表示小米模式将在5年之内战胜格力模式。为了增加趣味性，雷军提出以1元为赌注，象征性地立个赌约，表示5年后看小米与格力的销售收入以论输赢。素有“铁娘子”之称的董明珠毫不示弱，坚信小米模式不可能战胜格力模式，霸气回应：“要赌就赌10个亿。”

立下赌约的2013年，小米的营业额为316亿元，格力的营业额为1 200亿元。《财富》杂志报道说，我国中小企业的平均寿命仅2.5年。这5年，手机行业经历了大洗牌，老牌企业诺基亚、联想、索尼、中兴、酷派的销售量已经大幅萎缩或从市场上消失了，而小米作为一家民营创业公司，从零开始，八年上市，2018年手机产品出货量1.19亿部，全球排名第4。这5年，传统制造企业同样日子不好过，不时有跑路、倒闭的传闻，而格力电器持续保持高速增长，2018年有望实现2 000亿元营收目标。因此，雷军与董明珠都赢了！

他们赢在哪儿，是通常所说的商业模式制胜吗？搞智能手机的公司一大堆，能制造家电的公司更多。按照商业模式4要素、6要素或画布九宫格等传统的方法判断，它们的商业模式好像没什么不同。

为什么小米和格力成了大赢家?

这就要说到T型商业模式的与众不同之处。如果说传统的商业模式的结构图是“一”字型的话，那么T型商业模式在“一”的下面加了“丨”的支撑——让“一”字型变成了“T”型。T型商业模式分为3部分：创造模式、营销模式、资本模式。在“T”型中，“一”的左右两端分别是创造模式、营销模式，而“丨”就是资本模式。

这并不是文字游戏，而正是在推进商业模式理论的进阶。在T型商业模式中，创造模式有4个要素，营销模式有4个要素，资本模式有5个要素。本书中有这样一段话：“一个企业从创立到发展壮大进而成为独角兽，源于对产品组合成功定位后，首先要有一个优秀的创造模式，然后有一个匹配的营销模式，而资本模式为创造模式和营销模式赋能，同时创造模式和营销模式为资本模式繁殖赢利。”

T型商业模式中的“赢利”是指以关键资源与核心能力的持续累积赢得发展和竞争优势。与“盈利”的不同之处在于，赢利不仅包括会计意义上的利润，还包括经营活动中形成的其它有形或无形的资本累积。同样，资本并非只是指货币资金，而是扩大到关键资源与核心能力等广义的资本。可口可乐前董事长伍德鲁夫有一句名言：“假如我的工厂被大火毁灭，假如遭遇世界金融风暴，但只要有可口可乐的品牌，第二天我又将重新站起。”无疑，品牌来自于赢利的累积，而后转化为企业资本。

所谓优秀的商业模式不怕被模仿，是因为像任正非、马云、董明珠、马化腾、雷军等企业创始人或领军人物很难被模仿，他们才是企业最大的资本，让看似雷同的商业模式在不断进化中实现差异化……因此，商业模式不是一个静止的结构，而是一个可以被驱动而进化发展的“生命体”。这也是T型商业模式7大创新特色之一，是T型商业模式与众不同之处。

本书第1章是对全书内容的提要与概括，也因为序言不能写得太长，所以对T型商业模式的“剧透”只能有这么多。如果要回答“为什么小米和格力成了大赢家”，以及“如何让创业公司成为独角兽”“如何让公司可持续进化成长” 等诸如此类的问题，就需要我们来共同讨论和学习T型商业模式。

回归初心之作！

我从2007年开始从事风险投资工作，一直对商业模式的国内外实践和理论进化有所关注。我们投资经理或合伙人，特别勤奋者每年阅览商业计划书可达上千份，实际接触项目公司也有近百个。判断一个创业项目，我们通常要考察创业团队、商业模式、发展规划、行业市场等5～7个方面，但是商业模式和创业团队尤其重要。

并不众所周知的是，风险投资的失败率还是比较高的。很多投资机构——在不算极端糟糕的情况——大约70%以上的投资项目不能通过实现IPO或以其它高收益方式退出项目。一个项目成功了，收获的是品牌、名誉和经济效益。而对于大多数项目的失败——甭管是不是自己的项目，出于持续改进的初心，我们习惯于对它们的商业模式、创业团队进行复盘，看看哪里出现了问题。

有了理论，有了实践，还有对成功与失败项目的研究和反思，因此，我就想写一本关于商业模式的书。虽然2007年就有写书的野心，但是持续多年来，总感觉自己需要进一步沉淀和积累，将T型商业模式的理论原型进一步完善并不断进行实践验证。

毋容置疑，商业模式之于创业投资、企业进化乃至个人职业发展都很重要，以至于打着商业模式旗号的项目招商、营销鼓噪、咨询培训纷至沓来。但是，商业模式仍然还不是一门成熟的学科。目前来看，既没有哪个商学院能系统地开设这门课程（更别说有这个专业了），甚至还没有一本普遍认可的关于商业模式的教科书。

算上商业模式的“前身”——利润模式或盈利模式，“商业模式”这个名词的出现也只有30来年历史，而近期10来年才被广泛提及。春江水暖鸭先知！2000年及2010年左右出现了两次商业模式研究热潮，中外学者提出了若干多个商业模式初步理论或原始结构模型。大家都在摸着石头过河，在一片空白上进行理论创新与结构搭建，难度极大，精神可嘉！

中外商学院的教授学者在研究商业模式。他们有较好的理论功底、专门的时间及科班传统塑成的规范，也有诲人不倦的学术追求及申报研究项目的强烈愿望。中外教授学者的接续研究，推动了商业模式这座大厦理论基础的雏形构建。

中外企业咨询专家在研究商业模式。他们了解企业经营的现实情况，擅长将传统及前沿的经营管理理论学以致用。指导企业的实践中必然会出现创新，创新也是他们差异化营销及塑造咨询品牌的利器。中外企业咨询专家的坚持创新，促进了商业模式理论与实践的不断结合，也引致了需要进一步创新和完善的诸多新课题！

从中国制造跃迁到中国创造有点难，从引进西方的经营管理理论跃迁到本土理论原创也是很难的！中国改革开放之初，我国的商学院引进了西方的MBA人才培养模式，教材也从西方引进——绝大部分是英文原版影印。至今，我们已将那些引进的教材翻译或改编成了中文，学习的依旧是科特勒、德鲁克、迈克尔·波特们的理论。西方理论影响之深，就连极具创新实践精神的著名企业家张瑞敏，在演讲中引用的也全是西方管理大师的言论。近些年来，喜马拉雅、罗辑思维等几大知识付费平台异军突起，名嘴们讲授的也是西方的理论结合当下的实践——内容多是“如何迅速成才与赚钱”。对比之下，创新创造有点难，来自中国本土的经管理论创新更是呼之难出！

现在，中国已经是世界第二大经济体。在某些产业领域，我国企业的商业模式创新实践已经领先于世界，这也呼唤着能有来自中国本土并影响世界的商业模式理论创新。

10多年来，为了提升自己所从事的风险投资的工作水平，并进一步对所投项目进行有效能的投后管理支持，我既关注国内外教授学者、咨询专家对商业模式的最新研究进展，也非常注重在创业投资领域的商业模式创新实践。有所不同的是，风险投资付出的是真金白银，创业项目“九死一生”，所以我们的研究与探索就有更多“真刀真枪”、直截了当的基因与风格。同时，自2007年以来，我所在的众合创投/鼎鑫国际资本坚持主办两本内刊，一本是《商业模式》，另一本是《中国关注》。我有幸负责这两本企业内刊并兼任它们的主编。为了胜任这项有挑战性的主编工作，我必须关注我们已经投资的近100家企业的商业模式，也必须关注整个风险投资领域的新案例及新动向，也有必要研究每年接触到的成千上百个创业计划的商业模式和新经济带动下的风起云涌般出现的商业模式创新案例。

工作培养兴趣，也会培养情怀，把情怀当真就可能成了理想。既然它（商业模式）是待开垦的处女地，还有一片一片的空白，我们中国的研究者、实践者也可以成为世界知名的商业模式研究与创新专家。《异类》一书中提出了“一万小时定律”：“人们眼中的天才之所以卓越非凡，并非天资超人一等，而是付出了持续不断的努力。1万小时的锤炼是任何人从平凡变成世界级大师的必要条件。”

如果简单机械地付出1万小时，把情怀当真也实现不了理想。“知不足，然后能自反也；知困，然后能自强也。”对于企业系统来说，商业模式只是一个子系统，因此我必须拓展认识范围，上升一个层次，才能厘清局部和整体的关系。我很早就在想，电脑有操作系统，手机有操作系统，数控机床也有操作系统，那么创业企业也应该有个“操作系统”吧！我就提出一个创业企业的“人—车—路”操作系统，人——创业团队，车——商业模式，路——战略路径。将三者连起来说：创业团队驱动商业模式运转，沿着战略路径前进，以实现赢利累积和进化发展。后来，我又下功夫学习了系统论、结构思维，结合我对工商管理的浓厚兴趣和积累，又为这个创业“操作系统”增加了企业文化、管理体系、资源平台、技术厚度和创新变革5个助力因素。这样，原来的创业“操作系统”升级为“企业赢利系统”，它就适合华为、格力、阿里巴巴、百度、腾讯等这样的大型企业了。

用了几年时间，对“企业赢利系统”的理论体系初步构建完成后，我就想写以“企业赢利系统”为标题的一本书。期间从事投后管理工作时，我策划与主持了诸多公司的战略规划会议，收获感慨颇多，还想写本书，书名叫作《战略私董会》——它主要是“企业赢利系统”中战略规划模块的内容。

也许原创一个理论太难了，我总是对自己提出的商业模式结构模型不满意，以至于拘泥于“企业赢利系统”“战略私董会”等多元化领域，迷途而不知返。回归初心吧！从商业模式这个起点，延伸到企业赢利系统，还是要回到商业模式。10多年的研究与实践，不断改进，不断迭代，今天《T型商业模式》一书终于出版。

为创业者、企业家、职业达人而写！

虽然“T型商业模式”是一次幅度不算小的理论创新，但是本书的读者对象是创业者、企业家、职业达人等知识型工作者。因此，本书理论与实践并重，并且理论部分不超过三分之一，侧重以实践案例来说明和验证理论。为此，本书列举了88个商业模式成败案例，总结了50多个新模式，配有80余张可视化商业模式原理图，关联33本知名商业书籍的相关原理，提出并通俗地阐释了20多个商业赢利新逻辑。本书依靠市场销量延续生命力，所以少有晦涩难懂的理论，也少有东拼西凑的“申报书”式文字。在写作时，作者力求让每章各节简明易懂，并适当增加趣味化、故事化的渲染。

至于本书的内容结构安排，看看目录就会一目了然。各种高效能读书方法论都建议：读一本书时先认真看看目录，了解该书的整体结构安排；后续读每一章时，再返回目录——加强理解部分与整体的关系。学而不思则罔，思而不学则殆。本书有8章42节。每节之前都有3个问题。例如，第2章第5节重点阐述“免费+收费”的产品组合，相关的三个问题是这样的：

※ 奇虎360将杀毒免费后，构建了怎样的赢利产品组合？

※ 罗辑思维“免费+收费”产品组合如何促进其商业模式成功？

※ 微信就像一个“大鱼塘”，它可以设计哪些赢利产品组合?

本书列举的88个案例中，其中80个是成功的新经济独角兽及传统型优秀企业，例如：小米科技、滴滴出行、罗辑思维、苹果、亚马逊、海底捞、奇虎360、联影医疗、星巴克、阿里巴巴、腾讯、吉利、本田、拼多多、大疆无人机、美团点评、7-Eleven、宝洁、格力……剩余的几个是失败案例，重点阐述我们应该从中获得哪些经验教训。失败是成功之母！也有人说“成功乃失败之父”，还有人说“成功是成功的父与母”！百舸争流，必然景象万千，各种解释都能自圆其说。成功，要遵循专业化；失败，通常是因为偏离了轨道。T型商业模式包括3大部分，有13个要素，提出3大原理，有7项理论创新。从创业进化为独角兽，需要一个T型商业模式！

2019年1月10日，我写这篇序言时，雷军正在“红米独立品牌发布会”现场“怒怼友商华为”。风起云涌时，奋力求生存。手机市场一直有点江湖味道，连一贯温文尔雅的雷军先生都“hold不住”了。直至今天，小米系列产品还在固守“性价比”第一的原则。从T型商业模式看，对于有时尚消费属性的产品，到了行业成熟期，“性价比”对企业赢利机制的驱动力将会波动递减，比亚迪和格兰仕都是前车之鉴。

格力董明珠女士可以说是T型商业模式中营销模式的“代言人”。她说的“每一句话”，都将给企业节约上亿元广告费。“格力——掌握核心科技”的广告语，其实承载着格力创造模式与营销模式的完美结合。不要忘记，高速增长应该是阶段性的，而不应是长期战略。T型商业模式有3大部分，含有13个要素，应该形成联动！正向增强反馈与调节反馈错落有致、交相辉映。芯片、造车、智能装备，偏离了核心能力的轨道，格力的正向增强反馈会反转吗?

2013年“双12”的那场赌局，小米与格力都赢了！从T型商业模式看，它们与市场的赌局，刚刚开启一个新的篇章……

随着时代和经济的发展，商业模式一直在不断变化、推陈出新，商业模式理论也需要不断修正和完善。囿于作者学识，书中难免有不完善的地方，希望各位读者不吝赐教。对于本书的意见和建议，以及关于商业模式的探讨，欢迎来信直接与我沟通与联系，我的邮箱：fude139@163.com，个人微博：李庆丰看创业，公众号：T型商业模式。

李庆丰

目 录

第1章 窄 门

— 第2章　创造模式

第3章 营销模式

第4章　资本模式

第5章　三大原理

第6章 关 联

第7章 创 新

第8章 结束语

T

第1章

窄门

本章导读

滴滴出行创始人程维当年拿着80万元自有资金在北京艰难创业时，摇摇招车已经是当时互联网约车的老大，并且拿到了红杉资本300万美元的投资。只是滴滴出行的创业团队更加骁勇善战，一路走来淘汰掉了30多家竞争对手……为了避免相互模仿，我们应该效仿美国，对商业模式创新进行知识产权保护吗？这确实是一个利弊参半的两难选择。

自古至今，商业本质未变。从原始社会的物物交换开始，人类文明的车轮具有棘轮效应，至今已经是一个T型商业模式。T型商业模式包括3个部分、共有13个要素，它足够让创业者对商业模式产生敬畏。开启一段创业比较容易；从创业到优秀进而成为独角兽，门是窄的，成功概率是非常低的。

雷军领导小米科技从零开始，8年后上市，全球第四，手机年销量超过1亿部，成长为超级独角兽，结构化的方法论是什么？这要从"T型商业模式"讲起……

1.1 应该对商业模式创新进行保护吗？

重点提示

※为什么滴滴出行长期不能盈利？

※商业模式创新与技术创新相比较，成本孰高孰低？

※普利斯林的“NYOP模式”有什么特点？

从2005年开始，《商界评论》杂志坚持承办一年一届的商业模式峰会；《21世纪商业评论》杂志也已经连续多年主办一年一次的商业模式高峰论坛。这两个活动每年分别评选出10多个年度最佳商业模式。2005—2007年前3届入选的典型企业有：如家酒店、蒙牛集团、分众传媒、大连万达、腾讯等；2015—2017年近3届入选的典型企业有：滴滴出行、京东物流、瓜子二手车、1919酒类直供、e袋洗等。

前3届入选的典型企业融资非常少，并且盈利情况良好，很快就IPO（首次公开募股）上市了。例如：如家2002年创立时，启动资金为1 000万人民币，后来共有1 000万美元私募融资。创立4年后，如家酒店于2006年10月在美国纳斯达克上市，当年营收5.885亿元人民币，运营利润达7 460万元。

而近3届入选的典型企业融资次数越来越多，金额越来越大，不但长期未能实现盈利，而且企业估值以火箭般的速度向上蹿升。例如：程维以自有资金80万元于2012年7月创立滴滴出行，5年后滴滴在当年的独角兽排行榜上位列第二，估值达到560亿美元。据前瞻网的不完全统计，滴滴出行成立5年来，共进行17轮融资，涉及30多个投资机构或个人，融资总额超过240亿美元。另据36氪报道，滴滴出行2018年上半年亏损40.4亿元；同期内，在乘客补贴和司机奖励方面的投入高达117.8亿元。

沈南鹏曾是携程网、如家酒店的联合创始人，现在主导的红杉资本也是滴滴出行的财务投资人。从创业者到投资者，沈南鹏必须与时俱进，不断超越自我，否则很难承受如此创业与估值巨变。

我国的创业成功企业中，超过80%主要依靠商业模式创新，而不到20%的企业更多依靠技术创新。10多年前，商业模式创新之风开始在中国盛行，那时商业模式创新的成本非常低，而技术创新投入大并且失败风险高。现如今，商业模式创新的成本已经非常高了。像滴滴出行那样，免费、补贴似乎成了新商业模式创业项目的标配，动辄几十亿、上百亿花出去了，连个盈利的影子还没有看到。创业者与投资者，皆对此泰然自若，似乎理应如此，或者是习以为常了。有人说他们在玩现金流“把戏”：创业者能融到资，就可以展望未来；投资人的钱能投出去，估值不断上涨，账面上就是盈利的。事实上，通过创业成为独角兽以后，大部分创业企业的结局都不赖。有的通过IPO让投资机构的钱退出；有的最终被BAT（中国互联网公司三巨头：百度公司、阿里巴巴集团、腾讯公司首字母的缩写）等“巨无霸”企业以生态建设名义给并购掉了。

有报道说，**美国企业的成功，60%主要依靠商业模式创新，40%更多是技术创新，并且商业模式创新的成本大约是技术创新的5%～10%。**我们先看一个小故事：

美国商业宣传奇才哈利15岁时在一家马戏团做童工，负责在表演场内叫卖饮料和小食品。由于来看马戏的人不多，小食品和饮料也不好卖，马戏团不怎么挣钱，所以发给哈利的工资非常地微薄。穷则思变，有一天，哈利突发奇想：向每一位买票的观众赠送一小包花生，是否可以吸引更多顾客来看马戏？老板坚决不同意他这个荒唐的想法。后来哈利用自己的工资做担保，并承诺如果赔钱了就从他的工资里扣，如果小食品和饮料多赚钱了自己只拿其中的一半。老板勉强同意了，让他试一试。从此之后，马戏团的演出场外就多了一个义务宣传员：“来看马戏喽！买一张票免费给一包花生，花生超好吃嘞！”在哈利卖力的吆喝下，观众比往常多了好几倍。

观众进场后，哈利就开始叫卖起饮料来，而绝大多数观众在吃完花生之后觉得口渴都会买上一瓶饮料。这样一场马戏下来，营业额比平常增加了十几倍。其实，哈利在炒花生的时候加了少量的盐和香料，这样花生更好吃了，而观众越吃越口渴，饮料的生意自然就越来越好了。

在这个很久以前的小故事中，哈利对马戏团商业模式的创新，投入的只是一小包花生米，却获得了两个可观的收益：一个是马戏团的营业额比平常增加了十几倍。我们知道，演出行业存在着当观众增加时而边际成本递减为零的特点。300人看马戏与20人看马戏比较，马戏团付出的成本几乎是一样的，这样多出的十几倍营业额几乎都是利润。另一个是哈利特制的咸味花生不仅带动了他的饮料销量大幅增加，而且看客多了，其他各种小食品卖得也多了。一个小小商业模式创新，付出是很少的，而马戏团获得的收益是巨大的。

哈利发明的看马戏赠送花生米，属于商业模式创新的一部分。这个创新让马戏团老板赚了大钱，而哈利小朋友只是多得了一点提成工资而已。哈利从事的售货员岗位，本身没有啥难度，如果工资挣得多了，说不定哪天就被老板解雇了。如何保障商业模式创新者的利益？

在商业模式创新上，美国一直是领跑者。美国发展模式中有一条清晰主线，就是技术创新和商业模式创新同步推进。1998年，美国就开始对商业方法（商业模式）创新授予专利。此后，以互联网带动的新兴产业引领新经济快速发展，涌现了像脸书（Facebook）、亚马逊、推特（Twitter）、苹果、优兔（YouTube）、普利斯林等诸多出类拔萃的商业模式创新案例。

普利斯林（Priceline）公司于1998年创立，当年就在美国专利局注册了“用户出价”（英文简称为NYOP）商业模式专利。所谓“用户出价”，也叫作逆向拍卖。携程是由酒店或航空公司对客房、机票定价，顾客在网站上选择，而普利斯林提供一个平台让顾客出价，酒店或航空公司愿意接受这个价格，双方就成交了。“NYOP模式”体现的经济学原理是“产品接近保质期，使用价值就会变为0”。例如，某顾客出价80美元希望购买明天晚上纽约市中心的一间五星级酒店。希尔顿酒店正好这一天空置率比较高，就在普利斯林网站上接受了这位顾客的报价。对于希尔顿酒店来说，虽然挂牌价是300美元，但是房间空着没有任何收益，为多挣80美元而付出的边际成本不过是一点洗浴用品和水电费用，实在是太划算的一笔生意。

上面例子中看到，消费者在纽约花多少钱住一晚酒店，是可以自己定的。这样形成口碑放大效应，喜欢价廉物美的消费者便接踵而来。商业模式有一个交易规律，你能为消费者省多少钱，就能为自己同等比例地赚多少钱。普利斯林毛利率高达90%，2017年的净利润为携程的5倍，股价从2美元已经飙升到2 000美元左右。华人李嘉诚曾经在低价时大量购入普利斯林股票，一度持股32%而成为最大股东。与其次子李泽楷提前抛售腾讯股票类似，“李超人”在股价40美元时就把普利斯林的股票全抛了，当时赚得也不算少。

早在1998年普利斯林就为“NYOP模式”申请了专利，专利保护时间20年。这一富有预见性的举动也为企业发展构筑了“护城河”，让行业巨头无可奈何，让新进入者望而却步。“NYOP模式”的确为普利斯林赚取了第一桶金，并逐渐积累起了巨量用户和供应商资源，为之后启动一系列新业务和并购发展奠定了基础。发展到今天，普利斯林的业务已经非常多元，它的产品线覆盖机票、酒店、租车和比价搜索，“NYOP模式”对应的业务只是其中的一小部分了。

在我国，众多创业者也在尝试商业模式创新，但是创新者总是被无数跟随者模仿，导致创新演变成了异常激烈的竞争。从免费、补贴开始，逐渐演变为“烧钱”大战，一轮一轮地融资，不断拉高估值，而最后的胜出者往往是那些融资能力强、有背景、有资源的创业团队，而创新者的先驱很可能就变成了“炮灰”。最后，一个企业成功了，同时兴起的大部分创业不见了。即便领导者企业，多年也不能实现盈利。

滴滴出行创始人程维当年拿着80万自有资金在北京艰难创业时，摇摇招车已经是当时互联网约车的老大，并且拿到了红杉资本300万美元的投资。只是滴滴出行的创业团队更加骁勇善战，一路走来淘汰掉了30多家竞争对手，最后与快的打车搞“补贴大战”烧掉了40多个亿——由于烧钱太猛，导致两家背后的投资人密切“沟通”起来。然后，峰回路转，两者合并了！从此只有滴滴一家独大。

绝对不能说滴滴出行抄袭摇摇招车，因为孰先孰后无从考证，我国对商业模式创新也没有任何知识产权保护的说法。再说了，优步打车（Uber）于2009年就在美国硅谷创立了。2012年滴滴、遥遥、快的创立时，优步已经开始国际化扩张了。

模仿者太多了，我国应该对商业模式创新进行知识产权保护吗?

1.2 开启创业易，成为独角兽难！

重点提示

※所谓的创业“无人区”有哪些主要特点？

※互联网团购是一个靠谱的商业模式吗？

※为什么说T型商业模式有点“难”？

任正非在科创大会上曾说，华为“正在本行业逐步攻入‘无人区’……”。这里的“无人区”是指重大基础技术创新领域。

我们观察到，成千上万个创业者也在前赴后继攻入“无人区”，但是这里的“无人区”是指没有顾客购买的领域、利润稀疏的区域。此类“无人区”的第一个特点是有免费、有补贴就有客户，停止免费和补贴后，客户们就消失了；第二个特点是获客成本很高，运营成本越来越高，而销售毛利永远不能覆盖运营费用，创业项目无限期不盈利；第三个特点是门槛太低，模仿者众多，竞争太激烈，“钓鱼者比池塘里的鱼还多”！

如果一个商业模式，符合以上3个特点中的一个，那就一定“中招儿”了。全部符合以上3个特点的“创新”商业模式，当属当年的互联网团购创业热潮了。

为什么团购这个商业模式，让绝大多数创业者失败了？因为团购壁垒太低了，搞个网页就可以向风险投资路演拿钱，仿佛“逆袭”的机会就在眼前！2010年是团购的风口，很快就冒出来6 700多家团购创业。结果是大批创业者拥进去，都找不到利润区，靠免费、低价、补贴等营销手段吸引消费者。而后爆发了“千团大战”，几个头部团购网站到处建立“地面部队”，造成运营成本奇高，谁能融到资谁就能多活一会儿。拉手网、美团、窝窝团、24券、满座团、高朋网等十多家处在头部的团购网站引进风险投资超过60亿美元。最后，除了寥寥一两家被并购而后继续转型之外，最终只有美团一家依靠不断融资、不断并购、不断“去团购化”开辟新业务才活了下来。封成先生在《O2O的归途在哪里》写道：

> 行业的领头羊，创业者中的佼佼者，极其容易被资本无脑追捧，而资本的过分追捧又会促使其估值的泡沫化。
>
> ……
>
> 拉手网的上市失败，犹如一颗信号弹在整个市场炸裂开来。焦虑的情绪在不断蔓延，不管是投资人还是创业者全都慌了。在那个没有BAT来收购的时代，所有人都在期盼着行业头部的敲钟。为什么呢？相关人士的解释是这样的：“投资人就两种心态，一个是贪婪，另一个是恐惧。如果拉手网真的上了市，投资人会继续贪婪一段时间，因为大家觉得至少我可以把它卖给拉手，但是当它上不了的时候，所有的人认为这个事退出不了，投资放缓了。”
>
> 融资窗口关闭，倒闭潮来临。很多团购网站……再也拿不到融资了……

成也商业模式，败也商业模式。一个商业模式，成千上万个企业模仿，因此中国式创业失败率比较高，企业平均寿命比较短。《财富》杂志报道说，欧美国家的中小企业平均寿命超过7年，而中国中小企业的平均寿命仅2.5年。**“站在风口上，猪都能飞起来！”**很多人便涌向了风口，大家都模仿同一个商业模式。从团购、APP（手机软件）、O2O（Online To Offline，线上到线下）等创业热潮，到网贷、生鲜电商、直播、共享单车大流行，从风口上摔下来的太多了！创业失败率超过95%。

摩拜单车推出来时，解决了短途交通的痛点，受到上班一族的喜爱，也获得了投资人的追捧。每个顾客预交押金199元，相当于一种零成本的融资方式；骑行半小时收费1元，所以成本回收期也较短。怎奈中国还没有允许商业模式创新申请专利，一夜之间成千上万个共享单车项目出来了，城市街道上“赤橙黄绿青蓝紫”的共享单车开始泛滥成灾，反而成了城市治理的一大隐患。由于恶性竞争及损坏丢失严重，无奈之下摩拜卖给了美团，而盲目冲进风口、拼命挤进赛道的成千上万个模仿者，难逃血本无归的宿命。

为了防止相互模仿导致的创业乱象，给予商业模式创新知识产权保护可行吗？凡事有利有弊。如果对商业模式创新进行知识产权保护，一是它不利于大众创业、万众创新；二是知识产权纠纷大量涌现，往往让投机者得逞，而真正的创新者落魄；三是很多拥有专利者难作为，导致经济活跃度降低。另外，我国的创新水平还暂时落后于发达国家。如果像美国优步那些领先创新者抢先在中国申请了专利，那就没有国内的“滴滴”们什么事了。

另一个可行的方法是进行创业者教育。现在买银行的理财产品，要成为投资者，都要先风险测评，还必须面对面地录视频、录音，再进行审核，才能通过，非常地严格。社会一直在提倡进行投资者教育。创业者是最“严重”的投资者，身家性命都投入进去了，青春岁月还只能算是“沉没成本”。

创业者教育也包括自我教育，创业者要对商业模式充满敬畏。大家都看到一个独角兽“闪耀”登场了，却没有看到背后千千万万个创业失败了。

解决方案是从提出问题开始的。独角兽是如何成功的？或者，如何让创业成长为独角兽？T型商业模式共有13个要素，分为创造模式、营销模式和资本模式3个部分，如图1-2-1所示。T型商业模式的大致原理是：一个企业从创立到发展壮大进而成为独角兽，首先要有一个优秀的创造模式，然后有一个匹配的营销模式，而资本模式为创造模式和营销模式赋能，同时创造模式和营销模式为资本模式繁殖赢利。

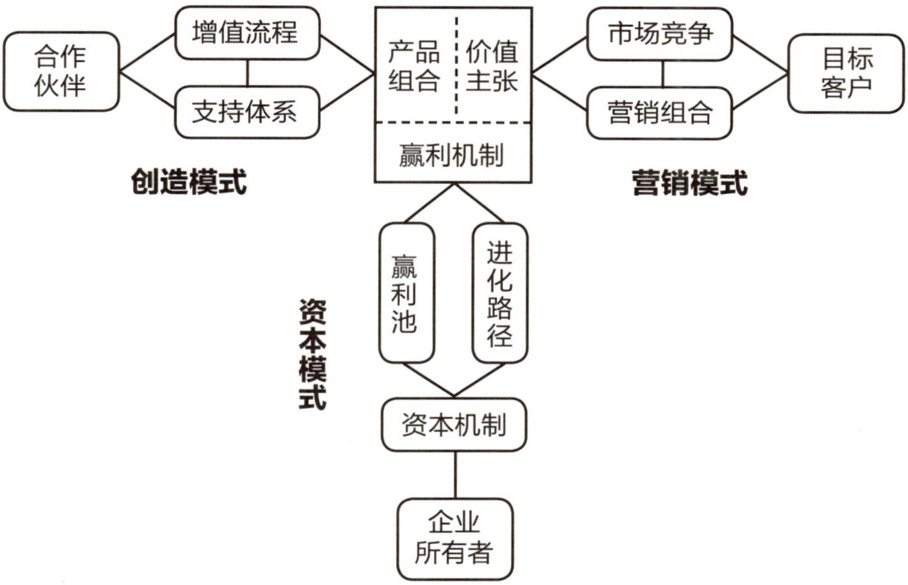

图 1-2-1 T 型商业模式全景示意图

很多人看了T型商业模式这个构成图，也许会说“要素太多了，有点难明白”！看起来13个要素有点多，但这还不是最难的。T型商业模式的局部与整体之间、要素与要素之间还有很多原理和规律，这个理解上也是有点难度的。谦卑地说，理论都是有点“教条主义”的，“纸上得来终觉浅，绝知此事要躬行”，执行起来更有难度。创业的现实环境多变，执行是有取舍艺术的。T型商业模式有点

“难”，它足够让创业者对商业模式产生敬畏。

之前，也有人将商业模式搞得很简单。例如：有些“野路子”专家到处宣扬为了自己能轻松赚钱而发明的——商业模式制胜“三招六式”之类，比大妈们跳的广场舞还要简单！为了让企业经营者掏钱参加培训或接受商业模式咨询，这样搞的“专家老师”既有演讲水平，也有“表演式的营销才艺”，典型的说辞有“传统企业转型并不难，商业模式‘三招’让利润增长5～10倍，资本‘六式’让企业快速IPO上市！”不说IPO上市有点难，传统企业转型哪有那么容易？联想集团总部坐满了高层次人才，而几次转型都是磕磕绊绊，况且它还不是传统企业，只是从互联网转向移动互联网。诺基亚、柯达、摩托罗拉等曾经的著名世界500强公司——还不如联想集团境遇好，它们不但转型失败了、业务被分拆出售，而且柯达早就破产了，诺基亚和摩托罗拉元气大伤，很难东山再起了。

T型商业模式3个部分、13个要素确实有点多。这个相对来说，足够让创业者对商业模式形成敬畏。模仿别人的商业模式并没有那么简单，创新一个商业模式也没有那么简单。用T型商业模式的要素和原理判断一下，创业时就不会那么盲目地投入和随机试错。上一节中以滴滴出行为例来说明“现如今，商业模式创新的成本已经非常高了”。比较起来，我国的技术创新相对来说投入不足。我们提倡供给侧改革、工业4.0升级，学习德国“隐形冠军”和日本工匠精神，而对于技术创新，民间的创业投入热情还远远不够。大家不要都一窝蜂地追创业“风口”，不要盲目地模仿别人的商业模式，那样必然造成创业者、投资者周期性地巨大损失。像团购、O2O、P2P网贷等“无厘头”的创业模仿、投资砸钱热潮，一个创业周期转下来就扔掉了几十、上百亿美元，那最终都是社会资源的极大浪费！在此提出T型商业模式，希望更多的企业成为有技术厚度的企业。让企业有技术厚度，并不一定完全依靠投入巨资研发世界顶尖高难技术。据我的观察，诸多企业在商业模式、战略规划、管理体系等诸多方面只是浅尝辄止，还谈不上有什么技术厚度，这是真正的经营短板所在。本书专讲商业模式，切问而近思，我们把T型商业模式3个部分、13个要素等相关内容和原理搞明白，持续应用于实践，以促进企业在商业模式方面的技术厚度逐渐升级和提高！

原始社会的商业模式是物物交换，交易要素很简单，而现代的T型商业模式有3个部分、13个要素——这确实也是与时俱进！同样地，春秋战国时期扁鹊先生懂“望闻问切”就可以了，因为古代人对疾病认识简单化。扁鹊成为一代名医，也只是一个人背起行囊的流动医疗诊所。而现代一些三级甲等医院，高学历医师有上千名，医疗设备投资上百亿元，也还满足不了人们治疗的需要。我国每年新注册企业超过600万家，而多年长起来的独角兽才不到200家。开启一段创业很容易，而成为独角兽太难了。T型商业模式阐述从创业→优秀→独角兽的通用商业模式结构，所以有点难也是与客观事物相匹配的。

通过结构分解，复杂可以变得简单。如图1-2-2所显示，T型商业模式可以分拆成3个部分：创造模式有4个要素，营销模式有4个要素，资本模式有5个要素，单看其中一个就比较简单了。从整体分拆为局部，再从局部有机合成为系统——先解构后建构，这样也就符合认识论了。

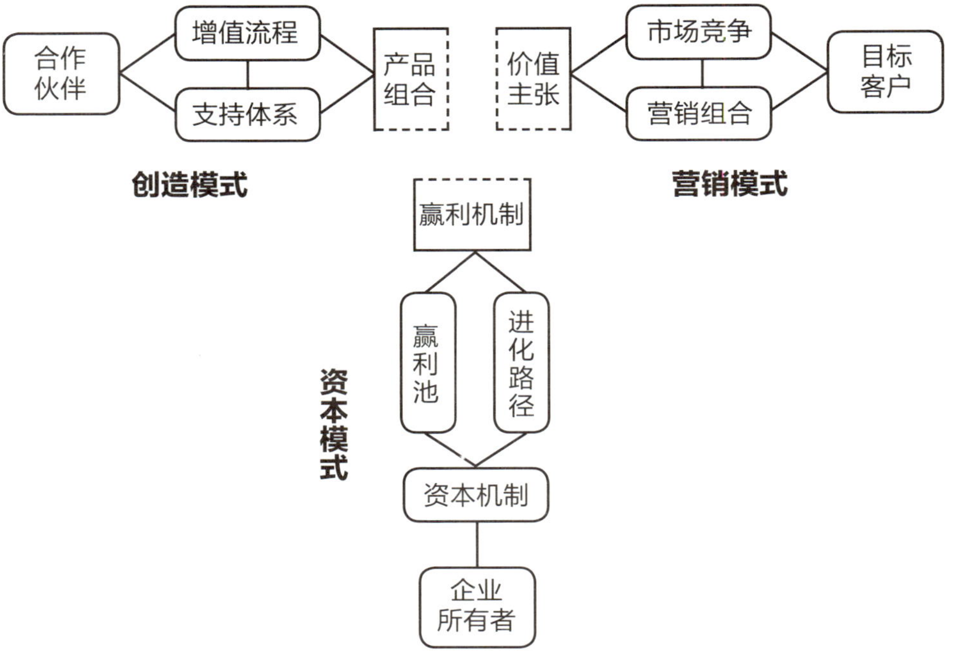

图 1-2-2 将 T 型商业模式分拆成 3 个部分示意图

那么，T型商业模式是怎么推导出来的？

1.3 T型商业模式是如何推导出来的？

重点提示

※从“中兴芯片事件”看，我们的创造模式有哪些不足？

※百事可乐如何通过营销模式突破可口可乐的垄断壁垒？

※为什么说摩拜单车的资本模式看起来很好？

网上流传过这样一个“财富”故事：加拿大男青年麦克唐纳是一个送货工。虽然他买不起房子，但他有更富创意的办法：效仿我们的祖先，搞物物交换。从2005年7月起，麦克唐纳利用互联网，用一枚红色曲别针开始与人交换，换回一支鱼形笔，再把笔换成小件艺术品……汽车……就这样，随着物品的变化，麦克唐纳最终没花一分钱，换回一套漂亮的双层别墅！

麦克唐纳的故事只是一个特例，网上流传以讹传讹，实际上他换回的只是这个别墅一年的使用权。另外，不排除某个物物交换网站有意炒作这个故事。

文明的车轮具有棘轮效应，落后不能替代先进，物物交换只能是我们祖先的“专利”。古希腊3 000多年前的《荷马史诗》曾记载当时的物物交换：1个女奴换4头公牛，1个铜制的三脚架换12头公牛。我国早期的物物交换，兴起在7 000年前黄河中游一带的仰韶文化（大致是今天的甘肃省到河南省之间的范围）。仰韶文化时期，手工业已经非常发达，制陶业及石器制造业尤其先进。产业发达必然有剩余产品，同时衍生出爱美和装饰的需求。考古学家从仰韶文化的村落遗址中发现了产于沿海地区的海贝，还有来自新疆的磨制玉片和玉缀，说明那时他们已经与沿海和新疆地区通过物物交换进行贸易往来。

原始社会的物物交换常常选择在近水的地方进行，比如水井边。人们经常相聚井边汲水，顺便带上货物在井边交换，井中取水可以清洗货物，所以是交易剩余物品的好地方。“市井”一词大致由此沿革而来。有了“市井”，商肆越来越集中，基础设施逐渐配套，买卖双方交换物品的频次不断增加，后来就出现了专业提供清洗、包装、物流服务的第三方供应商。从古代的物物交换发展到今天高度发达的商业社会，虽然历经朝代更迭、时代变迁，但是商业的本质未变，商业交易还是主要有3个主体：买方、卖方和第三方供应商。

回归起源，从古代的物物交换开始思考，也许能抓住商业的本质。我们讨论商业模式，在进行创造和创新的同时，为了便于沟通和传播，应该继承和借鉴中外研究者已经给出的术语体系。因此，在T型商业模式中，将买方称为目标客户，将卖方称为企业所有者，将供应商称为合作伙伴。3者之间交易标的物是产品。目标客户购买产品是为了满足自己的需求，感兴趣的是产品的价值主张；企业所有者为目标客户创造产品，是为了实现创业赢利，真正的兴趣在赢利机制；合作伙伴愿意一起参与产品创造，是由于竞争让产品变得复杂化，提供给目标顾客的往往是一种产品组合，其中有自己擅长和能够获得收益的部分。“价值主张、赢利机制、产品组合”三位一体，都是表示“产品”这个交易标的物。为了图示化表达，将它们构造到一个图中，如图1–3–1所显示。

从“产品组合→合作伙伴”之间代表着如何将产品组合创造出来，称之为“创造模式”；从“价值主张→目标客户” 之间代表着如何将产品组合的价值主张营销给目标客户，称之为“营销模式”；从“赢利机制→企业所有者”之间代表着如何将累积的经营成果转变成内部资本、企业所有者如何从外部引进社会资本及企业怎样对外投资发展、持续进化等，称之为“资本模式”。

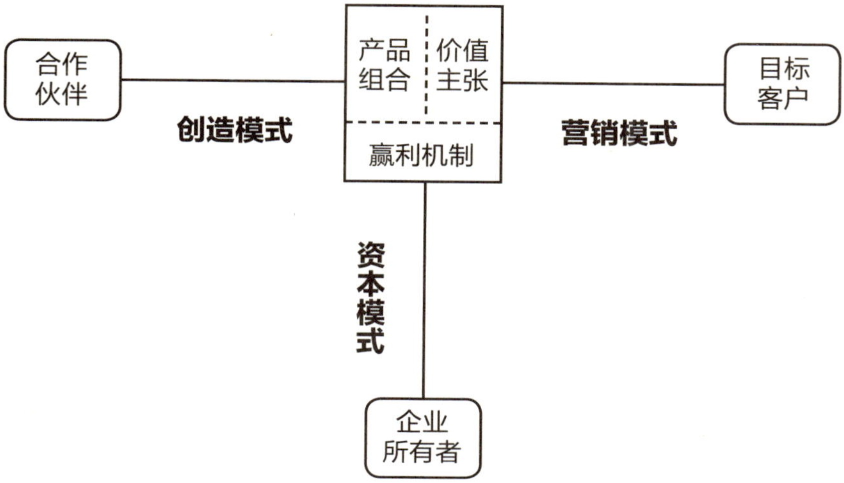

图 1-3-1 从物物交换到 T 型商业模式示意图

1.3.1 构造创造模式

如图1.3-1所显示，“产品组合→合作伙伴”是创造模式的雏形。为构建一个完善的创造模式，我们需要增加哪些要素？在迈克尔·波特的价值链理论中，企业创造一个产品，是由一系列业务流程活动构成的。出于经济性和可控制的考虑，企业应该仅掌握增值流程，而将非增值流程外包给合作伙伴。这里的增值流程，既包括企业擅长且附加值高的流程，也包括虽然经济附加值低，但是对于企业掌控力来说非常关键的流程。为了支撑增值流程有效和高效地运营，企业还需要搭建一个合理规模的支持体系。企业的支持体系分为3个部分：①关键资源与核心能力；②管理体系与企业文化；③社会科技进步、宏观经济、产业趋势与政府扶持。

在“产品组合→合作伙伴”之间，增加增值流程、支持体系两个关键要素，那么创造模式的公式就可以写出来：**产品组合=增值流程+支持体系+合作伙伴**。可以用文字表述为：**合作伙伴、增值流程、支持体系三**

者互补，共同创造出目标客户所需要的产品组合，如图1-3-2所示。

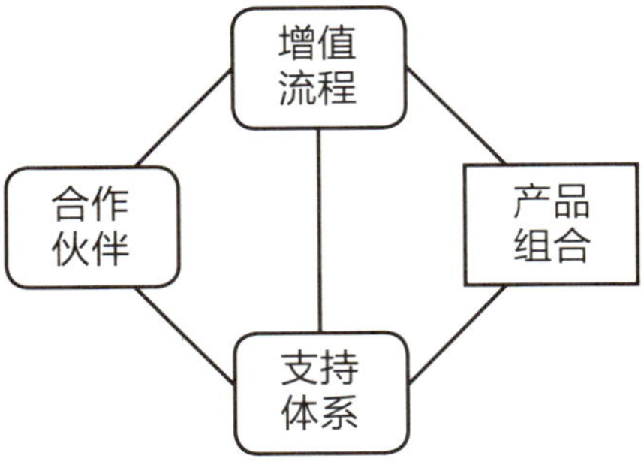

图 1-3-2 创造模式的构成要素示意图

我们用图1-3-2中的4个构成要素描述一下吉列剃须刀的创造模式：

1901年之前的剃须刀，刀刃很厚，能用好多年，但是刮几次胡须就要磨一下刀，所以那个时期每个长胡子的男人必须学会磨刀，否则就要留着一脸大胡子。金·吉列先生当年发明了一种刀架与刀片分开的新型剃须刀，并为其申请了专利，然后创立了美国吉列公司。他将造型优美的刀架卖得很便宜，但一次性刀片价格较高。吉列的刀架与刀片构成专用配对，不与其他刀片兼容，所以拥有刀架的人必须持续购买吉列的刀片。金·吉列以“刀片+刀架”产品组合创造了一个新商业模式，后来的咖啡机+咖啡胶囊、惠普打印机+墨盒、苹果iPod + iTunes等都属于类似的组合。

吉列公司选择的增值流程类似于施正荣提出的“微笑曲线”，自己只做产品研发、核心制造与组装、市场推广和销售服务等附加值高的部分，而将非核心部件制造、包装材料、仓储物流等附加值低的环节全部外包。外包环节越多，合作伙伴越多。在刀片用钢方面，吉列的主要合作伙伴是一家瑞典制钢公司。为了向特朗普政府申请关税豁免，吉列的申请书中有这样一句话：“我们与瑞典供应商共同研发一款非常特殊的钢材，并以此原料为基础制成高品质产品，而这正是我们品牌成功的关键因素。”吉列的支持体系也很“霸道”。吉列不仅有先发优势，而且不惜花费巨资搞技术创新和产品开发，不断为技术创新申请专利，一道一道的专利保护让竞争者不敢轻易进来。例如，1998年4月，吉列公司宣布新型剃须刀——“锋速3”问世。这个产品花了6年研究时间，耗资10亿美元开发成本。

从“中兴芯片事件”看，我们的创造与创新在很多领域与国际领先水平还有巨大差距。芯片制程有多难，我们以创造模式分析一下：从产品组合的角度，表面看上去芯片只是一个微小的半导体元器件，而这个“微小”的产品组合却大有文章——即使已经不算最新技术的12nm芯片[①]，每个平方厘米上也有26亿个晶体管。芯片制造的难度之一在合作伙伴。生产芯片的关键设备被美国、日本及荷兰的少数企业所掌控。由于《瓦森纳协定》，这些国家高新技术设备对中国禁运，我们的芯片企业买不到最先进的制造设备。芯片制造的难度之二在于人才等支持体系方面，我国的高校本来就对芯片研究人才培养不足，产业雇佣又不容乐观，一部分人才为了高薪又转向了BAT等互联网公司。

关于创造模式的详细阐述，请参见本书“第2章 创造模式”。

1.3.2 构造营销模式

回看本节开始的图1-3-1，“价值主张→目标客户”是营销模式的雏形。为构建一个完善的营销模式，我们需要增加那些要素？产品组合中含有的价值主张，客户未必一直买账，因为会有竞争对手出现。因此，企业还要不断关注市场竞争，以营销组合加强与目标客户沟通。关于营销组合，营销专家们总结了很多理论，成系列的就有4P、4C、4R、4V

① 芯片的制造工艺常常用 nm 来表示，这指的是，CPU 的上形成的互补氧化物金属半导体场效应晶体管栅极的宽度，也被称为栅长。栅长越短，则可以在相同尺寸的硅片上集成更多的晶体管。在芯片晶体管集成度相当的情况下，使用更先进的制造工艺，芯片的面积和功耗就越小，成本也越低。

等。例如：4P包括产品（Product）、价格（Price）、渠道（Place）、推广（Promotion）4个营销工具。将选用的营销工具整合在一起，统称为企业的营销组合。

在“价值主张→目标客户”之间，增加市场竞争和营销组合两个关键要素，那么营销模式的公式就可以写出来：目标客户=价值主张+营销组合−市场竞争，如图1–3–3所示。管理学大师彼得·德鲁克说：“企业的宗旨就是创造顾客，顾客是唯一的效益中心。”营销模式为如何创造顾客提供了一个公式，用文字表述就是：以营销组合克服市场竞争并传递企业产品组合中的价值主张，持续达成越来越多的目标客户购买。

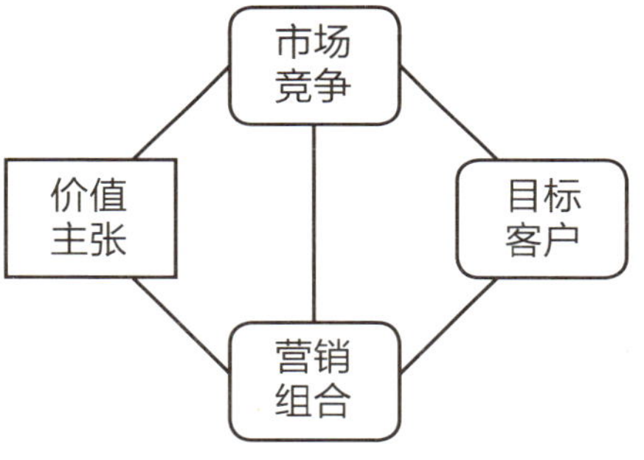

图 1–3–3 营销模式的构成要素

我们用图1–3–3中的4个构成要素来描述一下百事可乐的营销模式：

百事诞生于可口可乐如日中天之时，它的味道同配方绝密的可口可乐相近，于是便借可口可乐之势取名为百事可乐。在第二次世界大战期间，百事可乐试图采取价格战等市场竞争手段撼动可口可乐的垄断地位，将价格降到可口可乐的一半，但是不仅一直不见起色，还两度处于破产边缘。蹉跎潦倒之际，百事可乐曾3次乞求可口可乐收购，均被无情拒绝。穷则思变，天无绝人之路。第二次世界大战后百事可乐避开与可口可乐同质化的市场竞争，将目标客户专注在婴儿潮一代长大的美国年轻人。他们自信乐观，崇拜明星，需要精神旗帜，喜欢创意和带有挑战性的戏谑趣味，对新鲜事物的接受度很高。针对美国婴儿潮一代的特点，百事可乐重新定位产品的价值主张，展开了一系列营销组合。1975年，百事可乐在达拉斯进行了品尝实验，将百事可乐和可口可乐都去掉商标，分别以字母M和Q做上暗记。结果表明，百事可乐比可口可乐更受欢迎。随后，百事可乐对此大肆宣扬，以巨资签约迈克尔·杰克逊、麦当娜、辛迪·克劳馥等众多受年轻人喜爱的明星，各种营销活动越发向青年人靠拢。通过营销组合及传达的产品价值主张，百事可乐似乎为青年人划定了一条边界：喝百事可乐的“百事一代”才代表青年人的消费品位和生活方式。结果，百事可乐的销售量猛增。到1985年，百事可乐已经占据了北美饮料市场30%的份额，开始威胁到可口可乐的霸主地位。

关于营销模式的详细阐述，请参见本书“第3章 营销模式”。

1.3.3 构造资本模式

再回看本节开始的图1–3–1，“赢利机制→企业所有者”是资本模式的雏形。为构建一个完善的资本模式，我们需要增加那些要素？资本模式的公式：赢利池=赢利机制+企业所有者+资本机制+进化路径。用赢利池表示商业模式的未来发展空间，它需要赢利机制、企业所有者、资本机制、进化路径4个要素协同贡献，如图1–3–4所示。由于资本模式的构成要素及运行原理相关内容较多，为减少重复，请参见本书“第4章 资本模式”。

我们用图1–3–4中的5个构成要素来描述一下摩拜单车的资本模式：

从赢利机制来说，摩拜共享单车是高频刚需，解决了上班一族短途交通的痛点。无人值守、无桩模式，投资与运营成本低，并且规模化采购时车辆的成本也可以降下来。骑行半小时内收费1元，每辆单车每年可有上千次的高频使用，所以成本回收期也较短。每个顾客预交押金199元，相当于一种零成本的融资方式。这几项都是显而易见的赢利方式。根据美团招股书，摩拜已有2.32亿注册用户与620万辆单车，与用户流量和单车数量相关的赢利机制的想象空间就太大了。微信、淘宝及百度都是基于用户流量而衍生出层出不穷的赢利方式。

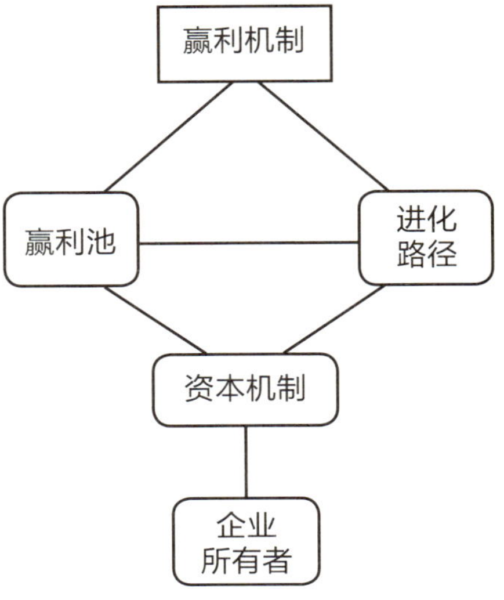

图 1-3-4 资本模式的构成要素示意图

摩拜的企业所有者通过资本机制多次私募股权融资，两年实施了A、B、C、D、E共5轮融资，融资金额超过10亿美元。当然企业所有者还可以通过资本机制对外投资、兼并收购及通过股权激励为企业引进高端人才。

企业所有者也决定了商业模式的进化路径。从进化路径看，摩拜规模经济的扩张道路很远很长，符合巴菲特的财富滚雪球理论——很湿很湿的雪，很长很长的坡。摩拜单车在国内完成100多个城市的布局后，启动了国际化战略。2017年末时，成立不到3年的摩拜单车，已经成功将产品布局到日本、泰国、新加坡、英国、意大利、美国、澳大利亚、德国等11个国家。当用户数量积累到一定程度，增长遇到天花板时，摩拜便可以启动范围经济扩张计划，通过金融理财、娱乐游戏、上下游一体化等多元业务组合获得持续增长。

赢利池是企业的资本“水库”，主要有资本存量和赢利池容量两个量化指标。资本存量是指企业赢利积累和从外部引进的资本总和；赢利池容量主要是指企业未来的成长空间。从赢利机制、企业所有者、资本机制、进化路径4个要素简要分析一下，摩拜单车的未来发展与想象空间太大了。摩拜单车是第一个“吃螃蟹的人”，引领了共享单车商业模式创新。中国人口基数大，再考虑到面向全世界的扩展空间及未来范围经济方面的可能性，所以该项目似乎具有无比巨大的赢利池。摩拜两年内顺利完成5轮10亿美元融资，投资人也是看好摩拜资本模式的各个要素，尤其看好它有一个很好的未来发展空间（赢利池）。摩拜从零开始到估值27亿美元，最后被美团并购，也只用了2年多时间。

摩拜的资本模式看起来很好，同时也有3个“致命”的不足：其一，进入壁垒并不高，有钱投放车辆就可以。曾经，摩拜模仿者众多，即使现在有两三家头部玩家，价格战及免费补贴还要持续下去。其二，属于功能性产品，很难品牌溢价，毛利永远不高，甚至长期不盈利。对于功能性产品，用户的选择标准是价格、方便性。例如：与之对比，耐克运动鞋是品牌产品，可以搞“低成本、高形象、高售价”赢利机制。其三，共享单车像办公室无人货架一样，漫山遍野投放，损坏丢失严重，与人性较量比较难取胜。

1.3.4 企业赢利系统

以上用还原论思想对T型商业模式进行解构，从整体到部分，拆分成创造模式、营销模式、资本模式3个部分，并对每个部分进行了简要说明和实例阐述。再用系统论思想将三者合并在一起，建构成一个整体，左侧是创造模式，右侧是营销模式，立柱是资本模式，形成的构图其形状上像英文字母T，所以称为T型商业模式，如图1-3-5所示。

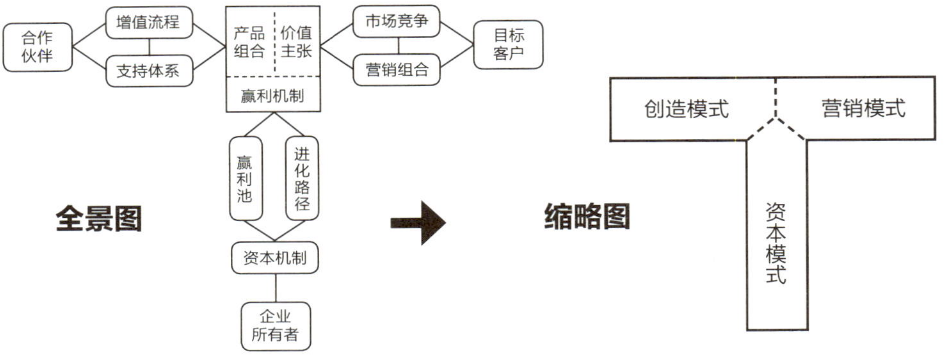

图 1-3-5 T型商业模式的名称由来示意图

按照系统论思想，从部分形成整体时，T型商业模式将涌现出部分没有而整体才具有的性质。因此，在本书“第5章 3大原理”中，作者提出了三端定位原理、价值分配原理、资本赋能原理，分别为商业模式的定位、利益攸关者源动力、企业长期进化发展找到一些基本规律。T型商业模式不止有3大原理，还有待相关研究进一步去发现。

商业模式比企业战略年轻多了，只有30多年历史，近10年才开始在企业中应用。没有商业模式的年代，通常用企业战略的一部分内容来代替商业模式的。从这个角度，可以说商业模式脱胎于企业战略。T型商业模式的进化路径要素是与企业战略管理的“连接点”。很多关于企业战略管理的相关理论，其实是商业模式的内容，可以与T型商业模式密切关联起来。在本书“第6章 关联”中，将T型商业模式与《蓝海战略》《定位》《爆品战略》《平台战略》等创新理论相互关联，为大家创建一个看待商业模式的广泛视角。

研究商业模式，终究要应用于实践，指导企业经营，所以商业模式如何创新和优化最重要。其实，本书自始至终都在讨论如何进行商业模式创新。T型商业模式的3个部分、13个要素，好像构成商业模式的13个零件，视具体场景而定，都可以是一个创新的入口或抓手。作者为本书编写的案例中，绝大部分来自近期国内企业家或创业者真实的创新实践。此外，本书“第7章 创新”又单独增加了关于商业模式创新的内容，从行业扫描、关注客户、模仿借鉴、技术创新、资本运营和以人为本6个常见实践场景中探索商业模式创新的具体做法。

关于中外学者对商业模式的研究进展、T型商业模式的若干创新特色、商业模式定义及其他辅助性内容，列入最后的“结束语‘吗？”，供有这方面兴趣的读者参考。

最后也是最重要的，就像地球只是太阳系的一个子系统一样，T型商业模式也只是企业赢利系统的一个子系统。企业赢利系统由管理团队、商业模式、战略路径3个基本要素及管理体系、企业文化、资源平台、技术厚度、创新变革5个辅助因素构成，如图1-3-6所示。关于企业赢利系统的更多内容，请参见本书第6章的详细阐述。

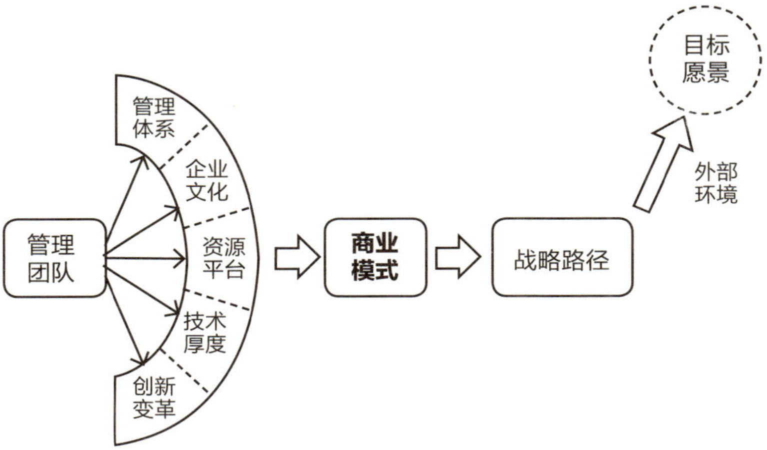

图 1-3-6 企业赢利系统的构成要素示意图

彼得·圣吉的著作《第五项修炼》的核心内容是 “系统思考”。而始终让企业经营者感到困惑的是：什么是企业系统，企业系统是怎样的？没有企业系统如何进行系统思考！《第五项修炼》的研究团队一直没有解决好这个问题。

T型商业模式及企业赢利系统来了，便可以进行《第五项修炼》的“系统思考”了！

1.4　独角兽是这样炼成的！

重点提示

※小米手机的创造模式和营销模式有什么特色？

※小米科技的资本模式如何为商业模式进化赋能？

※为什么说创造模式、营销模式和资本模式是一个整体？

独角兽是一种神话传说中的虚构生物，它形如白马，突出的特点是前额中央有一个螺旋角。由于独角兽稀有且高贵，所以硅谷的投资家将创办时间相对较短，估值迅速达到10亿美元以上的创业公司，称为“独角兽”。并将估值超过100亿美元的，称为“超级独角兽”。根据胡润研究院发布的《2018 第一季度胡润大中华区独角兽指数》显示，中国独角兽企业总数有 151 家。除了独角兽排行榜，还有“准独角兽”排行榜，创业邦、i黑马及杭州、深圳等地都发布了准独角兽排行榜。准独角兽通常是指估值1亿美元以上的创业公司。

根据胡润研究院等各机构发布的独角兽或准独角兽排行榜，其中超过80%的独角兽公司主要通过商业模式创新而迅速发展起来。即使那些凭借技术创新而起家的企业，走向成功也需要一个与众不同的商业模式。例如：在胡润研究院发布的排行榜上，排在前十名的独角兽企业有：蚂蚁金服、滴滴出行、小米科技、新美大、今日头条、腾讯音乐、京东金融、宁德时代、菜鸟网络、陆金所、快手。从这个TOP10表单看来，只有宁德时代是通过技术创新逐步成为独角兽，而其他9家企业都是通过商业模式创新成长起来的。

小米科技排在这个榜单的第三位，并已于2018年7月在港交所上市。按照上市收盘价计算，小米科技的企业市值达到520亿美元，绝对是一个超级独角兽。下面用T型商业模式的相关理论解释一下：小米科技是如何快速成长为超级独角兽的?

2010年10月，雷军带领6个合伙人从零开始创办小米公司时，当时的智能手机市场格局是这样的：诺基亚与摩托罗拉等传统手机巨头正在黯然离场，三星与苹果等“巨无霸”垄断了中高端手机70%以上的市场，联想与华为等“巨头”正在大举进军智能手机行业。如果让商学院的MBA学生以SWOT模型进行战略前期分析，雷军此时创业搞智能手机就有点不太靠谱。所谓艺高人胆大，小米手机之所以能够在强手如林中打出一片自己的市场空间，雷军带领团队进行的商业模式创新起到了决定性作用。

对于初创企业，首先要对产品组合定位。初入市场时小米手机如何定位？后面的章节5.1中将会讲到“三端定位原理”，主要讨论产品组合如何定位。小米初期的目标客户集中在18～35岁、男性、追逐功能、爱好科技，其中很多是手机发烧友——他们追逐高性能，但是不喜欢盲目付出高价格。以雷军为首的小米创业团队为此目标客户提出的价值主张即产品组合定位是 “高配置、低价格”。 第一代小米手机M1于2011年10月发布，是世界上首款双核1.5GHz的智能手机……售价只有1 999元，而同样性能档次的三星手机，价格要在4 000元以上。我们都知道，让手机高配置、高性能并不难，多花钱从高端合作伙伴采购就行了，而同时要实现低价格，似乎有悖我们的商业常识。雷军是如何做到“高配置、低价格”的呢？这要从小米的创造模式说起。

1.4.1 小米手机的创造模式

创造模式的公式是：产品组合=增值流程+支持体系+合作伙伴。

小米团队为目标客户设计了“手机、MIUI（小米用户界面）、米聊应用”“三驾马车”的产品组合。MIUI是小米公司为中国用户深度定制的一款安卓（Android）手机操作系统，对其中100多项高频使用功能进行了深度定制。MIUI系统坚持每周迭代更新一次，周五11点左右发布给发烧友，这种极客精神就让目标客户每周感受到了高配置，买小米手机值！MIUI系统、米聊等软件具有边际成本趋于零的特点——软件开发完成卖给初期用户后，然后再卖给后续的数亿个用户，成本的增加几乎可以忽略不计，后续的升级迭代所增加的成本也是微乎其微。手机的性能如何，尤其是使用一段时间后，操作系统和随机配置的软件影响很大。这样，小米公司从软件入手，以较低成本让目标客户感受到所提供产品的“高配置、低价格”。

在增值流程方面，小米实行按需定制，逆向打通价值链，极大地降低了库存和采购成本，减少了运营环节的空耗和浪费，以战略性低成本能力让手机硬件实现“高配置、低价格”。由于手机供应链比较成熟，小米以“微笑曲线”为指导选择企业价值链，自己专注于产品设计、市场开发及销售服务环节，并在这些环节打造企业核心竞争力，而将位于“微笑曲线”中间的零部件制造、组装调试、仓储物流等低附加值环节外包，从而最少地占用企业资源和能力。进一步地，小米减少品种型号而聚焦打造一款爆品，这样不仅减少了研发开支，而且数千万量级零部件采购的规模效应驱动供应商为小米实现“高配置、低价格”。小米合伙人中有专门负责优化供应链的操盘高手，基本实现了零库存，从而将同行都不可逃脱的摩尔定律带来的硬件库存损失和浪费降低到极低状态……

在合作伙伴方面，小米创业团队坚持与世界一流的供应商合作，例如高通、夏普、TPK、索尼、英华达、富士康等。有实力有品牌的供应商对产品质量、性能、交货期更有保障，重视长期协作，更愿意对供应链的持续改善进行长期投入。由于手机产品更新迭代较快，这样的供应链策略更能保证产品质量，让产品性能领先，并且在生命周期内总成本最低。

在支持体系方面，小米2011年进入手机行业时，智能手机的各项技术已经成熟，零部件制造和产品组装环节已经形成了完整的供应链。处在这样相对成熟的技术和产业环境支持体系下，小米省下了巨额的研发投入，免除了供应链建设和试错的成本，也能招募到行业顶尖的技术和管理人才。在内部支持体系方面，雷军领导的创业团队擅长为企业引进发展中亟需的资金、人才和协作资源。小米内部推进扁平化管理，营造自带动力的企业文化等，提高了企业运营效率和效果。

根据以上简要分析，我们用一张图来表示小米手机“高配置、低价格”背后的创造模式，如图1-4-1所示。

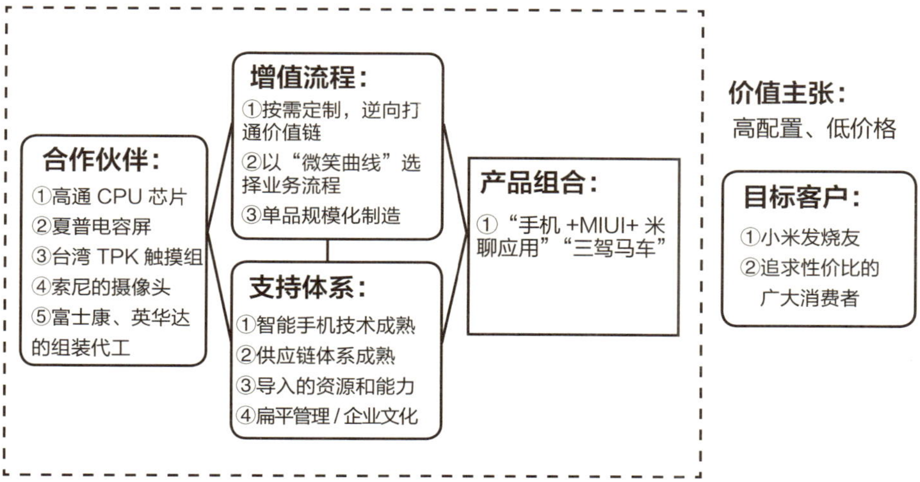

图 1-4-1 小米手机“高配置、低价格”背后的创造模式示意图

1.4.2 小米手机的营销模式

通过创造模式打造与众不同的产品，让目标客户主动掏钱购买，营销也就变得简单。例如：2013年12月10日周二中午12点，大约5分钟，小米网站诞生了这样的订单数据：30万部小米手机、2万台小米盒子、2 000台小米电视——这是400万人在线抢购的结果。还并不是“双11”大促销，那些年小米的产品每周二都是这样被消费者排队抢购。

营销模式的公式是：目标客户=价值主张+营销组合−市场竞争。市场导入初期，小米手机的主要目标客户是年龄在18～35岁之间的发烧友或技术男，后来延伸到有“高配低价”偏好、追求产品高性价比的广大消费者。除了特定人群的品牌偏好之外，广大消费者几乎都有“高配低价”偏好。2018年4月，小米创始人雷军称，小米最近通过一项董事会决议，核心要求是小米硬件综合净利润率永远不超过5%。综观世界性大公司，这种严谨性表达及“自残”的做法较为罕见。小米手机坚持低利润率，雷军称这既是对“高配置、低价格”价值主张的一种坚持，也是小米的使命之必然。从T型商业模式角度分析，雷军这是在为上市后“硬件+新零售+互联网”铁人三项新商业模式的谋篇布局。

至于市场竞争，在上文讨论小米产品定位时已经有所分析。2018年1～9月全球品牌手机出货量数据显示，小米全球排名第四，出货量为8631万台，前3名分别是三星、苹果、华为。又过了不到一个月，雷军微博上发布消息称，“10月26日晚上11点23分钟，小米手机今年出货量正式突破1亿台，提前完成全年任务！”从国内市场看，2018年第三季度国内手机市场销量排名为华为、vivo、OPPO、小米，苹果则跌至第六，而魅族和三星在中国市场占有率分别跌至1.8%及1.1%。其他手机厂商像金立、联想、诺基亚、中兴、酷派、索尼等销售量已经大幅萎缩或从市场上消失了。智能手机市场竞争激烈，国际知名大牌销量萎缩，有些已经退出市场；国内品牌几度轮回洗牌，小米销售业绩相对还不错。手机作为日常随身消费品，有时尚、身份、炫耀的产品特性。小米主打“高配置、低价格”价值主张，与手机的消费品属性有些偏离。随着行业进入成熟后期，产业链已经非常成熟，小米的“高配置、低价格”价值主张也不再具有明显的差异化优势。

小米的营销组合可圈可点，主要采用互联网销售、饥饿营销、口碑营销等灵动组合的营销方式。小米进入市场时，没有像三星、苹果、联想那样依赖线下经销商渠道，而是几乎全部通过互联网销售。这样不仅每台手机节约了400～800元渠道费，而且更加适合目标客户的购物习惯，还提前收到了他们的预定资金。小米的饥饿营销既属于半推半就，也属于客观无奈。一方面，“雷布斯”先生借鉴乔布斯，产品及营销消息总是遮一半露一半，让媒体跟着跑，让米粉跟着追，然后在万众瞩目下发布新产品，引发排队抢购的“羊群效应”。另一方面，小米爆款手机短时间内互联网上订货暴增，导致供应链跟不上而缺货。例如：作为2016年的旗舰机小米5，因高通所供应的骁龙820芯片缺货，导致不能大批量生产，仅能满足30%的市场需求。

口碑营销是小米营销组合的一大亮点。通过让发烧友参与、米粉活动等引爆口碑传播，节省了巨额广告费用。小米联合创始人黎万强写的《参与感——小米口碑营销内部手册》，基本上把小米口碑营销的要点说明白了。黎万强在书中写道：“构建参与感，就是把做产品做服务做品牌做新销售的过程开放，让用户参与进来，建立一个可触碰、可拥有与用户共同成长的品牌！”我总结为做爆品、做粉丝、做自媒体3个战略和开放参与节点、设计互动方式、扩散口碑事件3个战术，内部称为“参与感三三法则”。至于小米口碑营销的详细操作案例，请大家参阅黎万强写的这本书。

小米手机在4P、4C、4R等营销组合及其他互联网营销组合方面也有许多值得称道之处，这里不多叙述了。根据以上简要分析，可以用一张图来表示小米手机的营销模式，如图1-4-2所示。

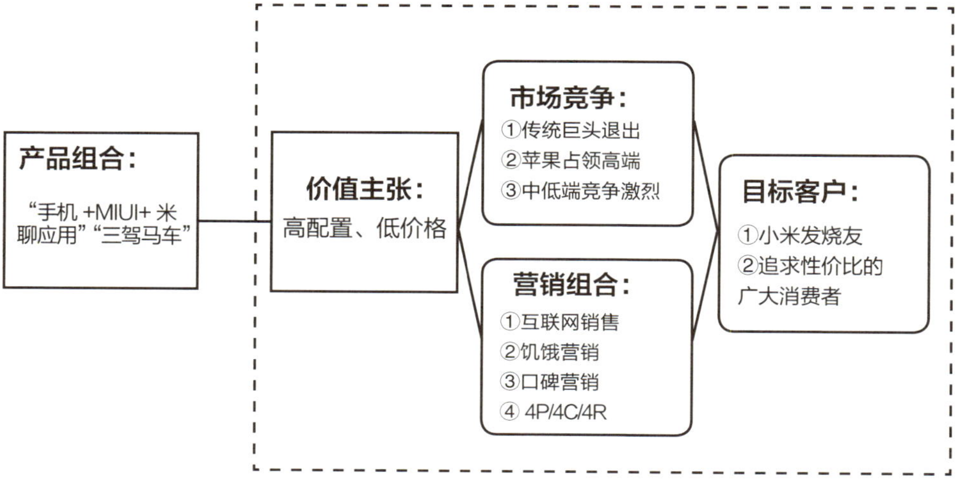

图 1-4-2 小米手机的营销模式示意图

1.4.3 小米手机的资本模式

在中国的互联网与创投界，雷军自带话题与光环，是一名响当当的人物。从金山、猎豹、YY到小米，雷军当过一圈董事长。在2004年卖掉卓越网后，雷军先后投资了UC、YY等公司，并且收获颇丰，转身为中国大陆著名天使投资人。雷军还是顺为资本的联合创始人、董事长。从2011年开始投资，顺为资本涉及硬件、电子商务、多媒体娱乐、教育等多个领域，并且多以围绕小米生态圈展开，有人戏称顺为是小米的"投资部"。据统计，从2015年至2018年初，顺为资本一共投资了140多个项目，可谓投资界的"暴发户"。当然，雷军最主要的身份还是小米公司创始人、董事长兼CEO。

在T型商业模式中，资本模式的公式：赢利池=赢利机制+企业所有者+资本机制+进化路径。从以上雷军的履历及周边资源窥察一番，可知小米科技的资本模式值得我们探索和研究。

从赢利机制角度看，在前文已有表述，小米通过独特的创新模式，以战略性低成本实现“高配置、低价格”，从而先在寡头垄断的市场上立足，再通过打造爆品而后成为寡头之一。2017年，小米手机出货量9 140万台，实现收入805.6亿元，净利润大约65亿元，净利润率只有8%。主动让产品利润率低一些，后面一定有“故事”。小米的前一个赢利机制为下一个赢利机制做基础。雷军团队前期做手机是为了构建一个硬件引导的流量管道，为后续的新零售尤其是互联网服务提供巨大流量和客户积累，也为小米的生态链集团提供品牌、供应链及客户协同共享。通俗的说法是，小米手机只是一个在前面开疆拓土的“先遣部队”，后面的生态链投资、新零售、互联网服务才是小米公司赚钱的3大法宝。

从进化路径看，小米商业模式沿着以下3条路径进化：生态链硬件产品、新零售、互联网服务，人们称之为“铁人三项”。小米生态链硬件产品族得益于小米手机带来的流量、品牌、现金流等赢利支持。上市前，小米生态链平台已经有近90家硬件产品公司，包括手机及周边、电视、平板/笔记本、路由器、净化器、手环、净水器、电饭煲、音箱、体重秤等。小米之家是小米新零售的发端，店内陈列 300多个 SKU（指库存单品），均是小米生态链中自主孵化的明星产品。虽然它以手机销售为主，但它并不是传统的手机卖场，而是类似于沃尔玛、无印良品这样的百货零售店。雷军说小米未来想做“科技界的无印良品”，小米之家将承担主要任务。目前小米已经连接了超过1亿台设备，这些产品互联互通，为小米互联网服务提供了专属平台。同时，小米基于安卓的自有操作系统MIUI拥有1.9亿月活跃用户，构成了一个开放的平台并且提供包括内容、娱乐、金融和效能工具在内的互联网服务。互联网服务的收费应该是未来小米利润的核心增长点。根据小米2018年第二季度的财务报表，小米2018年第二季度收入452.36亿元，其中互联网服务收入近40亿元，MIUI月活跃用户达到了2亿人。

当小米手机等生态链硬件、小米线下新零售带来大量用户流量的时候，小米增加了互联网服务。这个互联网服务既能够增强小米硬件的用户体验、电商的用户体验，同时能够把流量变现，支持公司的持续发展。因此，小米逐渐进化而成的“铁人三项”商业模式，将是一个具有物联网特色的系统性闭环布局。

企业所有者通过资本机制为企业引进资金、人才等外部资源，也通过资本机制对外投资、扩张和进化企业商业模式。雷军与其他6位合伙人作为企业所有者，从小米2011年创立到IPO之前，通过9轮私募股权融资共为小米引进发展资金16亿美元。人才也是重要的资本。创立小米时，雷军找来合伙人共同创业，后来又以股权激励形式引进诸多高端人才。小米上市前，共有超过7 000名员工持有公司股票或期权。从创立之初的“三项全能”到上市阶段的“铁人三项”，小米商业模式进化的同时，也是企业所有者通过资本机制带动企业进化发展的过程。小米招股书披露，截至2018年3月31日，小米共投资和管理建立了超过210家公司，其中小米整个生态链体系已有90多家硬件公司，出产1 600个SKU的产品。

赢利池是企业的资本“水库”和代表着未来的发展空间。小米现在拥有的品牌、用户数、货币资金、科技专利及经营管理能力、创新能力等资本（广义资本）存量已经今非昔比，与公司创立时相比较已是天壤之别，与同业强者比较也毫不逊色。今天拥有的资本意味着明天的发展空间。中国14亿人，世界74亿人，所以智能手机的赢利池足够大。在其中，小米手机全球出货量已经名列前茅。通常用企业市值（或私募估值）来衡量企业的赢利池。小米创立半年进行了A轮融资，估值2.5亿美元；2018年7月上市时，企业市值达到了520亿美元。未来，小米构建生态链硬件、新零售、互联网服务的“铁人三项”商业模式，其赢利池的想象空间将会更上一层楼。

根据以上简要分析，可以用一张图来表示小米手机的资本模式，如图1–4–3所示。

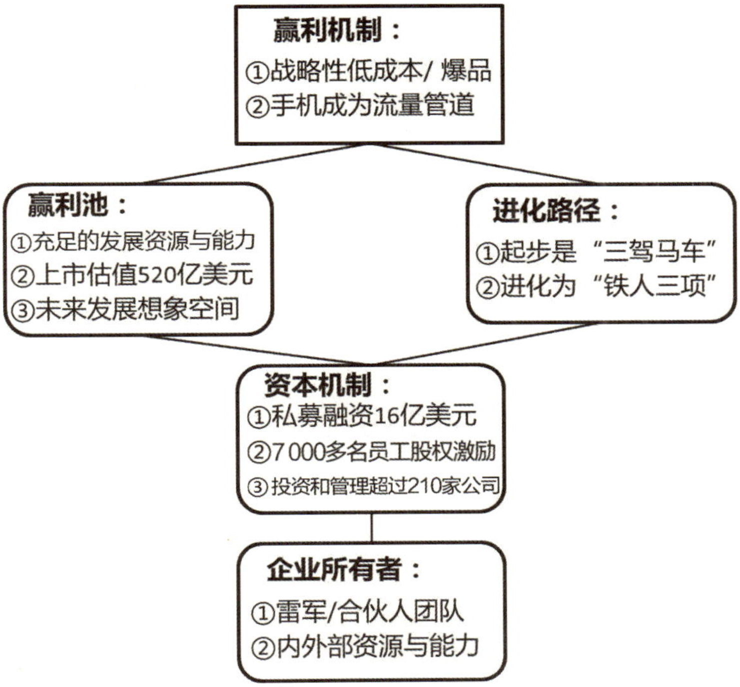

图 1–4–3 小米手机的资本模式示意图

以上我们用T型商业模式理论简要阐述了小米手机的产品组合定位及其创造模式、营销模式和资本模式。现在流行“放大+稀释”——将一个简单时尚的概念写成一本促使大家追捧的书，而以上对小米商业模式13个构成要素及相关原理的描述也只用了5 000多字，还尽量做到“有图有真相”，高度浓缩情况下难免有疏漏之处——如果需要真正借鉴与研究小米的商业智慧，还需要再参阅本书后续章节及其他有价值的相关资料。

像小米那样，一个企业从创立到发展壮大进而成为独角兽，对产品组合成功定位后，首先要有一个优秀的创造模式，然后有一个匹配的营销模式，而资本模式为创造模式和营销模式赋能，同时创造模式和营销

模式为资本模式繁殖赢利。商业模式的底层逻辑是利益攸关者的交易关系，其核心议题是价值如何创造与分配。在资本赋能和价值分配方面，小米团队也有诸多亮点和值得借鉴的做法，限于篇幅本节不再详述。关于三端定位原理、资本赋能原理和价值分配原理，如图1-4-4所示，详细内容请参见“第5章 3大原理”。

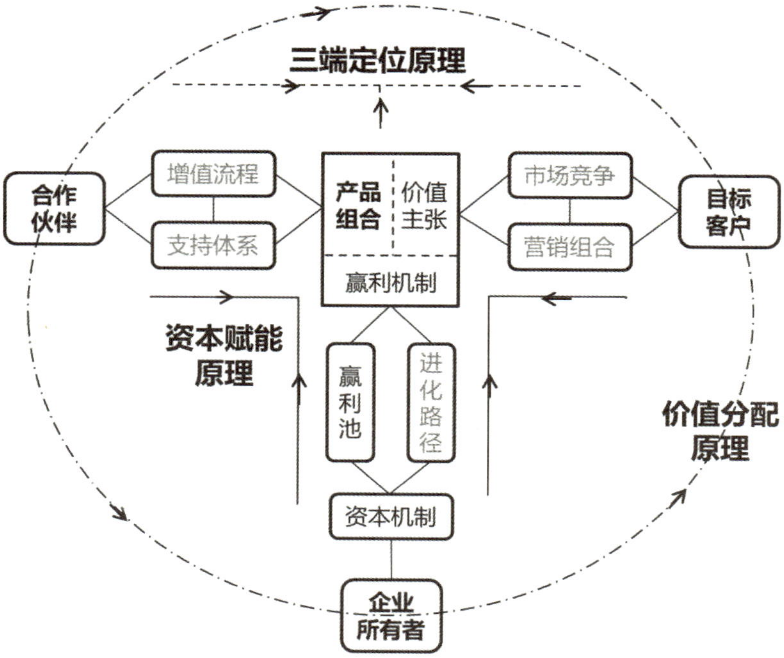

图 1-4-4 T 型商业模式的 3 大原理示意图

1.4.4 努力进“窄门”

现在创业投资流行追逐独角兽。目前我国中小企业有4 000多万家。按照人力资源和社会保障部2018年的数据，新登记注册企业数量日均超1.8万家。开启一段创业比较容易；从创业到优秀进而成为独角兽，门是窄的，成功概率是非常低的。

《圣经》上说：你们要努力进窄门……

现在创业投资有点效仿奥林匹克运动，追求“更快、更高、更强”，希望创业发展更快、希望企业估值直线上升、希望迅速成为行业领导者。物理学警示我们：速度太快，摔跟头的可能性增加；估值太高，就会站在泡沫上；竞争太强，过招太猛，彼此对撞出裂缝了。清代孔尚任的剧本《桃花扇》中有这样的唱词：“眼见他起高楼，眼见他宴宾客，眼见他楼塌了。”如果罔顾客观规律，盲目追求发展速度和企业估值，也许一些现在当红的独角兽，未来将会出现在某某研究院的“独角兽死亡名单”上。

从T型商业模式理论内涵来讲，指导和推动企业进化与发展，将企业打造为独角兽或超级独角兽，不仅追求企业估值快速上升，更重点关注企业健康成长及可持续发展。因此，在阐述T型商业模式理论时，我们不仅选取现在独角兽公司的成功案例，而且更多选取那些已经被历史证明、经营业绩持续优秀的公司案例。现在的独角兽是“新独角兽”，成功经验不免有些稚嫩；那些持续优秀的公司，可以称之为“老独角兽”，它们在商业模式创新方面更值得后来者借鉴。其实，独角兽只是行业领先者的另一个时髦说法。**本质上，T型商业模式试图提供一套方法论，与企业家或创业者一起，让更多企业成为行业开拓者、领先者！**

第 2 章

创造模式

本章导读

罗振宇每天有两个免费知识“广播”：罗胖60秒、罗辑思维音频。他这两个“免费”水平可不一般，5年时间用户数超过了2 000万。巨大的用户数就像一个大鱼塘，逐渐地一条条“大鱼”就养成了——得到APP的订阅频道有近100门收费课程，其中之一“薛兆丰的经济学课”订阅用户数28万人，每人付费199元，单这一门课为罗辑思维创造收入5 500多万元。

从中国制造升级到中国创造，需要一个“创造模式”。从创新角度讲，如果一些教育机构从事“中国制造”的话，那么罗振宇在做“中国创造”。罗辑思维创造模式的特色是它有一个“免费+收费”产品组合，还有增值流程、合作伙伴、支持体系的协同配合。

讲到创造模式，本章阐述的案例还有：滴滴出行、苹果、海底捞、奇虎360、微信、宜家、迪士尼、蔚来汽车、金六福酒、拓璞数控、7-Eleven……

2.1 创造模式的构成要素与运行原理

重点提示

※人与人、企业与企业之间的商业模式核心差异在哪里？

※为什么说创造模式是营销模式和资本模式存在的基础？

※为什么说产品组合是创造模式的核心要素？

19世纪初，意大利中部的一个小山村，住着白波罗和布鲁诺两个年轻人。他们两个是很要好的朋友，渴望有一天能通过某种方式，可以成为村里最富有的人。有一天机会真的降临了，村里决定要雇两个人，把村外山涧的泉水运到村广场的蓄水池里去。白波罗和布鲁诺承担了这项工作。他们一边挑水，一边共同畅想未来：这是一个多好的赚钱机会，梦想就要实现了！一天结束后，他们把村里的蓄水池装满了。村民从蓄水池取水，按照用水量付钱给他们。

日复一日，他们每天要挑200桶水，水桶又大又重，手上都起了泡，背又酸又痛，肩膀也肿了。“布鲁诺，我有一个计划。”一个多月后的某天早晨，白波罗对布鲁诺说，“干脆我们修一条管道，将山泉水引到村里去吧。”

布鲁诺愣住了。“一条管道？谁听说过这样的事？”布鲁诺大声嚷嚷着，“白波罗，我们一周只需挑水5天，周末现金结算工资，我们有全村最好的工作，这辈子可以享受生活了，放弃你的管道吧！”

在岩石中挖一条管道是多么的艰难，但白波罗不是容易气馁的人。白波罗利用周末和工作日白天的一部分时间来建造他梦想中的管道。布鲁诺和其他村民开始嘲笑白波罗，称他为“管道人白波罗”。布鲁诺赚到比白波罗多一倍的钱，不时穿着亮闪闪的新衣服，炫耀他新买的家具及新盖的楼房。

一个月又一个月过去了，大约耗费两年半光景后，白波罗的管道完成了一半，这意味着他只需担水走一半路程了。白波罗把节约的时间全部用来建造剩余的管道，加快了速度，完工的日期越来越近了。又过了一年半时间，白波罗的大日子终于来到了——管道完工了！村民们簇拥着来看山泉水如何通过管道流入蓄水池中。有源源不断新鲜水供应了！附近其他村子的居民陆续都搬到了这个村子来。原来的小山村开始繁荣起来，逐渐成了一个富裕小城镇。

再看布鲁诺，由于长期劳累，比以前更加驼背，关键是人们再也不需要他挑水了。在酒吧里聊天的村民窃窃私语："提桶人布鲁诺失业了。"

白波罗并没有躺在能自动赚钱的管道上"睡大觉"，而是开展了新的商业计划——利用积累的资金，聘请当时最好的工程师，他开发了一个建造输水管道的系统。许多年过去了，白波罗的管道生意遍布欧洲，解决了成千上万个小村庄和小城镇的用水难问题。

每天卖力去挑水，还是修一条"自动"赚钱的管道？这是人与人之间更是企业与企业之间商业模式的差异。1997年10月，硅谷知名风险投资顾问罗伯森·斯蒂文问田溯宁："亚信的商业模式是什么？"那时候，除了硅谷都还没听说过商业模式这个词。田溯宁反问罗伯森："什么是商业模式？"罗伯森向田溯宁解释："1块钱通过你的公司绕了一圈，变成1块1，商业模式是指这一毛钱在什么地方增加的。"

形象地比喻，商业模式就是企业的赢利管道。假设一下，你的公司有个商业模式的赢利管道，这边输入1块钱，那边输出1块1。输出的1块1，再作为输入……1年循环10次变成了多少钱？约2.6元——意味着赢利为160%，如图2-1-1所示。

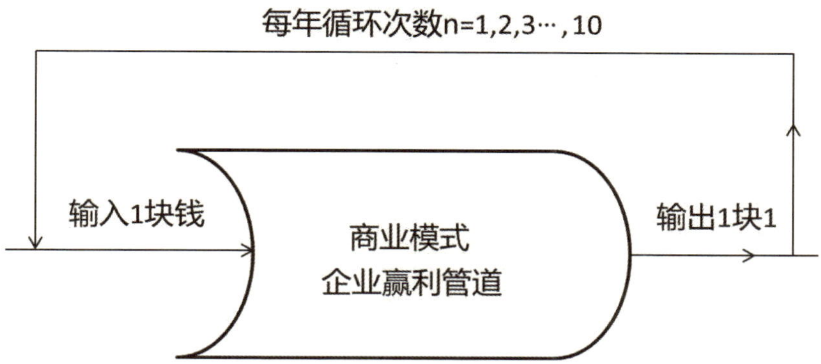

图 2-1-1 将商业模式比喻为赢利管道示意图

商业模式是企业的赢利管道，怎样构建这个赢利管道？T型商业模式包括3个部分：创造模式、营销模式、资本模式。简单地说：将人、财、物输入到创造模式，创造出好产品；再通过营销模式引导目标客户来购买。其实，“创造模式+营销模式”组合已经构成了企业的基本赢利管道，之所以在下面（T型的“立柱”）添加资本模式为支撑，是为了将赢利管道不断放大——以资本模式促进企业进化和发展，如图2-1-2所示。

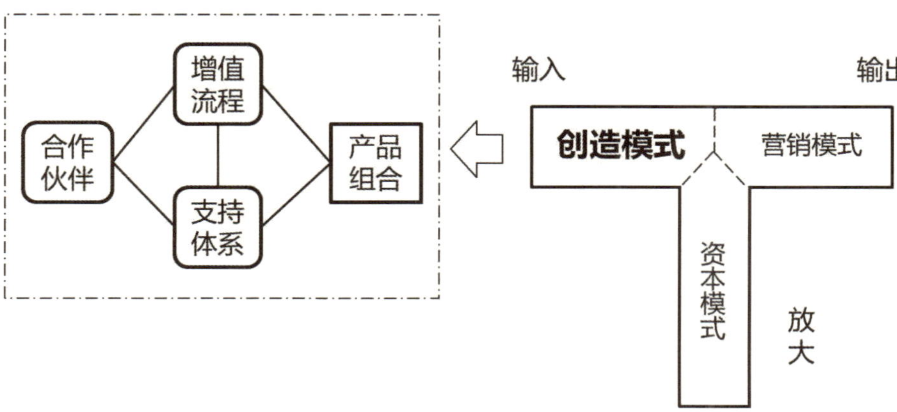

图 2-1-2 创造模式的构成要素示意图

在T型商业模式3个部分中，创造模式是营销模式和资本模式存在的基础和先决条件。世界上的好公司，都是通过创造模式打造出目标客户喜欢的好产品，让营销变得简单易行，同时资金、人才也会接踵而至。如果脱离创造模式，没有好产品做基础，那么营销将变得异常艰难，外部资本也不太会青睐。

创造模式由产品组合、增值流程、支持体系、合作伙伴4个要素构成。它们之间的关系可以用公式表达：产品组合=增值流程+支持体系+合作伙伴。等式右边的三者互补合作，才能创造一个独特的产品组合，参见图2–1–2左侧部分。

产品组合是一个统称，指代企业与目标客户之间的交易标的物。它既可以是一个最简单的产品，例如：一瓶矿泉水；也可以是一个非常复杂的产品，例如：交钥匙工程。它既可以是实物产品，也可以是服务类、数据信息类虚拟产品。

对于提供实物产品的企业，叠加上服务、软件等，可以形成更有竞争力的产品组合。例如，苹果手机的产品组合包括手机硬件、iOS操作系统、APP Store苹果应用商店3个部分。即使你找苹果的代工厂造出了近似质量的手机硬件，但是，如果你的操作系统和应用软件部分与苹果差异太大，最终顾客体验将会有很大不同。目前，我国高端数控机床90%以上需要从国外进口。其实机床实体难度不大，我们买些进口零部件也能搞出来，难在配套的数控系统及工艺加工软件，在这方面我国的机床企业与国外的差距还比较大。

对于提供服务产品为主的企业，除了服务产品本身为目标客户提供的功能效用之外，叠加上优秀的用户交互界面，这样的产品组合将会更有竞争力。例如，海底捞的川味火锅没有什么特别之处，而为顾客提供的“变态”服务引爆了口碑传播，从而招徕了无数拥趸。宜家家居属于家具渠道服务商，它售卖的家具产品我们都可以模仿，但是它的蛇形动线设计、卖场体验与氛围，至今还没有出现一个像样的模仿者。滴滴出行并不全是依靠“烧钱”补贴打出的天下，而是APP界面给乘客和车主的优秀体验。

对于那些在互联网新经济创新模式的企业，“免费+收费”产品组合越来越多，已经成了一个趋势。BAT这些“带头大哥”都是免费起家的。别人免费了，你再收费就很难。奇虎360将杀毒免费了，谁再收费就永远失去客户了。罗辑思维这么火，源于“头牌”罗振宇每天的“罗胖60秒”及 “罗辑思维”两个免费项目操作水平高、“忽悠”得好！很多创业者搞“免费”可以，“收费”就不行了，那是被《免费：商业的未来》作者克里斯·安德森的观点给“坑害”了。

一般将企业中相似的交易标的物看成是同一类产品组合，例如：斯凯奇公司的健步鞋、休闲鞋、运动鞋等，可以看成同一类产品组合。通常情况下，同一类产品组合属于同样一个商业模式；而不同类产品组合商业模式是不同的。专业化公司大部分提供同一类产品组合，所以可以说，专业化公司通常只有一个商业模式。而多元化公司提供多种类别的产品组合，所以它们通常有多个商业模式。例如，美国的通用电气公司（GE）是典型的多元化公司，每个事业部就会有一个商业模式。从单一专业化到完全的多元化公司，中间的过渡有很多种混合形态，它们的产品组合如何区分及商业模式层次如何划分，详见章节7.1的相关阐述。

增值流程表明了产品组合在企业范围内完成的业务流程。增值流程通常等同于企业的核心价值链。出于经济性和可控制的考虑，企业应该将增值流程控制在自己手中，而将非增值流程外包给合作伙伴。这里的增值流程，既包括企业擅长且附加值高的流程，也包括虽然经济附加值低，但是对于企业掌控力来说非常关键的流程。增值流程如何影响商业模式？举几个例子来说明：比亚迪造汽车，向祖师爷老福特学习打造全产业链，每个环节都试图自己干，希望将产业链吃干喝净。这样做产品质量上不去，品牌形象受影响。只有最终产品卖低价，企业才能有规模化利润。所以，比亚迪的增值流程选择比较尴尬。而日本丰田造汽车，主要将客户开发、产品设计、整车组装拿在自己手上，而将大部分零部件、电子电器等相对简单的制造环节外包，实现供应链共赢，依靠做大规模和提升品质实现利润最大化。海底捞等餐饮连锁设立区域性中央厨房，负责餐饮原料统一加工配送，而各个门店的重点是管控好现场及服务好顾客。可口可乐将核心配方拿在手上，饮料原浆自己配制，而将分装、物流等非核心环节与别人合作。海底捞及可口可乐这样的增值流程选择，可以将小生意做大，通过规模化扩张增加企业赢利。

合作伙伴主要指企业的供应商。企业不能什么都干，通常将非增值业务或自己干不好的业务外包给供应商。除了供应商之外，合作伙伴还可以包括战略联盟、开放性平台成员，甚至包括企业的客户和内部员工。海尔创新孵化平台上的创业项目，也是海尔的合作伙伴；海尔打造人单合一模式，员工似乎也转变成了企业的合作伙伴。小米邀请一些“发烧”级顾客参与产品研发，并对优胜者给予奖励，这些“发烧友”也成了小米的合作伙伴。在章节2.9案例中，兴业银行先联合500多家中小银行形成“银银平台”，再联合保险、信托、投资机构形成产品开发平台。面对“工农中建交”5大银行的强势竞争，兴业银行独辟蹊径，通过合作伙伴要素创造了自己独特的商业模式。

支持体系也为增值流程、合作伙伴提供系统性支持，3者再合力打造产品组合。企业的支持体系大致分为3个部分：①关键资源与核心能力；②组织管理体系、企业文化；③社会科技进步、宏观经济、产业趋势、政府扶持。

在本章后续的章节中，将通过实际案例来加强说明产品组合、增值流程、支持体系、合作伙伴4个创造模式要素的主要内容以及相关商业模式创新特征，概要内容如表2-1所示。

表2-1 本章主要案例与模式特征汇总表

章节	构成要素	主要案例	模式特征
2.2	产品组合	章良馒头店、范蠡鬻马、陈佩斯与郭德纲模式 斯沃琪“产品金字塔”、吉列 “刀架+刀片”	以产品组合为主，所谓的 22～55 种商业模式
2.3	产品组合	苹果、拓璞数控、锡麦粮机	实物产品+软件、服务
2.4	产品组合	海底捞、宜家、滴滴出行、迪士尼	服务功能效用+交互界面
2.5	产品组合	奇虎360 、罗辑思维、微信	新经济“免费+收费”模式
2.6	产品组合	凡客诚品、柔宇科技	盲目的产品组合创新
2.7	增值流程	福特 T 型车、湘火炬、比亚迪、 蔚来汽车、金六福酒	产业链、微笑曲线 价值链截取与组合
2.8	支持体系	顺丰嘿客、7-Eleven	支持体系的相关内容
2.9	合作伙伴	丰田汽车、百安居、兴业银行	合作平台、供应链股权合作

2.2 模仿还是借鉴：那些常常说起的商业模式

重点提示

※郭德纲与陈佩斯两者的商业模式有哪些主要区别？

※我们经常陷入哪些“商业模式”误区？

※美国吉列公司“刀架+刀片”模式背后的壁垒是什么？

由于科技进步、商业竞争及需求升级的组合力量，从古代单一的物物交换到现在成千上万种商业模式层出不穷，商业模式的繁衍和创新从来没有停止过。在T型商业模式中，每一个部分、每一个构成要素相关内容实质性的改变，都会引起商业模式的改变。可以这样说，80%以上的商业模式创新集中在创造模式，而在创造模式中，大约80%的商业模式创新又属于产品组合的创新。因此，商业模式创新主要是创造一个独特的产品组合。大家耳熟能详的产品金字塔、“刀架+刀片”、整体解决方案、电商平台、“免费+收费”、共享用车等所谓的商业模式创新，本质上是创造了一种独特的产品组合。

关于各种各样的商业模式，我们已经谈论很多年了。轻松一点的内容，就是那些蕴含商业模式原理的小故事。

2.2.1 小故事中有大道理

故事一：章良在浦东开了一家馒头店，售卖正宗山东高庄手工大馒头：1元钱1个，买5个送1个。小店平均每天卖750个馒头，1个馒头的原料成本不到2毛钱，所以生意还算可以。用传统营销4P分析：章良小店地段好，紧挨着地铁站；打着高庄馒头的旗号，变成了地理标志产品；

价格不算贵，而且还促销。后来经高人指点，章良优化了商业模式：如果顾客在店里买杯豆浆，可以优惠价3毛钱买1个馒头。豆浆成本1毛，卖1块钱一杯。通过这样一个简单创新后，章良小店又及时采用微信、支付宝收款，在大众点评及外卖平台上线，目标顾客覆盖范围更广泛。现在他每天平均能卖2 500个馒头和1 000杯豆浆。

故事二：著名笑星陈佩斯曾经主演小品，他的小品有口皆碑。因为个人原因，他离开了小品舞台，自己搞了一个话剧团。在话剧团，所有的东西他都喜欢自己弄——自己找剧本，自己找演员，自己定演出……据说，陈佩斯转向话剧创业后，一直在亏钱。郭德纲是一个知名相声演员，利用老套的师徒制“圈定”了一个核心团队，然后积极走现代市场经济道路，围绕自己的名气和品牌，搞出了8项业务产品：驻场演出、对外巡演、版权经营、影视/综艺、艺人经纪、演艺培训、郭氏餐饮、道具服饰。郭德纲团队依靠这8项业务产品的组合，年收入过亿元。

故事三：范蠡与西施的故事广为流传。深入挖掘典籍，发现范蠡还是一位经济学家，并且与现在的经济学家比较，他还懂实际操作，经商是一把好手。例如，有个商业故事叫作范蠡鬻马。想当年，范蠡看到吴越一带需要好马。他知道，在北方收购马匹并不难，马匹在吴越卖掉也不难，而且肯定能赚大钱。问题是，把马匹运到吴越却很难——千里迢迢，人马的食宿费用且不说，最大的问题是正值兵荒马乱，沿途强盗很多。怎么办？他通过情报人员了解到北方有一个很有势力、经常贩运麻布到吴越的巨商姜子盾。姜子盾因常贩运麻布，早已用金银买通了沿途的强盗。于是，范蠡针对性地策划了一个商业计划，并在城门口贴了一张榜文，其意是：范蠡新组建了一支马队，现在开业酬宾，可免费帮人向吴越运送货物。不出所料，姜子盾主动找到范蠡，求运麻布。范蠡应诺，姜子盾欢喜。就这样，范蠡与姜子盾一路同行，货物连同马匹都安全到达吴越。马匹在吴越很快卖出，范蠡因此赚了一大笔钱。

上面3个关于商业模式的小故事，对我们有什么借鉴意义？第一个故事，将馒头、豆浆等有关联关系的产品组合在一起，形成目标顾客需要的产品组合。如果将产品组合中的某一个单品售价大幅降低，在比较心理作用下，顾客感觉到这个单品的性价比很高，那么就会常来光顾。由于口碑传播及人气聚集效应，这个产品组合将吸引更广泛的顾客来购买。虽然单品定价较低，但是整个产品组合赢利不会减少，关键是总销量大幅增加时，出现规模经济效应，赢利总额将会大幅上升。这样的产品组合创新，还能带来各种衍生利益：随着顾客流量高涨，小店可以推出更多爆款食品，还可以搞加盟连锁店。商业的传承就是如此，雷军驻足察看了这样的小店如何做生意，大受启发然后设计了小米的商业模式。

第二个故事告诉我们，选对产品很重要！陈佩斯搞的话剧属于高冷产品，演员、剧务等成本投入大，而目标顾客较少；郭德纲的相声属于大众娱乐产品，成本投入相对较少，而目标顾客涵盖较宽。郭德纲将相声打造成爆款后，围绕流量构建相关联的产品组合，不断扩展和进化自己的商业模式。陈佩斯的做法有点像“技术控”创业，自己对某个产品有兴趣，就全身心扑了上去，全然不顾目标顾客在哪里。

第三个故事给我们的启发是：有些事依靠自己很难做到，而对于合作伙伴来说易如反掌。如何吸引合作伙伴，就需要设计一个互惠互利的交易机制。合作伙伴优势互补、各自发挥的专长，最终的产品组合才有竞争力。

以上3个故事都有商业模式创新的内容，且集中在创造模式的产品组合、增值流程、合作伙伴、支持体系方面的创新，如图2-2-1所示。

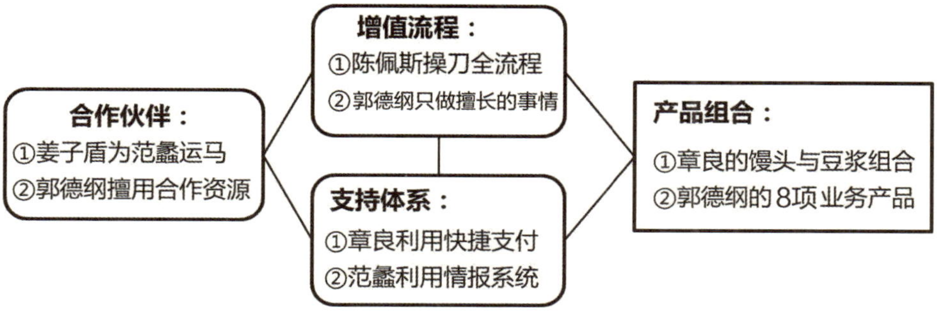

图 2-2-1 商业小故事中的创造模式内容示意图

2.2.2 那些常常说起的“商业模式”

经过以上3个商业模式小故事“热身”后，下面我们介绍5个常常会说起的商业模式。

①产品金字塔模式。针对目标顾客在购买力和风格偏好上的差别，设计一个产品组合金字塔。在金字塔的底部是低价位的产品，低价位产品跑量，起到“防火墙”的作用；逐级向上是中高价位的产品，中高价位产品赚钱，并依靠高档品提升品牌价值。金字塔模式的典型案例是斯沃琪手表。斯沃琪时尚电子表处于金字塔底部，往上走依次是天梭、欧米茄、浪琴、雷达、宝玑。斯沃琪发明这个模式之后，后续的乘用车、化妆品、手机、个人电脑等行业厂商广泛采用产品金字塔布局产品组合。

②“刀架+刀片”模式。对于基本产品定一个低价格，甚至处于亏损状态出售，以吸引消费者购买，而与之相关的周期性耗材价格则较为昂贵。基本产品必须搭配同一个厂商的耗材才能使用，从而保证厂商赚取源源不断的长期利润。它也被称为“饵与钩”模式，或者“搭售”模式。这种产品组合模式由美国吉列公司所发明。后来者采用的案例有：惠普的打印机与墨盒、雀巢的咖啡机与咖啡胶囊等。

③客户解决方案模式。典型案例是美国通用电气公司从产品向客户解决方案的转型。20世纪80年代中后期，CEO韦尔奇看到价值增长的潜

力已经从产品转移到下游服务和融资活动上，随后他在通用电气提出了为客户提供全套解决方案的模式创新。通用电气当时贯彻的全套解决方案，就是为客户提供产品以外的增值服务，其中最重要的是提供金融服务。发展到今天，工程总承包、交钥匙项目、成套设备、BOT（Build-Operate-Transfer）、PPP（Public-Private Partnership）等都是为客户提供解决方案的不同形式。所谓为客户提供解决方案，其实质是为客户提供一个复杂的产品组合，既包括所需的各种实物产品，也包括设计、安装、调试服务，还可能包括金融服务、软件等虚拟产品形式。该模式前期要投入人力、物力去了解客户的需求，设计项目方案及建立良好的客户关系。由于一些客户对于解决方案隐含的复杂产品组合并不专业，知之甚少甚至一无所知，所以卖方可以设法形成有利于自己的解决方案，从中赚取比较高的利润。

④平台模式。为了提高买卖效率和降低交易成本，各行各业都有将供需双方聚集在一起的交易平台。传统的集贸市场、旅行社、银行、报纸媒体等，在社会经济生活中扮演者各行业交易平台的角色。互联网普及之后，大部分线下的交易平台都搬到了网上或被电商综合平台取代了。淘宝替代了集贸市场，蚂蚁金服做银行的生意，京东是网上商城，O2O把服务业的一部分交易搬到网上了。平台模式将各厂商的渠道流通部分整合在一起形成规模经济，所以大幅节省了交易成本。平台模式提供商品流通中介服务（服务包含在广义的产品中），所以它属于服务产品组合。

⑤分享经济模式。分享经济模式强调的两个核心理念是“使用而不占有”和“不使用即浪费”。分享的标的物主要是闲置资源，包括闲置物品、碎片时间、闲置空间、资金盈余、认知盈余等。分享模式的兴起，基于互联网、信息和通信技术、云计算、大数据等技术的发展和成熟，通过构建平台，形成规模与协同，以更低成本和更高效率实现经济剩余资源智能化的供需匹配。分享模式也是平台模式，分享模式更强调针对闲置资源而构建平台。与衣食住行相关行业率先涌现了一些分享经

济平台型企业，例如：滴滴打车、小猪短租、人人贷、人人快递、爱大厨、在行、豆瓣网、知乎等。

以上5种模式只是相关书籍、媒体文章常常说起的商业模式的一部分。追溯起源，它们最早叫做利润模式。20世纪90年代后期美国学者斯莱沃斯基出版的书籍《发现利润区》介绍了22种利润模式，其中就包括以上的产品金字塔模式、“刀架+刀片”模式、客户解决方案模式、平台模式（书中叫做配电盘模式）。后来国内的一些学者“换汤不换药”，将其中部分案例更新为中国企业案例，然后将利润模式改称为赢利模式/盈利模式/商业模式，为商业模式在中国科普推广起到了促进和推动作用。国外学者也有这么做的。2017年，瑞士3位作者在华出版的书籍《商业模式创新设计大全：90%的成功企业都在用的55种商业模式》，重要贡献是将原来的22种利润模式升级为55种“商业模式”。以T型商业模式看来，它们更多表达的是一种产品组合创新，如图2-2-2所示。由于产品组合、赢利机制和价值主张之间三位一体的关系，所以表达某个产品组合时，必然含有赢利机制（盈利模式）和价值主张的相关内容。

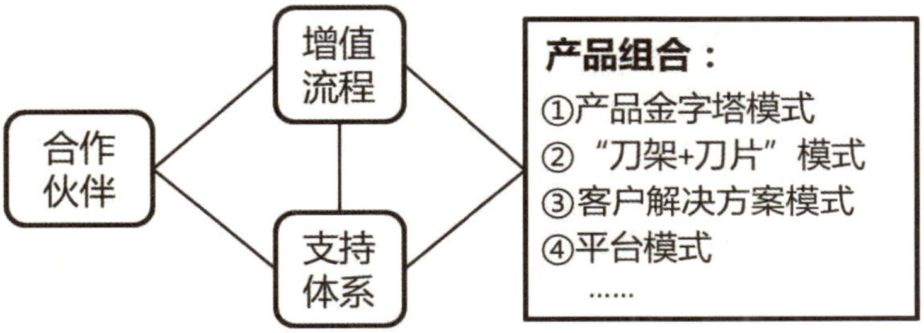

图 2-2-2 商业模式常被表述为一种产品组合示意图

2.2.3 模仿还是借鉴?

无论是最早提出的22种利润模式，还是后来增加到55种的“商业模式”，甫一看到似乎没有什么难度可言。一些创业导师就说了：“模式都很简单，模仿就行了，关键在执行力。”国内创业者模仿美国团购公司Groupon，鼎盛时中国有6 000多家团购网站，“烧钱”的执行力都很强，至今却不见它们踪迹了。摩拜、小黄车（ofo）引领的共享单车模式兴起后，各地迅速冒出成百上千家模仿者。这些模仿者很少能存在超过两年，投放的单车逐渐失踪了或被扔进了城市自行车“坟场”。曾经APP创业、O2O创业也都火了一阵子，他们跨界模仿免费、补贴模式拓展客户，美其名曰：免费带来流量、补贴培养顾客消费习惯。钱烧光后，创业也就同时停止了。

不要盲目跟进模仿、简单粗暴地“抄别人作业”，但是“前人栽树，后人乘凉”，**我们可以广泛借鉴、消化与吸收后再优化创新那些经过验证、证明可行的商业模式。**吉列发明 “刀架+刀片”模式之后，同样的模式在其他领域出现不少成功者。他们不是简单地模仿，而是结合实际再有所创新。例如，惠普是这样的“刀架+刀片”模式：顾客买惠普的电脑时，多付1元钱就送一台惠普打印机，但今后要使用惠普专用的墨盒，而这个耗材卖168元——太不便宜了！瑞典利乐公司专门为液态奶提供无菌包装，中国的蒙牛、伊利、光明等都是利乐的重要客户。它的“刀架+刀片”模式是另一种创新形式：在初期，利乐以免费的形式将价格不菲的液态奶包装自动线安装到客户的现场，并提供调试维修和员工培训服务，这些统统也免费。液态奶生产线启动后，如果客户一定年限内采购的利乐枕包装耗材达到核定的数量，包装自动线款项就不用再支付了。苹果公司则采用倒置的“刀架+刀片”模式。苹果是手机、iPod等硬件卖得很贵，后续提供的音乐或软件以打包价比较便宜地卖给顾客，也就是“刀架”卖得很贵，而后续的“刀片”反而便宜。苹果这样做的原因，是因为软件、音乐等虚拟信息产品具有一次付出成本可以无限次获利即边际成本递减趋于零的特性。

同样是模仿借鉴，成功者与失败者之间不只有“一步之遥”。T型商业模式包括创造模式、营销模式、资本模式3个部分、共13个要素。简单模仿一个商业模式时，常常是粗浅地理解了其中一两个要素，例如：产品组合、赢利机制（盈利模式）。而那些真正伟大的企业，其商业模式获得了巨大成功，关键在于他们建立了多要素协同下的系统性竞争优势。

从产品组合上看，美国吉列公司发明了“刀架+刀片”模式。而在100多年的经营历史中，吉列开创了许许多多的行业第一：剃须刀架与刀片分离、双刀剃须刀、旋转头剃须刀、弹簧剃须刀、锋速系列剃须刀、女性系列剃刀等。吉列的每个产品系列瞄准一个目标顾客群体，做到男女全覆盖，高中低端需求全覆盖，衍生产品越来越多。

吉列有一系列产品，好像没什么稀奇。吉列公司持续发展100多年了，“刀架+刀片”系列产品一直卖得很好，几乎垄断了全球市场，而且毛利还出奇地高。2005年初，宝洁以570亿美元收购吉列时，吉列公司的利润约20亿美元，全球市场占有率接近70%，美国市场占有率高达90%。难怪有人说，“吉列公司完全掌握了全世界男人的胡子”。

从常规理解，一个小小剃须刀或刮毛器，技术难度看起来不大，应该有很多同业竞争者吧。吉列公司的做法有些“霸道”，通过一定的经营手段把“刀架+刀片”模式的壁垒不断加高，使潜在竞争者只能望洋兴叹。从T型商业模式的角度分析，吉列的支持体系很“霸道”。吉列不仅有先发优势，而且不断为技术创新申请专利，一道一道的专利保护让竞争者不敢轻易进入。吉列公司是美国技术创新的带头人之一，它开发产品的方式类似于医药公司开发新药品。为了让小小剃须刀更锋利、更好用，吉列动辄就在产品改进上耗费很多年时间和数亿美元研发成本。例如，1998年4月，吉列公司宣布新型剃须刀锋速3问世。这个产品花了6年研究时间，耗资10亿美元开发成本。新产品投放第一年，吉列计划耗费4.3亿美元为这一新产品作广告。吉列的保护壁垒，不仅体现在研究和设计上，更多是在生产和工艺方面。例如：吉列刀片生产工厂的高科技装备堪比宇航设备制造工厂的科技水平与层次。吉列致力于公司的平衡发展，从现有产品中获得高毛利下的超额利润，同时就能不断加大研发投入持续开发新技术、新工艺，致力于谋划未来的拳头产品。

从T型商业模式构成要素出发，以上只是简要介绍了吉列公司“刀架+刀片”产品组合背后的技术支持体系部分。其实，吉列公司在创造模式的合作伙伴、增值流程以及营销模式、资本模式相关要素方面还有诸多可圈可点之处。

我们常常听到或看到的那些商业模式——不论是早期的22种利润模式，还是后来的55种“商业模式”，乃至不断涌现而出的数不胜数的互联网新模式，都只能算是对产品组合、赢利机制（盈利模式）等一两个要素绘声绘色的描述，如图2-2-3所示。T型商业模式通过研究商业模式的共性，构建商业模式的通用要素结构，探索要素之间的运动规律和协同产生价值的原理。以此为分析和研究框架，我们可以广泛借鉴、消化与吸收那些经过验证的优秀商业模式，通过模仿再创造过程，进一步科学地展开商业模式优化和创新。

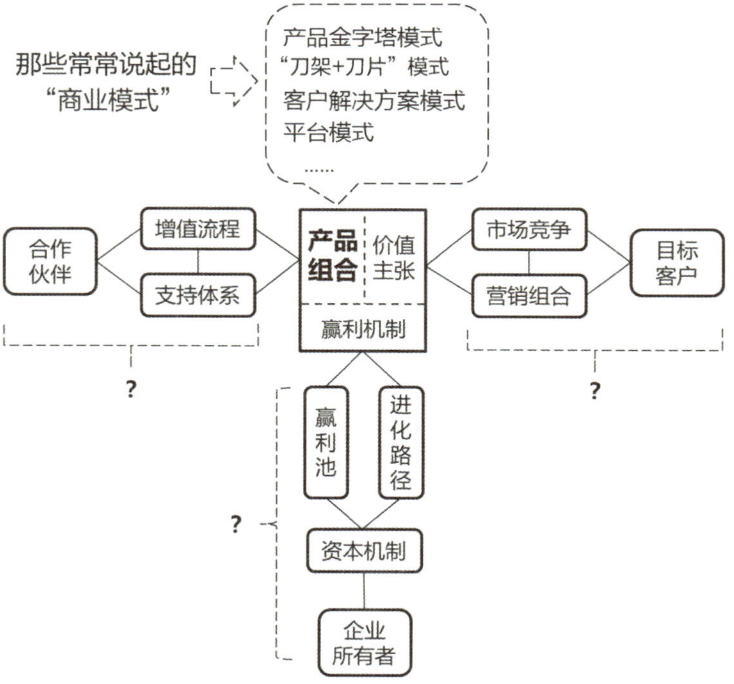

图 2-2-3 T 型商业模式与那些常常说起的“商业模式”示意图

2.3 升级到“中国创造”更需要一个创造模式

重点提示

※苹果产品如何实现“高体验、高售价”？

※上海拓璞的高端装备定制模式有什么特点?

※锡麦粮机如何在传统制造行业中恢复“青春”？

我国是制造业大国。2017年中国制造业增加值为242 707亿元，占世界制造业比重28.57%，稳居世界第一。第一次工业革命时期，英国曾是世界头号工业强国，而如今制造业增加值只占世界比重的1.92%，排在世界第九位。我国还不是制造业强国。工业和信息化部部长苗圩在解读“中国制造2025”时曾说：全球制造业已基本形成4级梯队发展格局：

第一梯队是以美国为主导的全球科技创新中心；

第二梯队是高端制造领域，包括欧盟、日本；

第三梯队是中低端制造领域，主要是一些新兴国家，包括中国；

第四梯队主要是资源输出国，包括OPEC（石油输出国组织）、非洲、拉丁美洲等国。

国际上发起贸易战、反倾销、高新技术产品对中国“禁运”，中国制造业就会深受波及，尚不能泰然处之。国内搞“双11”“拼多多”“投资竞赛”，看似提升了销量，但是由此制造业波动更大，还是在低端产品徘徊。全国上下大力提倡供给侧改革，推动“中国制造”迈进“中国创造”。而“中国创造”需要一个创造模式，更需要技术创新的促进作用。T型商业模式中的创造模式包含了技术创新，它属于支持体系要素的核心内容之一。技术创新需要的时间周期长，还需要能力和资源等资本支持。对于大部分中低端制造企业来说，积累的利润尚不能通过技术创新实现“中国制造”迈向“中国创造”。所幸，我们所谈的创造模式包括产品组合、增值流程、合作伙伴、支持体系4个要素，技术创新只是支持体系的一部分内容，况且还可以通过协作研发、战略合作的形式跨过技术创新这个“门槛”。下面用3个案例，分别说明大规模制造、高端产品定制化和客户解决方案的创造模式。

2.3.1 苹果产品如何实现“高体验、高售价”

1996年，美国苹果公司销售收入为98.33亿美元，亏损却高达8.16亿美元，已经到了快撑不下去的时候，不得不让11年前被“开除”的乔布斯回归。乔布斯重新上任后的第一件事可以用“精简、聚焦”二词概括。例如：原来60个品种型号的苹果电脑被乔布斯精简到了只有1个核心型号。此后，苹果推出iPod、iPhone、iPad等产品也是遵循“精简、聚焦”原则，一次“只放一只羊”。2011年10月，乔布斯又离开苹果同时也离开了世界……由于带领苹果进行了一系列成功的商业模式变革，乔布斯为后人留下了巨额物质及精神财富。随后的2012年，苹果收入达1 565.08亿美元，净利润高达4 17.33亿美元。2018年，苹果总市值突破10 000亿美元，持有的现金储备高达2 437亿美元。

乔布斯带领苹果取得的成功，主要在于它有一个“霸道”的商业模式，让产品组合实现了“高体验、高售价”。

苹果产品的“高体验”路人皆知。相对于其他品牌的手机、电脑等，苹果产品给人以高端体验；使用苹果产品，爱不释手、欲罢不能，给人以高级体验；“小伙伴们”在一起，使用苹果的人，似乎品位也高一点，这叫作高品位体验。

手机行业竞争激烈，别说三星、诺基亚，我们的“华米VO”（华为、小米、OPPO、vivo）在价格和营销等方面各有竞争绝招，还有中国制造独特优势，尤其小米还有“高配置、低价格”撒手锏。“世界是平的”，到处产品过剩，选择权在消费者手里。通常消费者更看重产品的性价比，苹果怎么能实现“高体验、高售价”呢?

苹果商业模式中的产品组合是“终端硬件+操作系统+生态平台”。有人说苹果的商业模式是“APP Store+iPhone”或软硬一体化——虽然表达上有点不太专业，但是意思差不多，也能通俗易懂地说明问题。

无论是iPod、iPhone，还是iPad、Mac电脑等苹果产品，产品一流、使用体验非常好，亿万人都在用。苹果发布新产品时，万众期待、排队抢购。所以，在终端硬件上，我们不用再夸奖苹果了，简单列举一两个事例，加强认识。

例如：2001年推出的iPod是苹果崛起的基石，用乔布斯的话来说，“ iPod是最具苹果风的产品” 。实质上，iPod就是一个MP3播放器，技术上非常成熟，以索尼为首的生产商经过了一番混战之后，苹果才姗姗来迟。技术创新不是苹果的长处，而是在关键的产品上集中有限的资源，强调新技术的应用和整合性创新，用超高的品质以“高体验、高售价”来赢得竞争优势。

当年，苹果首席设计师乔纳森·艾维向乔布斯展示不太成熟的多点触控技术，他有点害怕——乔布斯会说“这是一堆狗屎”。但这一次，乔布斯说：“这就是未来！”随后不久，采用多点触控技术的iPhone诞生了。在iPhone成功的所有元素中，多点触控技术带来了杀手级的硬件体验。当时，微软CEO鲍尔默这样评价iPhone:“这是世界上最贵的手机。但它对商务人士没有吸引力，因为没有键盘。”诺基亚的工程师说:“这部手机太不禁摔，一定没有未来。”同行对消费者高体验不屑一顾，只有苹果看到了目标顾客的核心需求，产品组合能实现独特的高体验，当然要高售价!

在移动操作系统方面，苹果公司延续并强化了其技术封闭模式，独立研发出新一代移动操作系统iOS。苹果公司的与众不同之处还在于，它确实花费了大量时间和精力保证设备中软硬件的相互弥补，所以苹果产品经常会获得"浑然一体"的褒奖。相比之下安卓系统是开放的、免费的，同时意味着原始投入不足，需要各厂商二次开发——如果底层架构不能适应持续进化的硬件，那么二次开发带来的改进是有限度的。实际上苹果的"终端硬件+操作系统"组合已经是一个很高的壁垒。由于没有潜在竞争者，所以追求高体验的消费者，当然就"不惧"苹果的高售价了。

苹果商业模式中，产品组合的第三部分是生态平台，包括iTunes数字音乐生态平台、APP Store应用软件生态平台、配件等衍生品生态平台。由于苹果产品非常聚焦，单品销量数以亿计，所以苹果生态平台的参与成员分工非常细致，生产效率很高，让参与企业和消费者都收益非常显著。苹果公司实施了层层专利保护的严格措施，使得与平台相关的核心技术、产品及平台自身具有封闭性和垄断性，确保了苹果公司牢牢地控制着这些生态平台。

综上简述，苹果商业模式中的产品组合"终端硬件+操作系统+生态平台"已经形成了一个赢利闭环，如图2-3-1所示，与匹配的增值流程、支持体系、合作伙伴一起，构建成一个极有竞争力的创造模式。例如：在增值流程和合作伙伴方面，苹果采用IT行业通行的"微笑曲线"模式组织产品制造和运营，将产品外包给富士康等亚洲代工厂，充分利用它们的低廉成本和高效率优势。这样，苹果不仅实现了产品组合的"高体验、高售价"，同时也实现了自身的高盈利。

图 2-3-1 苹果商业模式中的产品组合示意图

不言而喻，苹果商业模式中的产品组合方法及其创造模式，可以给正在向“中国创造”转型的我国企业很多启示！

在苹果产品组合 “终端硬件+操作系统+生态平台”中，去掉其中高大上的、中小企业还学不来的“生态平台”，再化简一下就是“硬件+软件”组合。这类产品组合如何吸引目标客户？说起来特别简单，要么硬件好，要么软件好，要么软件硬件组合在一起“无敌”。再从传统行业举例：20世纪末时，洗衣机技术已经很成熟了，多个名优厂家的洗衣机质量都差不多。海尔另辟蹊径从服务软件上下功夫，大力贯彻海尔“七心服务”标准系统。到2017年，海尔洗衣机的市场占有率连续20年中国第一、9年全球第一。硬件竞争空间已经很小，而服务、软件待拓展的空间巨大。特别是即将到来的人工智能时代，无论是工业品，还是消费品，将普遍采用“硬件+软件”的产品组合形式。

2.3.2 上海拓璞的高端装备定制模式

长期以来，以美国为首的西方发达国家通过巴黎统筹委员会[①]和《瓦森纳协定》[②]，一直将高档五轴机床和加工技术列入对中国等社会主义国家禁售的目录清单中。曾经震动全球的“东芝事件”，反映了五轴联动技术的战略重要性。

1983年春天，苏联军方以35亿日元的高价，从日本东芝公司秘密买走4台五轴联动机床。东芝将这4台机床先转运到挪威，然后再由特殊通道运往苏联。为了获得对五轴机床编程设计和工艺操作的技能，苏联军方又展开了对挪威籍工程师波路斯塔特的“争取”工作。波路斯塔特负

① 巴黎统筹委员会（Coordinating Committee for Export to Communist Countries），是对社会主义国家实行禁运和贸易限制的国际组织，正式名称为输出管制统筹委员会。1949 年 11 月，在美国的提议下秘密成立的，因其总部设在巴黎，通常被称为“巴黎统筹委员会”，于 1994 年 4 月 1 日，正式宣告解散。

② 《瓦森纳协定》又称瓦森纳安排机制，全称为《关于常规武器和两用物品及技术出口控制的瓦森纳协定》，目前共有包括美国、日本、英国、俄罗斯等 40 个成员国。尽管“瓦森纳安排”规定成员国自行决定是否发放敏感产品和技术的出口许可证，并在自愿基础上向“安排”其他成员国通报有关信息，但“安排”实际上完全受美国控制。当“瓦森纳安排”某一国家拟向中国出口某项高技术装备时，美国甚至会直接出面干涉。

责转运这4台机床，他也是一位出色的五轴加工编程设计技师。当大龄青年波路斯塔特来到苏联后，很快就遇到了“迟到的姻缘”，不到两个月就跟一位美丽的苏联女性结婚了。这位挪威工程师的婚姻，显然是克格勃导演的“作品”，目的是让他对苏联宣誓效忠。苏联人以高代价购买这些五轴联动机床，可以制造高性能螺旋桨，除了使潜艇的推进性能改善之外，也使正在建造的新型航空母舰的推进器得到大幅改进。这次事件的后果是严重的：美国第一次丧失对苏联舰艇的水声探测优势。直到今天，美国海军仍没有绝对把握去发现新型的俄罗斯潜艇。

苏联尚且如此，中国相关科研院所和国营企业，先后投入几十亿资金，长期没有突破性进展。经过10多年在上海交通大学的研究和积累，上海拓璞数控科技股份有限公司（以下简称上海拓璞）的创业团队拥有了国际先进水平的五轴联动机床设计与工艺软件技术，由此研发形成的各类五轴联动机床和其他相关重大装备，广泛应用于航空航天、军工民用等产业领域中高难度零部件复杂曲面的加工。

对于上海拓璞来说，开发的产品是如此的高精尖，如何实现产业化？创始人王宇晗博士领导的技术团队，通过独特的“中国创造”模式，让几十年的希望逐渐变成了现实。

对于创造模式的增值流程部分，上海拓璞采用类似“微笑曲线”模式，只做位于两端的需求及产品开发、组装调试，而将中间的常规零部件制造部分全部外协制造或外部采购，只剩下为数不多的核心关键零部件自己制造。**这样拓璞以自有知识产权，抓住价值链的关键增值环节，只制造高端装备总重量的2%而获得毛利丰厚的高科技附加值。拓璞掌控定价权，让供应商提供其余98%的产品构成重量，只让渡给他们传统机械行业的平均毛利。**

对于创造模式的支持体系部分，像上海拓璞这样的高科技企业，我们重点考察它的技术支持体系部分。如何将企业的研发能力与外部的技术平台与开发资源、社会技术进步、国家支持协同起来，设计一个“四两拨千斤”的巧模式。上海拓璞的技术支持体系部分，可以分为基础创新、技术平台和产品开发3个部分。对于基础创新部分，上海拓璞与上海交通大学和南京航空航天大学建立了有机一体的学术交流机制，充分吸收相关大学的科研成果，作为企业基础创新研究的一部分。对于技术平台部分，上海拓璞自主研发核心零部件和工艺软件，外部采购成熟的技术平台模块。对于产品开发部分，通过与下游客户联合申报行业科技专项和国家重大专项，实现“首台套”产品定向开发，这样既获得了陆续到位的国家研发补贴，也让新产品一开始就到达了客户的生产线。

上海拓璞创业阶段的主营业务是为航空航天企业定制高端五轴联动系列机床。这个产品组合可以分为3个部分：前期定制服务、五轴联动数控机床、相关工艺软件，它代表了“定制服务+硬件+软件”的产品组合形式。同样地，用一张图来表示上海拓璞的创造模式，如图2-3-2所示。

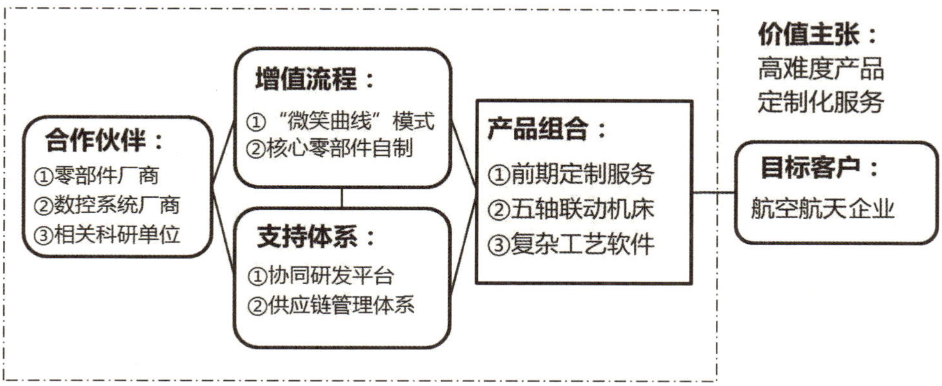

图 2-3-2 高端装备定制业务的创造模式示意图

上海拓璞采取的“前期定制服务+五轴联动机床+复杂工艺软件”产品组合形式，实际上在业界为自己建立起了两道防护壁垒。第一道壁垒“前期定制服务”，不仅需要长期的技术储备、快速的需求开发与定制能力，而且还需要有多个涉及军工、航空航天的相关资质和成功案例。第二道壁垒“复杂工艺软件”，也需要长期的技术储备和高端人才资源，更需要协同研发平台的支持。采用“定制服务+高端硬件+复杂软件”产品组合形式的厂商，如果有前后两道壁垒的保护，那么就可以在行业中处于相对垄断的地位。

消费升级和“互联网+”，让定制化超越“整齐划一”的大规模制造，成为未来主流的产品创造形式。未来定制化将有两个发展方向，一个是单套定制，另一个是规模化定制。除了相关技术因素外，单套定制依赖匠人精神和项目管控能力，规模化定制需要工业4.0基础设施的支持。无论哪种类型的定制化，都需要参与的厂商能在“定制服务+高端硬件+复杂软件”产品组合中，建立起独特的竞争优势。

2.3.3 锡麦粮机在传统制造行业恢复“青春”

粮食加工是一个非常古老的行业。公元前的春秋时期鲁国人公输般发明了手推小石磨，明代科学家宋应星在《天工开物》中就描述了古代粮食磨坊的生产景象。王敢闯先生从部队转业后，以3万元积蓄创办了无锡锡麦粮机有限公司（以下简称锡麦粮机），创业初期主营业务是制造面粉加工机械。对于面粉加工，无锡是一个有历史有故事的地方。早在1900年，原国家副主席荣毅仁的父亲荣德生与兄长荣宗敬一起在无锡创办茂新面粉厂，那是中国最早一批以电动机为动力的面粉加工厂之一。

行业这么古老，竞争已经很充分，锡麦粮机创立10来年，经历跌跌撞撞风风雨雨，但是创始人王敢闯希望将企业做大做强的决心一直未变。2012年开始，锡麦利用自身在行业的长期积累，图谋从商业模式创新中寻求突破。

经过100多年的发展，欧美国家的粮机企业不断引导创新，面粉加工设备已经很成熟了，自动化程度非常高，行业全面普及了数控生产并逐渐引进智能生产技术。锡麦粮机的下游目标客户是面粉加工厂，经营者大部分来自农村或农业背景。投资一个面粉加工厂，少则500多万元，多则几个亿，他们从中遇到以下4个主要痛点：①采用面粉自动智能生产线，不仅生产效率高而且面粉质量优，人工成本大幅降低，但是国外厂商的自动生产线太过昂贵，而采用国产设备拼装在一起，尤其几个核心设备、关键零部件不能保证质量，并且数控及智能方面操控难度较大；②面粉厂的厂房选址、建筑设计、成套集成需要与当地的小麦原料、气候、地理现状等具体情况结合，具有一定程度的定制性；③农民企业家办企业，理想很远大，但是资金普遍短缺，除了亲朋借款或高利贷没有更好的融资渠道；④农民工操作数控及智能工厂，需要较长时期的培训和运营指导。

针对目标客户的4个主要痛点，借鉴节能环保行业的EPC（项目总承包）模式，结合粮机行业的独特性，锡麦粮机尝试采用“EPC+2M”商业模式（2M指Manufacture和Money）即“项目总承包+核心设备制造+融资租赁”。我们用创造模式对锡麦的“EPC+2M”简单阐述如下，如图2–3–3所示：

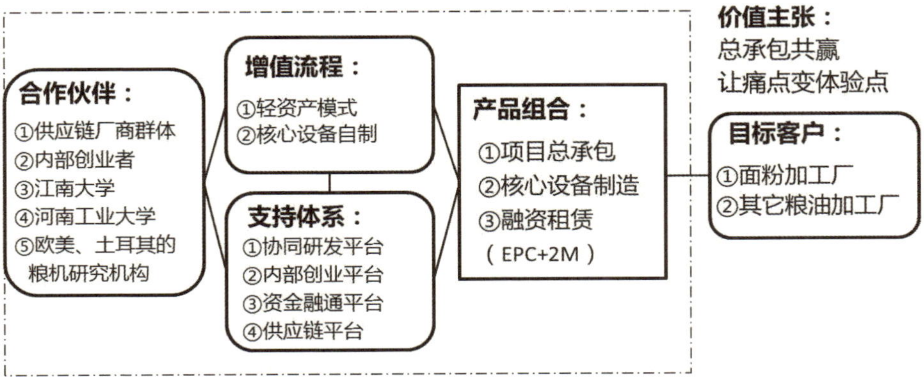

图 2–3–3　锡麦公司的“EPC+2M”创造模式示意图

在增值流程方面，锡麦粮机的EPC即是轻资产模式，企业只负责项目规划、设备选型、分类采购、核心设备制造、组装检验及安装调试，而将厂房设计与承建、非核心设备制造、现场施工等不擅长或附加值低的业务流程全部外包给合作伙伴。

在支持体系方面，锡麦粮机模式的亮点是打造好4个平台：第一个是协同研发平台，锡麦粮机与欧美相关国家及土耳其的粮机科研机构合作，引进国外的先进技术和核心设备到国内的粮机成套生产线上；与国内的江南大学、河南工业大学的相关科研机构合作，共同开发一些具有中国特色的粮油食品加工装备。第二个是内部创业平台，公司提供场地和一些资金支持，鼓励团队成员内部创业。内部创业激活了团队的创业创新活力。电控智能化项目、高效磨粉机项目、高方筛项目等都是通过内部创业发展起来的。第三个是资金融通平台，锡麦粮机集合了多家银行、小额贷款机构、融资租赁公司，为下游客户设计创新提供资金解决方案。目前，锡麦粮机为客户解决资金困扰还是以融资租赁方式为主，附加一些当地银行分支机构的支持。第四个是供应链平台，供应链在“EPC+2M”实施过程中具有战略性重要地位。锡麦粮机的成套工程项目中，通常非核心设备的外部采购占比70%以上，供应链直接影响项目的工期、质量和成本，可以说供应链决定“EPC+2M”模式的成败。

经过两年多的相关能力和资源准备，然后以“EPC+2M”模式陆续承揽了一些千万元级的面粉厂项目，其中可圈可点的是几乎包揽了2014年左右所有援藏面粉加工项目。锡麦粮机承揽的援藏面粉加工项目，通常一次试车成功，以质量好、工期短、服务优取胜，既验证了锡麦粮机成套设备在西藏等特殊地理气候环境的技术可行性，也说明了“EPC+2M”商业模式的可行性。在此基础上，锡麦粮机继续探索商业模式创新，未来条件成熟时将建设客户员工技能培训中心和托管运营服务中心。以“EPC+2M”商业模式对客户的独特价值，2016年锡麦粮机迎来了快速发展期，当年获得战略大客户订单5亿多元，后续两年还有订单7亿多元。通过商业模式创新，锡麦粮机在粮机这个传统行业中恢复了青春！

工业领域的项目总承包（EPC）与建筑、市政领域的工程总承包类似，都属于为客户提供整体解决方案类型的商业模式。**从基本EPC形式，逐步增加运营、融资等内容，衍生出了BOT 、PPP、BT、TOT、TBT、BOO、PFI等多种创新模式。**由于消费升级及供给侧改革，近期及未来面向消费端的整体解决方案将不断涌现，例如：养老整体解决方案、婚庆整体解决方案、医疗整体解决方案、健身整体解决方案、休闲度假整体解决方案、装潢家具系统解决方案等。

为客户提供解决方案一般包括实体产品集成和附属的客户沟通、定制设计、产品选型、服务过程（安装施工）、资金融通、运营维护等诸多创新服务内容。结合锡麦粮机的案例从创造模式看，要做好整体解决方案，首先要找到目标客户的痛点，然后设计出针对性的产品集成和创新服务产品组合；其次要科学决策哪些增值流程必须自己操刀，哪些业务应该外包；最关键的是选好合作伙伴和构建科学合理的支持体系。提供整体解决方案，背后是交易的集成、合作伙伴的集成，所以一定要合作共赢，也必定是系统致胜。

以上3个案例中，苹果iPod、iPhone等代表规模化批量产品，上海拓璞五轴机床代表高端定制化产品，锡麦粮机粮机代表为客户提供解决方案类产品。它们都是以提供实体产品为主，附加了必要的服务、软件产品内容。**虽然服务及软件是附加的，但是优质服务和软件带来的防护壁垒比实物产品还要强大。有了防护壁垒就有了定价权和可持续销售，获利也就水到渠成了。**相比实物产品，服务与软件属于巧投入——更多依靠智力投资和能力积累，而实际耗用的场地、设备及资金资源并不多。

2.4　构建创造模式　提升服务业竞争力

重点提示

※海底捞后台运行的“服务价值链”对我们有什么启示？

※宜家家居、微软视窗操作系统、滴滴用车的用户界面对赢利有哪些贡献？

※如何借鉴迪士尼“1+N”赢利产品组合？

2017年，我国服务业增加值427 032亿元，占GDP的比重为51.6%，超过制造产业11.1个百分点，服务业已经成为我国第一大产业。经济越发达，服务业的比重越大。例如：从经济构成看，美国的服务业占了GDP的80%，而工业制造只占19%。服务业需要人来提供服务，也需要人来享用服务，中国人口众多，所以服务业潜力巨大。同时我们也应该注意到，服务业进入壁垒低，同质化竞争异常激烈；看似服务业创新机会多，但是大部分创业项目利润很低，持续很长时间尚不能盈利。大家热议的人工智能时代即将来临，首先波及制造业，然后会影响服务业。如何化解服务业面临的挑战，提升服务业竞争力？以T型商业模式看，首先需要构建一个独特的创造模式，而其核心内容是对服务业的产品组合重新思考——从表面的服务看到背后的原理，从“人—人”交流看到“人—机”界面交互，从单一服务看到“1+N”赢利产品组合新趋势。

自古以来，商业本质始终未变。如何做生意，如何做服务，我们从王永庆开米店说起：

台塑集团创始人王永庆生前在中国台湾的富豪中长期雄居首席。台塑集团是中国台湾企业中的王中王——仅在中国台湾，与台塑集团有着存亡与共关系的下游加工厂超过1 500家。

王永庆早年因家贫读不起书，只好去做买卖。1932年，16岁的王永庆从老家来到嘉义开了一家米店，从此踏上了艰难的创业之旅。那时，小小的嘉义已有米店近30家，竞争非常激烈。当时仅有200元资金的王永庆，只能在一条偏僻的巷子里承租一个很小的铺面。他的米店开办最晚，规模最小，更谈不上知名度了，没有任何优势。在新开张的那段日子里，生意冷冷清清，门可罗雀。

怎样才能打开销路呢？王永庆决定从每一粒米上打开突破口。那时候的中国台湾，农民还处在手工作业状态，由于稻谷收割与加工的技术落后，很多小石子之类的杂物很容易掺杂在米里。人们在做饭之前，都要淘好几次米，很不方便。但大家都已见怪不怪，习以为常。

王永庆却从这司空见惯的事情中找到了切入点。他和两个弟弟一齐动手，一点一点地将夹杂在米里的秕糠、砂石之类的杂物拣出来，然后再卖。一时间，小镇上的主妇们都说，王永庆卖的米质量好，省去了淘米的麻烦。这样，一传十，十传百，米店的生意日渐红火起来。那时年轻人忙做工无暇顾及家务，买米的顾客以老年人居多。王永庆注意到这一细节，于是主动送米上门。这一方便顾客的服务措施同样大受欢迎。当时还没有“送货上门”一说，增加这一服务项目等于是一项创举。王永庆送米，并非送到顾客家门口了事，还要将米倒进米缸里。如果米缸里还有陈米，他就将旧米倒出来，把米缸擦干净，再把新米倒进去，然后将旧米放回上层，这样，陈米就不至于因存放过久而变质。王永庆这一精细的服务令顾客深受感动，赢得了很多的顾客，每月的销量是别人家的几十倍。

那时，王永庆就开创了顾客“数据库”管理。如果给新顾客送米，王永庆就细心记下这户人家米缸的容量，并且问明家里有多少人吃饭，几个大人、几个小孩，每人饭量如何，据此估计该户人家下次买米的大概时间，记在本子上。到时候，不等顾客上门，他就主动将相应数量的米送到客户家里。

就这样，王永庆从小小的米店生意开始了他后来问鼎中国台湾首富的事业。

王永庆早年卖米，与现在的超市、百货、便利店、电商网店一样，做的是渠道生意。搞渠道贸易，实际上属于服务业，很多人只是简单地从一买一卖中赚个差价，而王永庆却从中创造出这么多服务来。产品有价，而服务无价；产品有材料成本，而服务更多是用心；产品提供使用功能，而服务让顾客感动、超越顾客期望。同样是卖米，王永庆叠加上了针对顾客痛点需求的各项延伸服务；同样多的时间，租金比别人低，王永庆米店的销量却是别人家的几十倍。什么叫会做生意？王永庆卖米就是参考答案。

2.4.1 海底捞后台的“服务价值链”

盛夏三伏天，温度经常高达35℃以上，这是火锅生意最淡的季节。很多火锅店要么提供别的菜式，要么让部分员工回家歇着。可是海底捞继续卖“川味火锅”，门口及等候大厅依然见到顾客在人声鼎沸地排队，居然还要多次“翻台”！很多食客口碑相传，海底捞的成功，是因为他们的“变态”服务：

> 在海底捞排队时，有人给你擦皮鞋、修指甲，还提供水果拼盘和饮料，还能上网、打扑克、下象棋，全部免费啊！
>
> 这里跟别的餐厅不一样：吃火锅眼镜容易有雾气，他们给你绒布；头发长的女生，就给你头筋套，还是粉色的；手机放在桌上，吃火锅容易脏，还给你专门包手机的塑料套。
>
> 一位去海底捞吃饭的顾客因违规停车，被交警贴了罚单。海底捞的保安二话不说揭了罚单，替客人"买了单"。如果你打车去海底捞，海底捞会送给出租车司机一瓶矿泉水。
>
> 我第二次去服务员就能叫我的名字，第三次去就知道我喜欢什么。只打了一个喷嚏，服务员就吩咐厨房做了碗姜汤送来；服务员看出我感冒了，竟然悄悄跑去给我买药，感觉像在家里一样。孕妇会得到海底捞的服务员特意赠送的泡菜，分量还不小。如果某位顾客特别喜欢店内的免费食物，服务员也会单独打包一份让其带走……

这些所谓的"变态"服务，其实是真心为顾客服务，像王永庆卖米那样将服务向广度和深度两个方向做了延伸。餐饮业不好干，竞争激烈、门槛低，看在客流和挣钱的份上，老板们纷纷学习海底捞，为什么这么多年学不会呢？

曾有篇"宣传"文章《西贝员工"卧底"海底捞万字日记》在各媒体平台广为传播，里面揭示了一些海底捞内部管理细节、干部如何善待员工等干货内容。从首尾挑出几段内容，我们来了解一下：

> 在海底捞，我看到的很多现象让我惊奇。店长开例会，说总公司正在为忠诚员工修建养老公寓，几分钟之内就让每位员工都受到鼓舞。只要到了上班时间，所有员工都不会停下来休息——安检员

（职责相当于电工）在上客高峰期端盘子传菜；传菜员传出去一趟菜以后总是捎回一筐脏盘子；收市之前的上客低谷期，传菜员、服务员、保安都到洗碗间洗碗、擦盘子。店长以及大堂经理、后堂经理总是出现在最繁忙的地方，干起活来比很多熟练员工还麻利。

……

学习海底捞并不难：只要老板能放下架子，转变观念；只要领导不再把员工当成下属，而看成是同事，事情就容易多了。让领导真正去关心员工，而不是“管理”员工，或者说，用企业的利润和领导的真情去感动员工，就是我们要向海底捞学习的主要精神品质。

在海底捞做一名普通员工比在西贝做普通员工容易，因为普通员工主要受到激励；而在海底捞做一名管理者要比在西贝做管理者难，因为管理者不仅需要熟练掌握所有业务，更主要的是要关心员工。他们甚至需要是一位优秀的演说家，所到之处要能够提高员工的士气。

员工的激励来自店长、经理，而店长、经理的激励来自他们的前任、上级，还有他们的创始人张勇董事长。海底捞某店实习店长曾经说过，她的师父、她以前的店长、北京片区总经理袁哥，还有张勇大哥，他们那些人才是真正知道怎么关心人，她自己比起他们来差得远了。当然，只有精神的鼓励是不够的，海底捞为店长、经理们提供了让他们感到惊讶的待遇，并且描绘了美好的前景，每个人都还能得到提升。

在前台展现的“变态”服务，在后台一定有强大的支撑。创立之初，海底捞就形成了这样一条“变态”服务链：创始人张勇“变态”地服务好管理人员，管理人员“变态”地对一线服务员好，所以一线服务员“变态”地服务好顾客。很多老板从骨子里把自己当成土皇帝，把员工看成雇佣兵或奴才，认为靠自己的智慧经营养活了全体员工，不时请个培训师来提醒员工要感恩、要效忠，所以“海底捞，你学不会”，也不足为怪。

海底捞展现的“变态”服务，往正规理论上套一下，叫作“服务价值链”。1994年，由詹姆斯·赫斯克特等5位哈佛商学院教授组成的服务管理课题组，历经20多年追踪考察了上千家服务企业，提出了“服务价值链”原理。如图2-4-1所示，服务价值链是表明利润、顾客、服务员、管理人员、创始人5者之间关系并由若干链环组成的链。企业利润是由顾客忠诚度决定的，顾客忠诚度是靠顾客满意度积累起来的，顾客满意度是由一个链条传递而来的。创始人真心让管理人员满意，管理人员便会真心将满意度传递给一线服务员，一线服务员才真心将满意度传递给顾客。

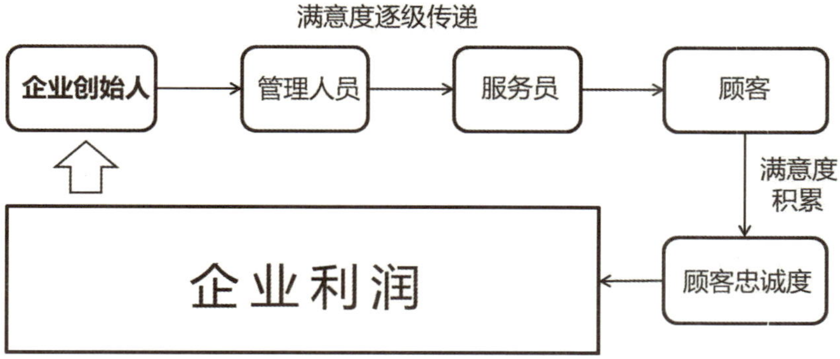

图 2-4-1 服务价值链原理示意图

所谓“一招鲜，吃遍天”，向海底捞学服务，关键是学习背后运行的“服务价值链”，认真领会然后长期贯彻这一招就行了。分析海底捞创造奇迹的商业模式原理，可以先用一张图来说明它的创造模式，如图2-4-2所示。除了上文给出的信息外，另有一些要素内容直接填入表中，大家有兴趣可以再查阅相关海底捞的资料。

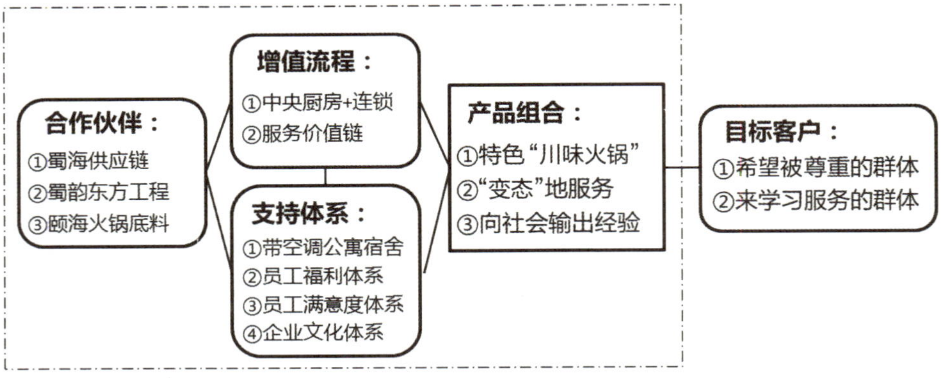

图 2-4-2 海底捞的创造模式示意图

2.4.2 用户界面已是服务产品组合的重要构成

服务是一个很宽泛的概念，除了实物产品之外，其他应该都属于服务类产品。服务不可以储存——当服务被生产时，顾客同时就在消费服务了。除了服务内容本身，商家与顾客的交互界面也是整体服务不可分割的一部分。

宜家家居是一个家居大卖场，提供对接家居产品买卖双方的渠道服务。宜家非常重视与顾客的交互界面，利用“蛇形动线”布局整个家居卖场。沿着“蛇形动线”，宜家创造出不同风格特色的样板间，精心设计各式各样生动活泼并富有趣味的商品陈列，处处引导顾客触摸、体验、测量或试用——这些都是促进顾客购买的触发利器！沿着“蛇形动线”，顾客从进到出几乎将所有的售卖区逛了一遍，走了很多路而不觉得累，不知不觉购物车放满了商品。宜家卖场内标配餐饮服务区，售卖的瑞典风味餐食物美价平，也是吸引顾客的一大亮点。国内其他家具大卖场，有的面积更大，有的价格更便宜，有的配送更方便，但是宜家与顾客的交互界面更好，所以购物体验更好，由此带来生意更兴隆，发展更稳定。

从宜家的案例看，搞好服务并不全是将重心放在“人—人”之间的频繁交流。尤其是看着屏幕成长起来的一代一代人，“人—机”交互界面将是服务产品的主要展示与消费场景。

交互界面或者叫做用户界面，网络世界IT领域应用最广泛，经常被产品经理挂在嘴边。20世纪90年代时，由于Windows95视窗操作系统代替了原来的DOS系统，所以小型个人计算机迅速普及，让微软迅速成长为世界信息技术领域的旗舰。相比于DOS，视窗系统是一个更好用的用户界面。互联网的始祖应该是1975年开始运行的阿帕网，它建立在文本基础上，因此操作起来相当复杂，其用户主要是科学家。到了1993年，年仅22岁的本科在校生马克·安德森创办了世界上第一款浏览器——网景。网景浏览器以友好的用户界面为互联网带来了一场革命，让更多的人方便地使用上了互联网。因此，马克·安德森被称为互联网的点火人。

补贴大战过去了，滴滴出行成了超级独角兽，工作重心也转移到如何做好运营。乘客用滴滴安排出行，车主用滴滴接单挣钱，在APP上就可以搞定，不必见到滴滴的工作人员，也不必知道哪个是滴滴的办公大楼。所以滴滴的一切运营工作，为乘客和车主服务的所有内容，几乎都反映在滴滴出行APP的用户界面上。运营出了问题，用户界面不好，乘客或车主就会用脚投票，卸载APP，将“栖息地”转移到其他平台上。

滴滴APP的雏形，是在2012年花了8万元钱以外包方式开发的，上线后问题非常严重，不但耗电大而且费流量，漏洞有30多个，经常出现卡顿不动的现象。时过6年，尽管4.5亿多人使用滴滴APP，但是运行非常流畅，已经有越来越好的用户界面体验。

滴滴用户界面的亮点有不少：①打开APP选择上车地点时，滑动地图可以让绿色图钉精准定位，放大缩小地图还可以看到附近有多少可选车辆。②点“呼叫快车”出现的页面上，下部显著位置出现了“代人叫车”按钮，这个设计可以大幅减少为他人叫车时的一些误操作。③叫车成功后，不仅车辆及车主的相关信息一目了然，而且地图上会用绿色粗线标示预订车辆的驶来路线、距离和预计到达时间——让乘客可以提前做好乘车准备。④行程开始后，用户界面的上方地图时刻显示着行驶路线、距离终点的路程和预估时间；下方出现的一排按钮：“修改终点”“紧急求助”“我没上车”，都是非常实用和贴切的设计。

滴滴APP车主端的功能改进也是可圈可点，举几个例子：①内置导航支持全屏，路口也有放大图和车道图，指示比原来清晰很多。②到达接驾地点后可看到乘客位置，从而预估自己还要等多久，从此不再盲目焦虑地等待。司机说这一点十分人性化。③收工回家时，有“一单直达”功能，滴滴平台优先给派一单顺路的活儿。④滴米系统使用虚拟积分对司机进行补贴，鼓励大家承接偏远及堵车路段的订单。⑤滴滴代驾开发了“结伴返程”功能，代驾师傅可以快速找到周围的同伴，相约返程、分摊车费。

滴滴的赢利产品组合，可以用数学语言“1+N”来表述：“1”指核心爆款产品，滴滴出行包括“快车、礼橙专车、豪华车……”，它们共同构成了网约车出行这个核心爆款产品。通过“1”，滴滴已经有接近4.5亿注册用户（2017年数据）和2 000万车主，用户使用滴滴平台打车超过74.3亿次，企业平均每天处理订单2 000万份。“N”是指后续延伸的赢利业务组合。滴滴未来预料向两个方向延伸：一是汽车相关业务，滴滴与车企和产业链伙伴已经成立“洪流联盟”，发展汽车运营、金融、二手车、维保、加油和分时租赁等业务；滴滴处在“近水楼台”的位置，很可能会考虑布局新能源汽车或智能驾驶汽车，发展自己的地图、导航类业务，未来行驶的汽车中有不少“滴滴牌”，这也不足为怪。二是消费类业务，4.5亿乘客就是4.5亿消费者，滴滴专车可以一夜之间变为流动售货车，滴滴出行APP上附加一个网上商城，“弹指一挥”就可以搞定。

打车APP看起来门槛不高，平台竞争异常激烈，还不断有新竞争者加入。每个打车平台的基本功能趋于同质化，竞争差异化在于如何为顾客、车主服务，不断提升他们的忠诚度。滴滴出行为乘客和车主服务的所有内容，几乎都反映在APP用户界面上。为了改进用户界面，滴滴一直不遗余力。处理海量的订单需要强大的服务器和数据处理能力，滴滴宣称自己最为核心的是机器学习、大数据和人工智能能力。例如：基于人工智能技术推出的3 000万个小绿点（推荐上车点），仅2017年就节省车主与乘客通话超过21亿次。在基于运力和需求进行预测和调度的能力上，滴滴对15分钟后的出行需求预测准确率已超过85%。

前面通过宜家的案例简要说明了用户界面对于传统服务业的重要性，后面通过视窗操作系统及浏览器、滴滴案例说明了用户界面对于信息技术产业、现代服务业的重要性。传统服务业一般有人在现场服务，可以发挥人的创造性和能动性；现代服务业通过电子交互界面（APP等）为顾客服务，更考验企业后台的资源、能力及运营水平。用户界面就是顾客体验点的集合。顾客体验得好，才会有更好的顾客满意度、忠诚度以及口碑传播。现代信息技术、人工智能已经或即将渗透到生产和消费的各个领域。因此，对于服务类产品的创造模式，用户界面常常是产品组合的一个重要构成——以滴滴出行的创造模式为例，我们将用户界面放在产品组合中，如图2-4-3所示。

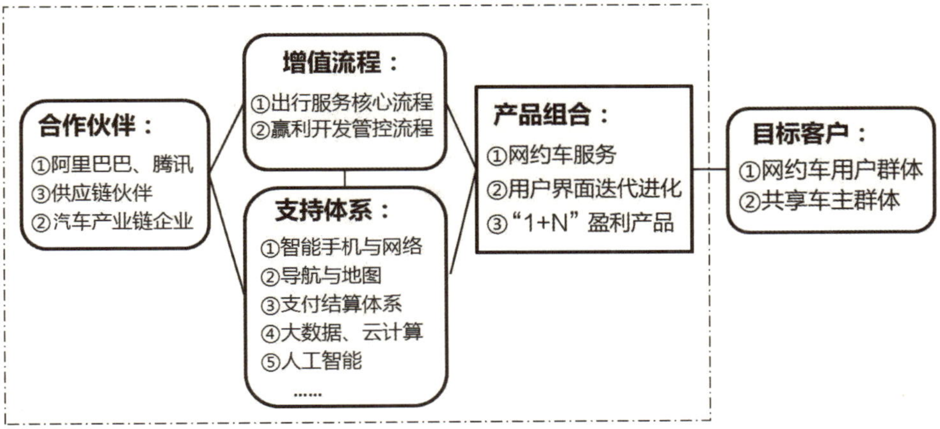

图 2-4-3 滴滴出行的创造模式示意图

2.4.3 迪士尼“1+N”盈利产品组合

我们预料滴滴未来将构建“1+N”盈利产品组合，而迪士尼应该是“1+N”盈利产品组合的开山鼻祖。

迪士尼公司创立于1923年，早期的迪士尼推出了很多有影响力的动画电影，获得了不菲的票房收入。没有新片发布的空档期，迪士尼就拿出以前的动画电影让各地再播映一遍，一波一波地赚钱。动画电影吸引了亿万观众后，迪士尼开始谋划把动画电影的场景在线下真实再现。到1955年，第一个迪士尼乐园在美国洛杉矶落成了。这就延伸到了商业模式的第二轮——迪士尼陆续在全球建设了14个主题乐园。迪士尼乐园生意不错，后来者居上成了公司收入的主要来源。公司经营层发现，除了看动画电影和逛主题乐园，有大量的人喜欢购买有迪士尼卡通形象的商品，这后来成就了迪士尼商业模式的第三轮——授权商品。迪士尼商业模式的第四轮和第五轮是什么呢？分别是影视娱乐频道和媒体网络产品。迪士尼的每一轮商业模式又建立了自己的赢利圈。例如：迪士尼乐园就是一个赚钱的“小王国”，不仅售卖基本的衣食住行玩各类产品，而且还可以围绕顾客需求不断开发赢利新产品、新项目。迪士尼的五轮商业模式，好像一个赢利环，不断放大、不断循环、相互加强，所以也称为利润乘数商业模式。在T型商业模式中，将迪士尼的产品组合称为“1+N”赢利产品组合，如图2-4-4所示。“1”指核心爆款产品，起初迪士尼的“1”是动画电影，现在是主题乐园；“ N”指围绕核心爆款产品而陆续开发的周边产品，如迪士尼的动画电影、授权商品、影视娱乐频道、网络媒体等。

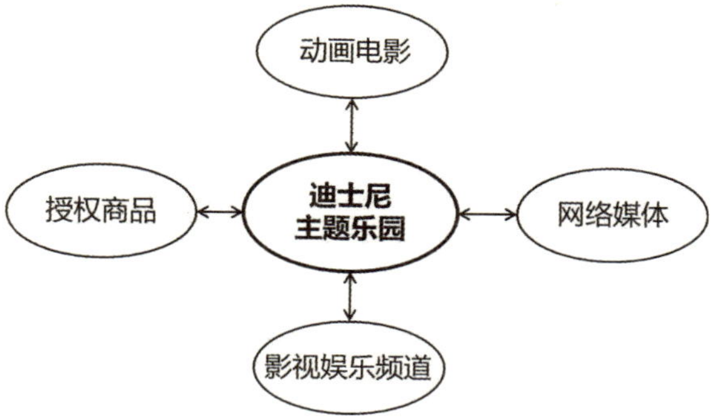

图 2-4-4 迪士尼 “1+N” 赢利产品组合示意图

在“1+N”赢利产品组合中，重点打造“1”核心爆款产品，引来流量建立起品牌后，然后陆续发展后面的“N”。预料滴滴出行将是这样，其实海底捞也走了这样的路。海底捞火锅餐饮发展起来后，内部裂变出很多创业项目，利用海底捞的品牌影响力向社会提供各项赢利业务。从海底捞延伸出的“N”类业务企业有：火锅底料生产商——颐海国际、餐饮食材配送企业——蜀海供应链、门店装修工程服务商蜀韵东方等。服务类企业打造“1”——核心爆款产品时，重点之一是在用户交互界面上创造比较竞争优势：海底捞通过真诚地“变态”服务，宜家家居依靠动线布局和实景体验，滴滴出行通过大数据、云计算和人工智能让APP更好用，迪士尼通过服务产品接触界面让顾客迸发出发自内心的快乐和愉悦。

2.5 产品组合："免费"做点公益，"收费"实现共赢

重点提示

※奇虎360将杀毒免费后，构建了怎样的赢利产品组合？

※罗辑思维"免费+收费"产品组合如何促进其商业模式成功？

※微信就像一个"大鱼塘"，它可以设计哪些赢利产品组合？

究竟什么是免费商业模式？根据《免费：商业的未来》作者克里斯·安德森的说法，如果某样东西成了软件，那么它的成本和价格也会不可避免地趋于零。这种趋势正在催生一个巨量的新经济，这也是史无前例的，在这种新经济中基本的定价就是"零"。

无论多少人赞成克里斯·安德森的说法，我还是要表示一点反对意见。"免费"不是商业的未来，"免费+收费"组合将会是新经济商业模式的一大特征。从拥有海量用户来说，即使软件的边际成本趋于零，20世纪微软的操作系统不可能免费，21世纪苹果的iOS系统也不可能免费，而且微软和苹果还代表着两个世纪以来世界上最赚钱的公司。"免费"一定要连接着"收费"，才有商业意义。好像Android系统免费，但是知名手机厂商必定要二次开发，并与价格不菲的手机一起来售卖。21世纪最贵的是人才！为知识付费才是新经济的未来。

2.5.1 奇虎360漏斗式产品组合

到了互联网时代，免费成为大家追捧的商业模式。北京奇虎科技有限公司（奇虎360）的周鸿祎提供免费杀毒软件，并且名字叫做360杀毒，意思是全方位地将杀毒免费。很多人就问了，杀毒免费了，奇虎360靠什么挣钱？

用创造模式来说明，奇虎360的产品组合分为四层：第一层为免费产品层，主要为360安全卫士、杀毒软件等安全类产品，这些产品为奇虎360带来庞大的用户群。截至2017年底，360公司个人计算机安全产品的市场占有率为95.66%，注册用户8亿多，平均月活跃用户数达5.15亿，移动安全产品的平均月活跃用户数约3.50亿。

第二层为浏览器、软件管家、安全桌面3个基础平台。奇虎360将第一层巨量用户顺势导入这3大平台。

第三层为细分服务层。在第二层的3大平台基础上，奇虎360为使用者提供网址导航、游戏导航、搜索、应用商店等专项服务。

第四层为最终盈利变现层，变现方式主要为互联网广告、智能硬件、游戏分成与联营、专项杀毒、流量导入、软件下载分成等赢利产品组合。

奇虎360的产品组合就像一个多层漏斗，第一层免费杀毒产品吸引海量用户，再往下有的用户留在了第二层，有的留在了第三层，只有第四层才是付费变现用户，如图2-5-1所示。奇虎360财报显示，公司2017年实现营业收入122.38亿元，主要收入构成为互联网广告及服务、互联网增值服务、智能硬件业务，收入分别为91.15亿元、16.98亿元、10.99亿元。2017年奇虎360归属于母公司股东净利润33.72亿元。

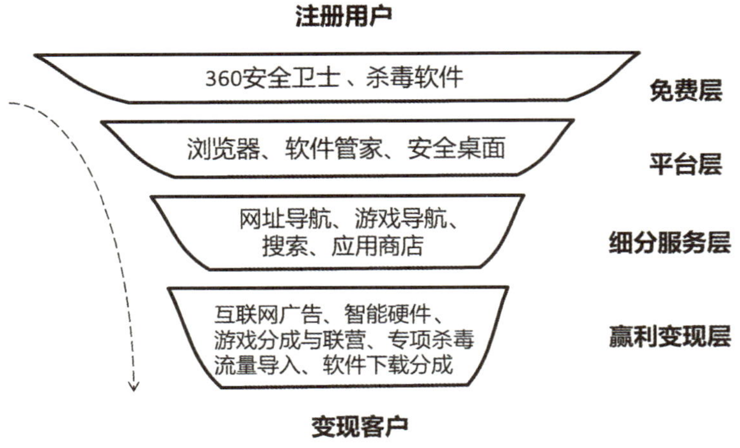

图 2-5-1 奇虎 360 漏斗式产品组合示意图

2.5.2 罗辑思维："免费"做点公益，"收费"实现共赢

"免费+收费"产品组合是罗辑思维商业模式的特色之一。罗振宇先生是罗辑思维的创始人也是"头牌"人物。他为罗辑思维搞了两个著名的知识免费项目，一个是微信公众号的每天 "罗胖60秒"；另一个是在"得到APP"中有个罗辑思维免费频道，罗振宇或邀请的嘉宾每天免费讲10来分钟。

罗振宇是博士学历，做过中央电视台主持人，他这每天两次"免费"水平可不一般。从2012年罗辑思维开播到2017年底，5年时间得到APP用户数超过了2 000万。罗辑思维的大部分用户是有支付能力的白领阶层，他们愿意为知识付费。得到APP的订阅频道有近100门收费课程，日均活跃用户数达到100万人。比较突出的一个课程——"薛兆丰的经济学课"，订阅用户数28万人，每人付费199元，单这一门课为罗辑思维创造收入5 500多万元。一个老师通过录音将讲课内容在罗辑思维平台上广播一下，一年创造收入半个亿，并且成本极低——没什么材料、人工等变动成本，只有一点微不足道的办公成本。短短才5年，罗振宇自认为还是一个创业新人，而有人说：一觉醒来，罗辑思维估值都100亿元了。

“头牌”罗振宇每天两次免费知识传播，不止是为罗辑思维做营销，实际上公益性也很强，唤醒了多少人的学习细胞！知识付费时代的到来，尽管挡不住像日本管理大师大前研一所描述的——整个社会进入了“低智商社会”，但是它一定程度冲淡或稀释了“低智商社会”的浓浓氛围。罗辑思维在免费做些公益、唤起全社会学习热潮的基础上，作为企业以市场经济模式运作，通过订阅收费等商业模式创新，实现了参与者多方合作共赢。

罗辑思维商业模式的产品组合可以用数学语言“0+N”来表达。“0”是指“头牌”罗振宇一天两次的免费知识课程，“N”是指罗辑思维针对数千万会员开发的收费项目。“N”的内容是不断优化、增加和创新的，但是万变不离其宗，大致可以分为两类：一类（N1）是实物产品，像罗辑思维商城里卖的书籍、旅品、数码、家具、食品、饰品等；另一类（N2）是服务产品，像得到的付费订阅专栏、听书、专场演讲、电视频道、网络视频等，如图2-5-2所示。

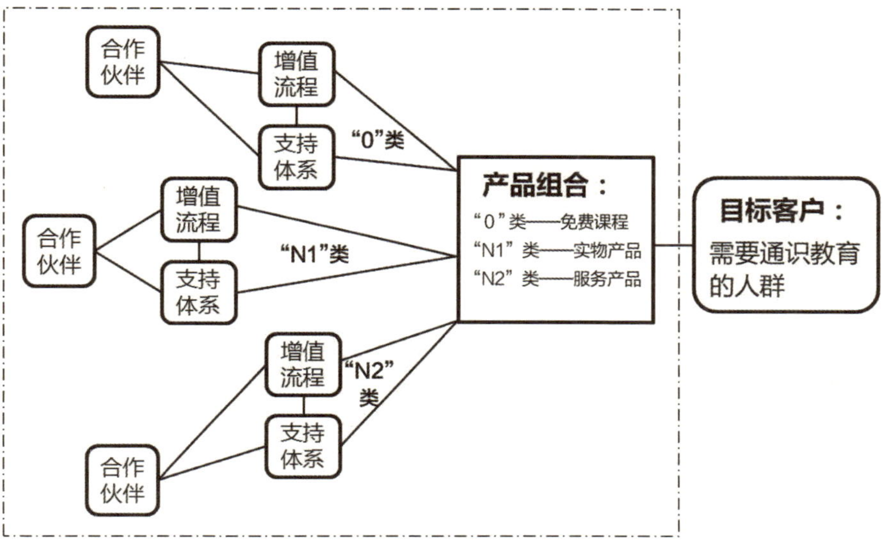

图 2-5-2 罗辑思维“0+N”产品组合示意图

2.5.3 免费模式“三大法宝”

罗辑思维商业模式的典型特点是“0+N”，实际上互联网经济倡导的免费模式也应该是“0+N”，否则企业是没有办法持续发展的。前例中奇虎360是“0+N”：杀毒是免费的，随之带来5亿多活跃用户，他们也只是潜在的可变现流量，所以周鸿祎设计了一个漏斗型或剥洋葱式的商业模式，搞了4层产品组合才让“N”最终变现。微信也是“0+N”：微信的“0”是一组免费的通讯社交工具；至于微信的“N”，实际上你可以认为微信就是一个“大鱼塘”，里面会孕育一个生态系统，腾讯作为鱼塘的管理者是可以创造多个收费产品的。根据马化腾2018年初分享的数据，全球有10亿多人使用微信，每天平均有9亿人登录微信，微信用户平均使用时间达到66分钟。微信这个容纳10亿多人的 “大鱼塘”，大家乐不思蜀地泡在其中，相互通讯联络、聊天谈事、娱乐游戏，自然吸引了很多买卖人来做生意，搞个微商、弄个小程序或利用微信公众号推销做广告。对于腾讯自身来说，微信的“N”怎么设计与变现呢？第一个，让大家顺便用微信支付就可以了。微信支付的后台是微信钱包，相当于这个10亿人“鱼塘”的移动互联网银行。移动互联网银行怎么挣钱不用多描述了，比较一下支付宝隶属的公司——蚂蚁金服，私募时企业估值就上万亿元了。第二个……第n个……曾经一个QQ小企鹅成就了腾讯帝国，而微信应该能爆发出多个QQ相乘的威力！

互联网的免费模式实际上是“0+N”产品组合，其中“0”是冲在前面的拳头，而“N”才是真正的商业交易内容。尽管“N”收费产品部分，各家自有与众不同的方法，但免费产品部分的“0”有一些通用规律可以探讨。我对此初步探讨一下，概括称为免费模式“三大法宝”。

首先，冲在前面的免费产品应该是非实物的虚拟产品，它的特点是边际成本趋于0。罗振宇先生每天的“罗胖60秒”“罗辑思维免费频道”，实质上就是两个广播节目，一个听众与10亿个听众耗费的成本几乎一样，它们符合边际成本趋于0。同样地，360杀毒与微信APP，1人下载与10亿人下载使用，成本几乎一样，也都符合边际成本趋于0。易道用车被乐视控股后，促销活动是充值1万元赠送1万元，然后再赠送一台乐视42英寸互联网电视——违反了免费产品的边际成本趋于0的规律，很可能就进入了“作死”的节奏！

其次，让免费产品成为目标客户的高频刚需。前面说到，10亿多人喜欢整天泡在微信这个“大鱼塘”里，每天频繁进出微信不知多少次！以至于痴迷其中而忘了干正事，所以微信必然是高频刚需。360杀毒是刚需但是不高频，大家倾向于让杀毒在后台运营，而不喜欢后台的“保安”常在面前晃悠。罗辑思维的知识广播，按说既不刚需也不高频。我们从小到大，大部分是在家长、老师或领导的“胁迫”下去读书或参加培训的。对于目标客户来说，能将罗辑思维视为一定程度的高频刚需，关键是“头牌”罗振宇具有免费与收费双料的忽悠水平，让知识变得“有种、有趣、有料”。

最后，让免费产品互动营销起来！“免费”连接着“收费”，这样的免费才有意义。微信官方与用户互动只是一个极微弱的辅助方面，关键依靠微信用户——尤其是以微信为生计的买卖人——为了自己的满足和利益，非常卖力地为微信做营销：邀请好友、组建群聊、转发朋友圈、加入小程序、公众号文章传播等。360杀毒比较难互动营销。如果常常冒出来“你的电脑中招了”“你的电脑有××GB垃圾未清理”，那样常会引起大家的恐慌或反感。无奈之举，周鸿祎为了企业发展也是拼了，前些年趁着年轻气盛经常与别人“约架”，这样的互动营销还不错——360杀毒回归A股成功，市场占有率长期是中国或全球第一名。罗辑思维的互动营销，是典型的文化娱乐+互联网组合手法。“头牌”罗振宇在前台传播知识，不时抖个营销包袱；每年坚持搞跨年演讲，据说要持续做20年。以“死磕”为特点的营销，语不惊人誓不休，传播效果也是出奇地好。百度上搜“跨年演讲”，基本上被罗振宇霸屏了。罗辑思维的后台营销也很强大，CEO“脱不花”领导了一支简单直接的生力军，社群营销、裂变营销、大数据营销、口碑营销、社交媒体营销，互联网营销组合中的“五朵金花”都用上了！

2.6 产品组合：成于专注，败在分散

重点提示

※德国的隐形冠军、日本的匠人精神对我们有哪些借鉴意义？

※凡客诚品先大起大落而后归于“寂静”的主要原因是什么？

※像柔宇科技这样的科学家创业项目普遍存在哪些问题？

2.6.1 德国的隐形冠军，日本的匠人精神

德国370万家企业中，隐藏着一批极具核心竞争力的中小型企业。它们的产品质量精良，具有说一不二的定价权，在全球某一领域拥有最高的市场占有率，是某个细分领域的王者，关键是还不愁客户，几十甚至上百年稳定运营。可是，它们并不像大企业那样耳熟能详，在公众和媒体面前相当低调。德国管理学教授赫尔曼·西蒙给它们取了一个独特的名字——隐形冠军。他对隐形冠军的定义是：全球市场占有率第一或第二，年产值在20亿欧元左右，鲜为大众所知。按此标准，德国共有1 400多家这样的企业，是世界“隐形冠军”数量最多的国家，接近全球的一半。

德国的“隐形冠军”往往只专精于一类产品，这样的专注使他们的业务一枝独秀、不断创新。虽然产品单一，但是却行销全球，做全世界客户的生意，也给他们的企业带来巨大的增长空间。**西蒙教授总结了隐形冠军的八大特质：①目标明确；②高度专注；③攥紧客户关系；④成为卓越者的伙伴；⑤创新；⑥跻身顶级竞技场；⑦构建护城河；⑧强大的企业文化。**他来中国演讲时多次强调：“我是专注的忠实拥护者，专

注是成为世界级企业的先决条件！”

日本匠人（在日本称为“职人”），一生只做一件事！据估计，在“日本奇迹”的主要创造者——420余万家中小企业中，有超过10万家百年以上的“老铺”企业，而它们的主要支撑，是几十万名职人。在日文维基百科上，有一段对于“职人气质”的定义是这么说的：“追求自己手艺的进步，并对此持有自信，不因金钱和时间的制约扭曲自己的意志或做出妥协，只做自己能够认可的工作。一旦接手，就算完全弃利益于不顾，也要使出浑身解数完成。”例如，日本国宝级职人、纪录片《寿司之神》的主角小野二郎出生于1925年，他一生超过60年的时间都在做寿司。近期，小野二郎接受采访时说：“今年我93岁了（2018年），我想用这双手捏寿司到100岁。”为了保护创造寿司的双手，他不工作时永远戴着手套，连睡觉也不懈怠。

小野二郎的寿司店名叫“数寄屋桥次郎”，位于东京银座，只有10个座位，没有洗手间。在这里吃饭要提前一个月预约，人均3万日元起价，顾客不能点餐，完全按厨师当天的安排。一顿饭30分钟内吃完，顾客要马上走人，因为后面还有预约。就是这样一间“奇葩”的小店，获得了米其林三星的荣誉，代表了寿司制作的最高水平。

德国企业、日本匠人的专注精神值得称道！令人疑惑不解的是，第一次世界大战德国失败后，德国纳粹又发动了第二次世界大战，以近乎疯狂的对外扩张和霸权主义侵略行为，不惜与全世界大多数国家为敌。日本军国主义也是如此：

> 太平洋战争之前，日本就已经侵略了蒙古、朝鲜半岛及中国的台湾、东北、华北、华东、华南等大片地区。全面侵华遭遇中国人民顽强抵抗后，日本的侵略行动碰到了瓶颈——日本贫瘠的资源和贫弱的国力不足以支撑该国继续进行战争，甚至难以维持现状。战争需要石油、钢铁，而坦克、飞机等一旦失去了石油，

与一堆废铜烂铁无异，所以日本只能硬着头皮去进攻东南亚，因为那里有荷属东印度的油田等矿产、物质资源，还有丰富的人口可以补充兵力。日本要尽快占领东南亚，而美国则是它的绊脚石。日本试图先发制人，1941年12月7日，日本偷袭珍珠港，按计划摧毁了停泊于那里的美国太平洋舰队。日本的赌博式冒险行动进一步得逞，野心更加膨胀起来并一发不可收拾，趁势占领中国香港、马来西亚（含新加坡）、菲律宾、印度尼西亚、缅甸、老挝、越南、柬埔寨等诸多欧美列强在东南亚的殖民地和太平洋上的各大岛屿。日本一次性掠夺了这么多领土，将欧美诸国列强几乎都得罪了。

珍珠港事件，彻底惹恼了美国人，太平洋战争由此爆发，美国对日宣战。在太平洋战争中，参与对日作战的同盟国包括美国、中国、英国、英属印度帝国、澳大利亚、新西兰、加拿大、荷兰流亡政府、自由法国和苏联。飞蛾扑火自找死，多行不义必自毙！1945年8月6日，美国对日本广岛投掷原子弹；9日对日本长崎投掷原子弹。两颗原子弹落下，蘑菇云升起，广岛和长崎瞬间变成废墟，大量日本平民和军人伤亡。无情的原子弹，彻底摧毁了日本军国主义的妄念与野心，促使日本无条件投降，归还世界以和平。

战略与商业模式是连接在一起的。战略学家从军事战争的实战研究中丰富战略理论；我们可以从战争中提升对商业模式的认知。参与创业或管理企业时，偶尔侥幸地取得了一些成绩，其实并不代表我们有创立一个伟大企业的能力。也许拿上例中日本军国主义的疯狂行径来类比并不恰当！在资本和情怀的驱动下，一些创业者试图尽快将企业做大，不顾自身能力和资源的局限，还没有构造出创造模式，从0→1尚没有完成，就梦想着依靠营销、资本或其他什么“豪情万丈”的非常手段，迅速从0→100。从系统论的视角，企业进化发展本质是增强反馈原理，强度太猛还频率甚快，很容易偏离方向，在强大惯性作用下很难纠偏和暂停，最可能的结果是创业戛然而止，失望中归于“寂静”。

2.6.2 凡客诚品：创造模式缺失，疯狂增加产品组合

卓越网被亚马逊收购后，原骨干团队成员于2007年6月创立凡客诚品（以下简称凡客）。由于连续创业者的光环和雷军的加持，凡客创立之日就获得了美国国际数据集团和联创策源风险投资公司的风险投资。凡客一路走来不缺钱，连续8轮融资吸收风险资本5亿多美元，最高估值达到过30亿美元，曾经是一个如日中天的“独角兽”。来自爱范儿网站的一篇文章这样描述凡客曾经的“昙花一现”：

> 创立之初的凡客诚品，最开始是模仿网络直销服装品牌PPG，主打物美价廉的基本款。从式样简单大方的T恤、衬衫，到颜色鲜艳的卫衣、外套、帆布鞋，再加上产品图册中模特们的靓丽穿搭，凡客在一众服装品牌中脱颖而出。
>
> 那个时候，B2C电商才刚刚开始起步，淘宝上的产品和服务都还没有形成品牌化和系统化，但凡客却已经在电商销售方面有了自己的心得。早早地配备了全场包邮、24小时客服、30天退换货等服务，凡客诚品靠产品和服务打造出了第一波好口碑。
>
> 除此之外，凡客还很会为自己的买卖“赚吆喝”。在了解了自己的品牌调性和主要消费群体之后，凡客请来了代表年轻人不拘一格精神的韩寒和当年“大火”的王珞丹，打造出了“凡客体”。
>
> 要说起这个“凡客体”，在当年可算是火遍了大江南北。别说网上人人都要给自己改编上一句了，就连公交车站、地铁站等

人流密集的线下场所，也贴满了代言人韩寒的大幅海报。

就在2010年，凡客诚品的营收突破了20亿元，同比增长300%，位列京东、卓越亚马逊、当当网之后，排名电商行业的第四位。它不仅受到消费者的热捧，还是投资圈的宠儿。

“凡客体”的大火，给了凡客巨大的成长动力和信心。彼时的凡客，多少有点因为成功而头脑发热，一下子给自己定下了一个自以为不大但其实挺难实现的目标：要在2011年完成100亿元的销售额。要知道，前一年的销售额才刚刚突破20亿元，第二年就要以5倍的速度前进。不过当时的凡客却底气十足，颇有点要飞跃式发展的架势。

为了增加销售额，凡客开始了自己的急速扩张之路。嫌原来的产品单一，那就增加品类，除了衬衫、T恤等自营商品之外，凡客后来还引入了第三方产品，甚至卖起了跟服装完全不沾边的拖把。据统计，凡客的SKU曾一度增加至20万个，频道扩充为500多个。

接下来的结果是，急速扩张并没有如预想中给凡客带来翻倍的销售额增长，反而带来了巨大的库存积压。2010年6月的时候，凡客的总库存为1.98亿元；后来最严重的时候，凡客的库存曾高达20亿元，负债十几亿元，公司每个月仅净亏损就有几千万元。

凡客先后推出了7大类别的网络商品，其中包括女装、男装、童装、配饰、鞋、家居和化妆品，SKU曾一度增加至 20 万个。如此巨量的不同产品组合在一起，其背后的逻辑就是疯狂增加品种，依靠范围销量聚少成多做大销售额，争取资本支持早日IPO。除了帆布鞋有一支成型的设计团队，凡客其他品类基本上都是靠买手采购样品草率地交给代工厂或直接大批量采购。不仅没有尽快建立自己的产品设计与研发支持体系，而且饥不择食的凡客，为营销不顾一切后果，内部运营流程混乱不堪，拖欠供应商等合作伙伴巨额货款，盲目扩充团队导致管理失控。

同样依靠互联网做生意，雷军以“专注、极致、口碑、快”7字真言打下了小米的江山。凡客不仅赶上好时候，而且起步还早一些。凡客只知道“快”，没有搞懂其他6个字就“一泻千里”了。凡客创始人将来自情怀的动力全部用于更擅长的营销技巧上，显然起到了“立竿见影”的效果，引来无数资本竞折腰。用T型商业模式分析，凡客用资本模式做大营销模式，再用营销模式做大资本模式，而创造模式的缺失，后果是不能为顾客创造独特价值，大起大落是必然的。创造模式是一个公司持续存在的基础，它有4个要素：产品组合、增值流程、合作伙伴及支持体系。凡客公司在创造模式要素方面不断恶化，失去了存在的基础，最终不能支持营销模式和资本模式之间的再循环，如图2-6-1所示。

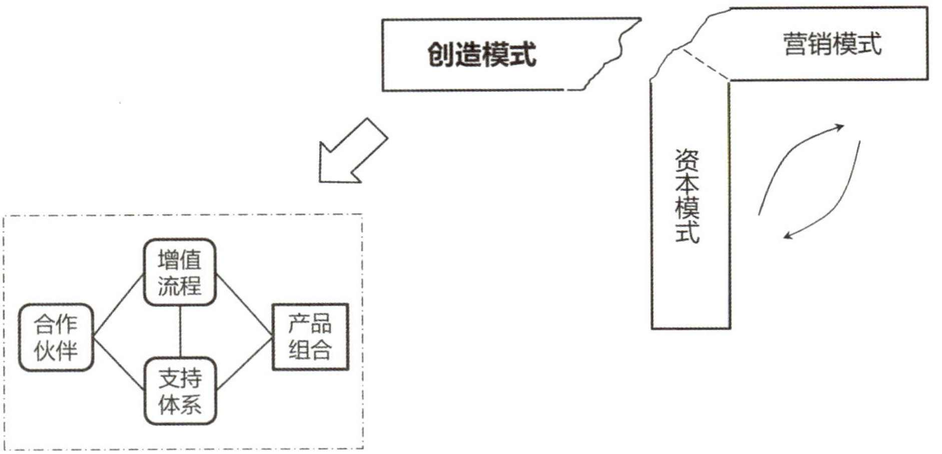

图 2-6-1 凡客诚品的创造模式缺失示意图

2.6.3 柔宇科技：立志把整个世界掰弯？

除了营销人创业的情怀，还有科学家创业的勤勉也值得警惕。一些科学家创业难做大，可能有这方面的原因：喜欢搞新产品开发，全身心投入高难度技术的攻关，至于这些新产品能否获得目标顾客认可或者目标客户是谁？创业的科学家们比较困惑不解，有时候会不屑一顾，继续夜以继日地开发新产品。如果研发的新产品不能推向市场，不能通过营销模式与目标客户交易，那只能算是花钱白忙活而不能称之为成功的创业。研发的新产品积压在仓库里或者只是一些图纸文件，创业资本早晚会枯竭。

新一代的科学家们已经见过世面，多数有海外学习和外企工作的背景，耳闻目睹了谷歌、阿里、腾讯的成功经验，对于自身的批判和纠正也比较迅速及时。我们欣喜地看到，新一代科技创业者们，成为企业家的越来越多了。

2014年，深圳柔宇科技有限公司（以下简称柔宇科技）发布了厚度仅0.01毫米、卷曲半径可达1毫米的全球最薄柔性显示屏，引领了柔性显示产业的新潮流，并号称要用柔性电子技术“掰弯全世界”。这些柔性显示屏将会应用在哪些领域呢？由于超薄柔性屏轻便且富有柔性，可应用于消费电子、智能交通、智能家居、运动时尚、建筑装饰等多个领域，比如在消费电子领域，它可用于新型智能手机、平板电脑、可穿戴设备等。柔性显示技术的突破，能让手机、电脑等数码设备可卷曲折叠从而更便携。

2012年，柔宇科技在深圳创立，创业团队最初只有四五个人，基本为“清华+斯坦福”博士教育背景。柔宇科技从创立伊始即在美国硅谷、中国深圳及香港同步运营，成立4年估值已超30亿美元，已经在世界范围内申请或储备了1 600余项知识产权或独有技术，成为全球成长最快、不足3年跻身独角兽企业俱乐部的公司之一。同时柔宇团队渐渐扩展至100多人，大多毕业于名校，如清华、北大、斯坦福、康奈尔、普渡、港科大等，其中很多人曾就职于如国际商业机器公司、英特尔、惠普、美国应用材料公司、西门子、安捷伦等知名企业。

柔宇科技出生就好像含着金汤匙，在马太效应作用下，投资机构、合作伙伴、高端人才等纷至沓来。充足的资本和人才，外加各路合作伙伴不断的怂恿蛊惑，柔宇科技开始从B2B工业品和消费品两条线路布局柔性显示业务的产品组合。

在B2B柔性显示新材料方向，2015年柔宇科技在深圳龙岗的全球首条超薄柔性显示模组及柔性触控产线开始量产。在这条小规模产线上积累了更多经验后，柔宇科技与合作伙伴共同投资的110亿元柔性显示屏量产线将在2017年底投产，设计产能达到每年5 000万片显示模组。在B2C终端电子消费品方向，柔宇科技陆续发布了柔性服装穿戴系列、柔性3D头戴影院系列、可卷曲穿戴手机系列、柔性电子智能背包、柔性书写笔记本系列等诸多消费级数码产品。诱惑增多时要有抵制诱惑的基因，柔宇科技要站在一个更高的层次谋划未来。柔宇科技既面向工业品企业客户又面向终端消费者，对于初创企业这样的市场布局合适吗？创始人刘自鸿表示，在柔性显示领域B2B仍然是最重要的方式。柔宇科技之所以切入B2C领域，是因为柔性电子技术很新，B2C团队的尝试有助于加速B2B方面的市场化和产业化。

也就是说，表面上看柔宇科技以“B2B+B2C”产品组合，同时布局工业品柔性显示材料和终端柔性电子消费品，实质上战略性产品组合还是以B2B工业品柔性显示材料为主。柔宇科技不断发布B2C产品，主要是教育市场，引导终端消费，促进柔性显示产品尽快进入主流应用状态。在柔性显示的市场空白期，发布及少量投放B2C产品实质上是为B2B产品打前站、做广告，彰显企业形象和增加品牌认知度。一旦B2C产品各个细分市场启动后，将吸引更多的厂商加入柔性显示行业来。由于前期的发布和宣传工作，他们的加入将对柔宇科技的B2B主打产品产生巨大的需求拉动。行业进入快速成长期后，柔宇科技应该专注在B2B领域，也可能逐渐涉足若干具有一定难度的高毛利B2C产品。

段永平曾对媒体表示：“我从巴菲特身上学到很多东西，因此希望有一个向他道谢的机会。”2006年，步步高创始人段永平以62.01万美元拍得与股神巴菲特共进午餐的机会。尽管段永平后来通过投资挣的钱超过了他通过实业挣的钱，但是要知道步步高、vivo、OPPO、拼多多等这些热门产品背后都是段永平领导或指导或参与下创造出来的。2018年9月，段永平在斯坦福校园与华人学生交流时说，他搞投资、办企业坚持“快即是慢”“少即是多”。也许，这就是段永平从巴菲特那儿学到的最重要的投资哲学。

创立于1948年的德国阿尔迪坚持“只放一只羊”（经营品种极少以实现物美价廉），以简单专注的经营哲学从一家食品杂货小店发展成为世界第三大连锁超市集团。在几十年商业浪潮的变化中，阿尔迪创始人始终抓住简单不变的本质，用几十年的时间，领导全体公司员工，“只放一只羊”，将效率做到极致，将模式做到极致，历经商海沉浮而自身屹立不倒。

尤其是我国的企业经营者或创业者，比较喜欢扩大经营范围、增加产品组合，相对更倾向于多元化经营。每一类产品组合就是一个商业模式，多个差异巨大的产品组合（多元化）就是多个商业模式。一个创业企业拥有多个商业模式，犹如直线方程变成了曲线方程，经营管理难度将指数级上升！虽然说我国发展机会多，但是勤奋聪明的创业者更多，所以市场竞争更加激烈。向市场发布一个产品组合并不难——顺便还可以展现创业者自己的形象提高企业知名度，但是围绕这个产品组合做好一个商业模式却非易事。从T型商业模式看来，产品组合是创造模式的一个结果要素，它的形成来自增值流程、合作伙伴、支持体系的合力作用。产品组合与价值主张、赢利机制是三位一体的关系，所以它还是营销模式的起源要素，是资本模式的资本形成要素。因此，与产品组合联动的其他要素还有12个之多。像凡客那样，产品组合太分散、扩展太快，资源和能力几乎全部用在这个结果要素上，其他要素无暇顾及而被忽略，它的商业模式必然走向失败。

2.7 增值流程：产业链如何取舍，价值链如何构建？

重点提示

※湘火炬团队并购打造的重卡产业链模式为什么能成功？

※蔚来汽车的商业模式能成功吗？

※“微笑曲线”对创新商业模式有哪些启示？

2.7.1 全产业链的利与弊

1908年末，清朝最后一位皇帝，不到3岁的溥仪登基；同一年秋天，爱尔兰裔美国人亨利·福特第三次创业的T型车诞生了。

福特T型车是世界上第一款规模化制造的汽车。T型车推出时，最初售价只有825美元，只相当于竞争对手同类车型的1/3。由于价格便宜，它很快就成为千百万美国人民买得起的家庭轿车。到1917年时，福特公司已经生产了200多万辆T型车，销售形势太好，几十万顾客焦急地等着交款提车，但供应商的原材料和零部件却时常供应不上，T型车生产线经常由于待料而停工。

创始人老福特固执一念：“干脆全部都自己生产，问题不就解决了吗？”正是基于这种理念，庞大的福特胭脂河汽车工业园区诞生了。在底特律的福特工业园区内，老福特领导全体员工，通过自力更生建立了炼钢工厂、有色冶炼工厂、玻璃工厂、橡胶工厂、铸造工厂、木材加工厂、各种汽车零部件厂。不仅生产环节如此，当时老福特还收购了19座煤田、若干铁矿及石英矿，购买了70万亩森林，开办了废料回收工厂，在厂内建设了3座发电站，修建了一条货船可以直接驶入工厂内部的人工运河。

这样纵向一体化、全产业链全部自己干，为福特汽车带来了两个独特的竞争优势：其一，从铁矿石入厂到整车完成只需要28个小时，不受供应商制约完全自给自足，年产量突破100万辆，完全缓解了顾客等着提车的压力；其二，福特车成本大幅降低，对外售价从825美元一路降到260美元（考虑到通货膨胀，大概相当于今天1 000美元）。当时美国汽车工人的每小时工资是5美元左右，也就是工作一个月，普通工人就可以买一辆福特车。到1927年停产，单一款福特T型车一共卖了1 500万台，让美国很快成了“车轮”上的国家。

把整个汽车制造与服务的所有行当连接起来，那叫做产业链；某企业从产业链中截取自己擅长的若干个环节，那叫做价值链。老福特直接把产业链当成了自己企业的价值链。老福特搞过的这个商业模式，后人称为全产业链模式。

中国全产业链整合比较早的经典案例，不得不说当年的湘火炬。1997年底，德隆集团收购上市公司湘火炬。当时的湘火炬在湖南株洲，主要生产汽车微小部件火花塞，产品单一利润率低，年产值只有0.6亿元，股价不高企业亏损。为什么德隆集团将其收购？就是为了利用上市公司的牌照，搞产业链整合模式。虽然汽车零配件是当时的朝阳行业，但是搞单一产品的企业没有前途，受制于整车厂。如何做才有前途？从那时看，中国将迎来几十年景气周期的工业投资、城市基础建设和房地产市场繁荣，承载基建及物流运输功能的重型卡车预计将需要千万台之多。**从小火花塞视角要有战略大局观：通过并购整合和系统集成，打造一条完整的重型卡车产业链。**

自1998至2005年期间，在董事长聂新勇先生的领导下，湘火炬团队从一只火花塞开始，对国内的重型卡车零部件及整车行业展开地毯式调研，从中挑选合适的收购标的，同时国际并购也积极推进。短短几年时间，沿着产业链整合规划，湘火炬并购团队成功实施了20多个相关项目的投资、并购和重组，囊括在其产业链平台的企业有：湘火炬火花塞、富通汽车空调压缩机、MAT进口汽配、綦江齿轮、法士特变速箱、汉德车桥、重庆红岩汽车、陕西重汽、东风越野车等。一条市场化的、渐趋完整的重型卡车产业链，在湘火炬并购团队的精心运作下，奇迹般地整合成型。同时，伴随而来的是湘火炬股价翻了几十倍。

后来者王传福带领比亚迪在乘用车领域也搞全产业链整合通吃。除了轮胎、挡风玻璃等少数标准件，比亚迪汽车的几乎所有配套产品，如发动机、变速箱、减震器、车门、座椅、车灯、雨刮器等，都可以全部或者部分由自己生产。这样做的好处是节省成本，让比亚迪汽车实现高配低价，具备对中低端消费者的吸引力。

但是，如果纵向整合产业链，实现上下游制造一体化，核心目标是建立低价优势，那么这也会自掘坟墓，最终可能埋葬自己。低价经常是相对的，由于结构性因素，未来印度、东南亚甚至非洲国家的商品价格将会更低。**汽车不仅是一个代步工具，还是一个炫耀性消费品。当目标顾客越来越富裕的时候，同时中高端品牌的厂商也在降价，那么低端品牌产品的销量就会大幅下滑。**比亚迪产业链一体化不成功，其中一个原因是自己造的零部件不得不用，最终产品质量控制不达标严重影响了产品销量，拖累了公司的品牌建设。

2.7.2 蔚来汽车的商业模式能成功吗？

互联网精英开始跨界“打劫”汽车行业了！对此，吉利汽车董事长李书福表示，互联网公司造车就是一天到晚在瞎忽悠老百姓。

李斌创办了易车公司，是摩拜单车的董事长，在互联网行业玩得风生水起。据说2014年某个雾霾天，李斌在自家阳台上忽然萌生了互联网造车的创意。随后李斌注册了蔚来汽车，先自掏腰包1.5亿美元表决心，以吸引投资人注意和增强他们的信心。包括腾讯、百度、京东等互联网巨头，还有高瓴资本、顺为资本、红杉资本、愉悦资本、淡马锡、美国国际数据集团资本等一众投资公司，排着队前后共5轮向蔚来汽车投资20多亿美元。对于为什么融这么多钱，李斌回答说：造车是一个很“烧钱”的事。新创企业想要造车，至少需要200亿元以上的资金准备。

蔚来汽车融资这么多，既不研发汽车，也不研发电池，更不自建造车工厂，也不搞4S店。传统汽车产业链已成熟，闲置资源很多，所以这些统统可以外包。蔚来汽车重点在重塑造车后产业链。首先，在北京的黄金地段东长安街1号东方广场，蔚来汽车搞了个城市展厅NIO House（中文称为“蔚来中心”）。蔚来中心更像一个俱乐部，分为两层，包含7个区域，面积达3000平方米，年租金接近1亿元。蔚来中心的一层是产品展示区、体验区；二层则完全是一个生活场所，有图书馆、共享办公、厨房、咖啡厅，也开辟了用户交流区、亲子空间、头脑风暴区等。据悉，2018年，全国有10座城市将陆续建成蔚来中心。

首家花费巨资的蔚来中心刚刚开业20天，蔚来汽车又豪掷8 000万元为首款量产车型——蔚来ES8举办了一场盛大的产品发布会。蔚来包了8架飞机、60节高铁车厢，预订了19家五星级酒店，现场有Imagine Dragon乐队演唱，邀请了5 000名ES8准用户和数千家媒体参加，有上万个座位的五棵松会场座无虚席。这有点像豪华房产的销售模式，恒大海花岛发布预售时就是这么干的。倍儿有面子的发布会，带来的业绩还不错，据说前后有17 000人预定了售价50万的蔚来ES8。按照李斌的说法，首款车ES8是个流量性产品，蔚来不打算挣钱，尽力做好服务让利给消费者。目前ES8只有样品车，未来两年蔚来汽车将陆续交货给这些提前预订的顾客。

ES8产品发布会后，蔚来APP注册用户很快就到了50万，月活跃用户在10万左右。蔚来APP上有“一键加电、一键维保、事故救援、充电地图、我的蔚来、反馈建议”等功能频道，这大致是蔚来汽车“重塑造车后产业链”的核心创新内容。蔚来车主呼叫一键加电后，在 APP 就可以看到详细的服务信息，包括加电专员的位置、预计达到时间等，这个功能与滴滴叫车很相似。加电专员到达后，有可能是把你的车取走去蔚来汽车自建的换电站换电，也有可能是开着充电车上门给你充电，也有可能是开着你的车辆到第三方充电桩去充电，具体使用那种方法则根据当时情况而定。

按照蔚来汽车团队的构想，汽车只是蔚来汽车生态体系的一个“入口”，蔚来汽车更注重通过APP和蔚来中心为用户提供周到细致的服务，做好用户社区，与用户发展持续性的社交联系。蔚来汽车生产的汽车可以外包制造，而所有的服务全部由蔚来汽车自己运营，并不太涉及第三方，以保证为用户服务的品质和一致性。

既然蔚来汽车不打算依靠卖车挣钱，那么“重塑造车后产业链”必然有匹配的赢利机制。由于定价及金融设计的巧妙性，蔚来汽车的绝大部分车主将采用“租用电池”模式。选择租用电池，开始每个月交费给蔚来汽车，实际上给蔚来汽车提供了与顾客频繁交互的机会——可以让顾客购买其他服务。例如：“能量无忧”服务，该服务980元/月的定价；负责维保的“服务无忧”，它的年费是14 800元。**只要有了高频的用户交互，再能把用户流量做大，后续就可以陆续开发与金融、高端生活等相关门类的产品。也许，这就是互联网精英跨界“打劫”汽车行业的终极目的！**

2018年9月12日，蔚来汽车正式在纽约证券交易所上市。此次蔚来汽车公开招股得到了摩根士丹利、高盛、摩根大通、美银美林、德意志银行、花旗银行、瑞士信贷、瑞银证券等超豪华承销商团队支持。其上市首次募集资金15.18亿美元，收盘后总市值67.72亿美元。

蔚来汽车到底好不好？听听小伙伴们怎么说：“便宜啊，然后性能和特斯拉一模一样。”“蔚来汽车还有特斯拉做不到的，以用户的感受为第一。我都打算坐地铁去提车了，他们主动开车过来接我。”

当然，“黑”蔚来ES8的理由也有不少。蔚来汽车这款车是由江淮汽车代工的。江淮汽车主打5.68万元起价的低端车品牌，而蔚来ES8定位于中高端SUV，对标车型是奥迪Q5，所以两者合作甚是违和。有心人发现，在参加车展和新车发布的时候，蔚来ES8车尾“江淮蔚来”的尾标却悄然失踪了。稍微想一下，除了蔚来汽车自己，没有其他人会把“江淮蔚来”尾标抠掉。同样，蔚来汽车客户拿到ES8新车，第一件事就是把“江淮蔚来”的尾标给抠掉。

既然蔚来汽车嫌弃江淮汽车，为什么还要找其代工呢？江淮汽车是国内少有的掌握了全铝生产线的厂家。在电动车生产领域，江淮汽车颇有造诣。经过7年的研发生产，江淮汽车已经拥有了成熟的专用电动车平台，系统地掌握了电池模组、电机、电控3大核心技术，并且在电转向、电制动、能量回收等方面掌握了关键技术。蔚来汽车想要选择代工生产轻质化纯电动车，江淮汽车是其不二选择。

我们用一张图勾画出蔚来汽车的创造模式，如图2-7-1所示。

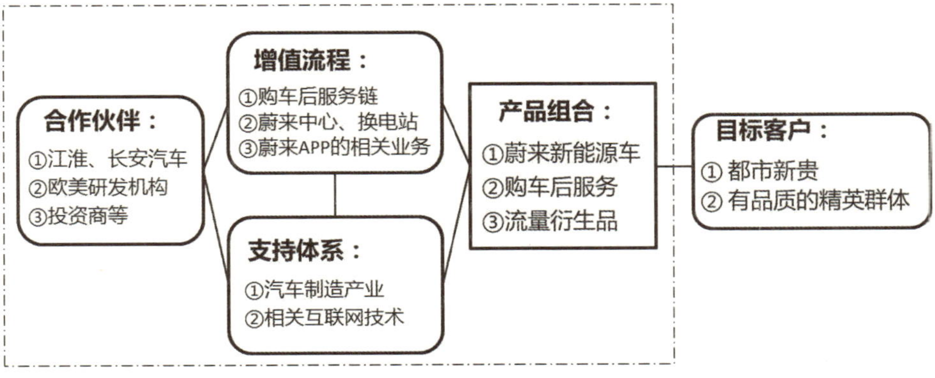

图 2-7-1　蔚来汽车的创造模式示意图

2.7.3 如何在增值流程上搞商业模式创新？

创造模式的增值流程与波特价值链的概念基本一致，只是增值流程更强调：为了形成更优化的产品组合，在产业链范围内企业应当如何选取自己的价值链？

还拿汽车行业举例，主机厂和零件厂在产业链谋求的增值流程是不一样的。

福特聚焦T型车时搞了一个扩大的全产业链模式，甚至“入侵”到了森林、煤田等自然资源的领域；湘火炬通过并购整合而形成重型卡车关键零部件与整车一体化模式；比亚迪采用纵向一体化全产业链模式；而蔚来汽车的模式重点在造车后服务产业链。国外知名汽车厂商，像奔驰、宝马、通用、丰田、本田都不搞全产业链模式，也不搞纵向一体化，而是建立金字塔式供应商体系，绝大部分零部件外协外购，自己只负责车型研发、销售和组装线，至多把发动机、变速箱、底盘等关键零部件掌控在自己手中。

由线到面扩展一下，我们把视线从汽车行业延伸到其他行业，思考增值流程方面商业模式创新的一般特点。某个行业发展初期缺乏供应商时，多采用全产业链或一体化模式；行业进入成长期、成熟期时，供应商体系也随之成熟，彼此在产业链上将有一个合理分工，终端商最好的策略是只做关键业务环节（通常选择自主研发、销售，有的也自己负责关键零部件制造、组装调试等），而将制造部分外包给供应商。这样选择价值链的著名厂商很多，例如：波音飞机、戴尔电脑、苹果手机、耐克运动鞋等。固执的老福特，成也T型车，败也T型车，在汽车产业链成熟后，没有及时转型到再与供应商合作，最终因产业太庞大而不能适应后来的多品种、多款式汽车消费进化趋势，让通用、克莱斯勒汽车公司弯道超车了。雅戈尔也是个异类，服装行业供应商体系很成熟，它却选择继续搞全产业链。逆流而上、违背规律，不但经营管理比较复杂，而且实际效益也并不怎么好。

金六福是另一个“异类”。它原来是五粮液的一个代理商，感觉发展空间太小，后转型做自有品牌。金六福模式值得我们借鉴的创新是：金六福自己只负责营销和品牌建设，而让五粮液为自己代工。五粮液小花不了自己那么大的产能，金六福就拿出一少部分酒让五粮液代工。这样，金六福的酒瓶上就可以印上"五粮液制造",让大家误以为金六福是五粮液的旗下产品。对于这样的误导,金六福从不出来澄清,而是处处与五粮液傍在一起。通过这样一个反向定点生产商业模式创新,金六福迅速在白酒行业打出一片天地,占领了"中国人的福酒"这个细分市场。2017年,金六福入选中国500最具价值品牌,品牌价值高达305.26亿元。

结合迈克尔·波特的价值链理论,宏碁电脑创始人施振荣先生提出了"微笑曲线"模式,如图2-7-2所示。

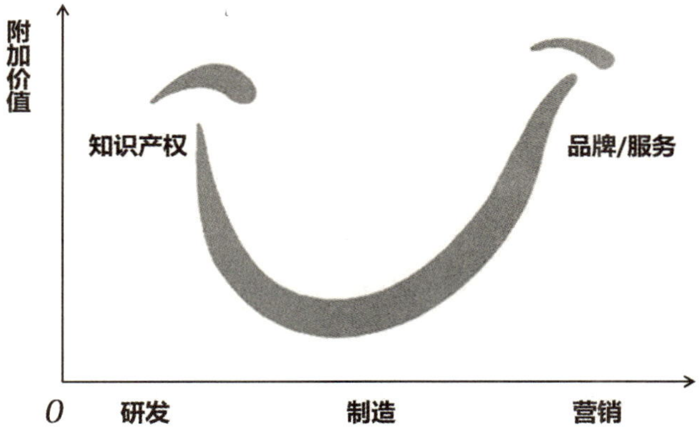

图 2-7-2 施振荣提出的"微笑曲线"示意图

在信息技术产业乃至整个制造业,附加值较高的部分主要集中在产品价值链的两端(研发和市场),而中间的零部件制造及整机组装属于劳动密集型环节,在标准化作业的冲击下,它们的附加值越来越低。以手机产业为例,我们建立二维坐标,横轴分别是价值链的几个细分环节:研发设计→采购→零部件制造→组装调试→仓储物流→销售服务;纵轴代表各价值链环节的附加价值。我们连点成线后,就形成一条两头高、中间低的U型曲线,看上去就像微笑的嘴唇,因此被称为"微笑曲线"。"微笑曲线"告诉我们,涉及增值流程方面的商业模式创新时,应该优先选择位于价值链两端的产品设计研发、市场开发及销售服务环节,并在这些环节打造企业核心竞争力,而将位于价值链中间的零部件制造、组装调试、仓储物流等低附加值环节外包，从而最少地占用企业资源和能力，如图2–7–3所示。

对于定位于零部件制造模式的厂商（或叫“配套商”）来说，最优的策略是选择产业链上有定价权的那部分作为自己的增值流程，如图2–7–3所示。例如：英特尔选择中央处理器、高通选择芯片专利授权、罗尔斯–罗伊斯选择航空发动机。尽管选择很重要，但是定价权不像选择那么简单，更需要长期研发及技术积累。虽然富士康是定点生产代工厂，但是它拥有模具工装专利和专有技术，有规模化成本优势，所以在产业链上也拥有一定的话语权。法士特公司专注于生产重型卡车的变速箱，目前全球市场占有率达90%左右。因为法士特产品在成本、质量、性能上有压倒性优势，导致竞争对手或主机厂的自有配套分厂纷纷败下阵来。没有竞争力的零部件厂商经常沦落为被人宰割的羔羊，它们不仅买原材料需要现款，而且要承受终端厂商的不断压价、不断将付款周期拉长，最终成了钻进风箱的老鼠——两头受气。

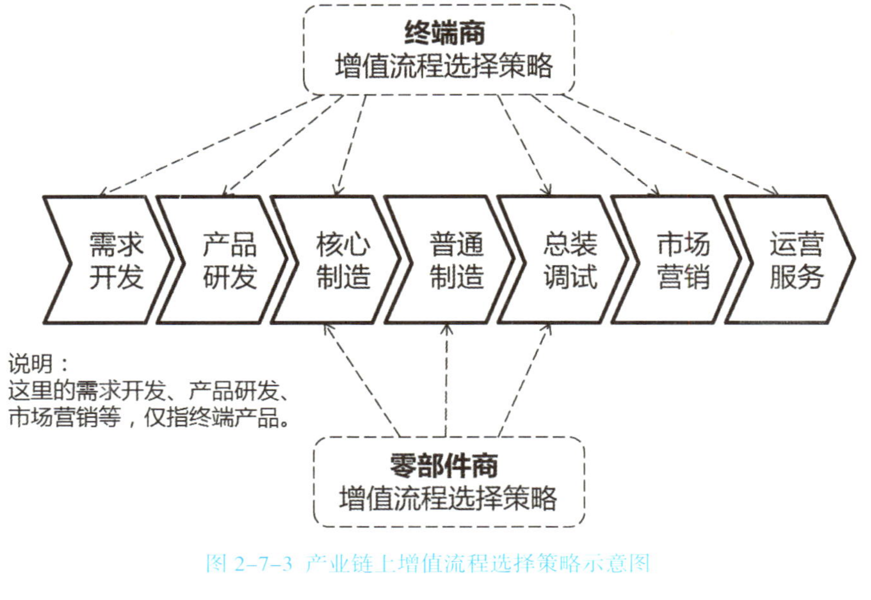

图 2–7–3 产业链上增值流程选择策略示意图

2.8 支持体系：为产品组合赋能

重点提示

※中国能建港珠澳大桥，为什么半导体芯片还受制于人？

※顺丰嘿客失败的主要原因是什么？

※日本7-Eleven如何为旗下约6万家加盟店赋能？

港珠澳大桥于2018年10月24日上午9时正式通车。有人评价，它是交通工程界的“珠穆朗玛峰”；英国《卫报》赞誉港珠澳大桥为“新世界七大奇迹”之一。T型商业模式讲到，一个成功的产品组合背后一定构建着强大的支持体系。港珠澳大桥背后的支持体系是我国交通工程整体科技水平的大幅进步及国家的繁荣富强。港珠澳大桥创造7项世界之最，400多项新专利，整体设计和关键技术全部由我国自主研发。在大桥设计和建造的14年当中，共有21家国内知名大学、科研机构对此项目展开了51项专题研究。临近通车时，台风“山竹”登陆广东，湾区风力达到13级，很多人纷纷表示担心；台风过后，港珠澳大桥毫发无损，质量过硬！港珠澳大桥是目前中国大陆建设标准最高的桥梁，设计使用寿命120年，抗台风16级，总投资超过1 000亿人民币。

但是在航天航空发动机、大飞机、高端机床、半导体芯片等领域，我们的产品与国际先进水平相比还有较大差距。这些产品差距的背后，是我们的技术支持体系中尚有许多薄弱之处。**任何高精尖产品的背后，几乎都是核心材料技术、高端加工设备的比拼。**这些超高壁垒横亘在那里，让人“望而生畏”。在全球约130种关键核心材料方面，其中32%国内完全空白，52%依赖进口；在高端加工设备方面，我们90%以上依赖进口。例如：关键核心材料不过关，航空航天发动机的叶片就不够结实；加工设备与工艺不过关，制成的叶片不仅旋转噪音大而且速度上不去。半导体芯片也是如此，芯片用的电子级高纯硅要求99.999 999 999%的纯度，现在大部分依赖进口；全球半导体核心设备供应商集中在美国、日本、荷兰等少数几个国家，我们的高端芯片产业现在还被外方卡着“脖子”。

商业模式原理与战略理论密切相关，而战略理论来源于人类的战争。现代战争不再依靠人多势众，而是在背后构建强大的支持体系。下面我们看一个战争小案例：

2018年5月，若干媒体都转载的一篇文章吸引了很多人的眼球，题目是《昨晚美俄开战，伤亡0：300；俄罗斯惨败：美军F-22火速参战》。打开一看，原来又一个标题党的手法。实际的情况是：叙利亚特种部队联合瓦格纳雇佣兵共300多人，对美军控制的叙利亚奥马尔油田发动了一场试探性进攻。美军这边只有24名游骑兵和少量当地民兵，知道寡不敌众，就立即呼叫了驻沙特美军基地和附近32公里外的驻地美军机构。

约莫一袋烟功夫，美军的增援部队就陆续到位了。4辆悍马载着美军精锐人员，从外围建立起新的火力线；从沙特和土耳其美军基地飞过来1架AC-130炮艇机、3架F-22隐身战机和2架AH-64阿帕奇武装直升机，利用夜视系统轮番对进攻者进行毁灭性打击。不到一个小时结束了战斗，叙利亚特种兵及瓦格纳雇佣兵联合部队伤亡300多人，美军无一伤亡。这些瓦格纳雇佣兵中，有几个是俄罗斯的退役军人，由于酗酒或赌博等原因造成家庭经济困难，来叙利亚打仗赚钱来了，他们与俄罗斯官方部队一点关系都没有。如果放在冷兵器时代，让24名美军与300名叙利亚军人赤身肉搏，光脚的不怕穿鞋的，这些美军一定伤亡惨重，但是现代美军的支持体系强大而完备，不仅无一人伤亡，反而让对方全军覆没。

支持体系为产品组合赋能。除了技术创新、材料装备，T型商业模式的支持体系还包括其他关键资源和能力，而关键资源和能力属于企业积累或拥有的资本（广义资本），是资本模式讨论的主要内容。企业创新一个商业模式时，背后的支持体系是否匹配，能否对产品组合有效赋能，是重要的考量内容。**诸多商业模式创新和多元化扩张的失败，不应全部归咎于外部环境发生了剧烈变化，多数原因在于企业的支持体系不匹配、不充分。**

顺丰速运（以下简称顺丰）是快递行业的一个标杆。行业的标杆企业后面常有一个传奇色彩的创始人。顺丰创始人王卫，22岁创业，31岁就打造了覆盖全国的直营快递网络，41岁成为中国最具影响力商业领袖之一。2016福布斯中国富豪榜上，王卫以185亿美元财富，排名第四位。

2014年，迎着O2O的“风口”，顺丰跨界搞起了线下新零售——顺丰嘿客便利店，与线上的顺丰优选进行O2O互动。听起来道理满满的，但是进入顺丰嘿客看一看，不论是零售专家还是普通群众，都搞不明白顺丰这次创新“葫芦里卖的是什么药”！在顺丰嘿客，墙上展示着宣传图片，稀落的几个货架里放着若干样品——只准“瞧一瞧、看一看”，无法现场购买。顺丰嘿客的交易场景设计类似于线上电商的翻版：顾客在顺丰嘿客看好样品后，可以通过电脑现场下单，过几天顺丰快递再送货上门或者顾客到店自提。

顾客到线下便利店购物，看到需要的商品就要立即买下拿走，图个直观体验及简单方便；在网上购物，可以搜索比较，为的是选择范围广泛，还不用出门奔波。顺丰嘿客这样的交易场景设计，对于顾客来说两头都不占，把线上线下的优势全放弃而劣势都留下。这样的O2O倒置定位，结果就一定尴尬了。顺丰嘿客与王卫风格上一脉相承，非常低调从不做广告，信奉的是“酒香不怕巷子深”。京东、苏宁等电商烧了几百亿补贴和广告费，才有一席之地。顺丰主业是快递物流，从来不懂这些烧钱的门道，继续路径依赖——在有顺丰物流点的地方就开一家顺丰嘿客。顺丰开店速度蛮快，一年搞出了3 000多家嘿客店。顺丰嘿客沿袭顺丰快递的风格，一贯是“正规部队”的操作，店租及服务人员工资都不低，但是几乎没有什么顾客上门，寥寥进来的几个人也买不到东西，所以今后也就不来了。累计投入16亿元以后，顺丰嘿客被王卫喊停，该关的关掉，该转的转掉，其部分业务与顺丰优选合二为一了。

2015年底，王卫在顺丰高层的一次内部会议上讲道：“2014年是顺丰成立20多年以来创新变革最多的一年。虽然创新很多，但是在我看来，差不多有一半是不成功的。”

一个企业现金流充裕时，就会有强烈的扩张冲动。传统企业家就是买地建厂房，扩大产能规模；投机性企业家到处搞多元化投资，认为自己无所不能；新一代创业家倾向于商业创新，走跨界、标新立异的风格。社区便利店是一个非常传统的行业，竞争比较充分，利润比较稀薄。顺丰搞便利店，缺乏必要的关键资源和核心能力，来自快递行业的支持体系直接嫁接到社区便利店，显然是不匹配的。即使顺丰嘿客可以搞，最好走内部创业孵化或合资合作的方式。新模式要进行可行性验证，有一个不断调整、优化改进的过程。即便这样，扩张开店时支持体系也要同步或优先建立起来。对于商业模式创新来说，资金是一个必要条件。除此之外，其他资源和能力等支持体系的内容也必不可少。

顺丰嘿客这个创新失败了，尽管扩张有点蛮、损失有点大，扔掉了16亿元之多，但是顺丰现金流充足，还没有伤筋动骨，所以快递主业的根基没有被动摇。同样是搞社区便利店，7-Eleven的商业创新取得了极大成功。在此，我们把家喻户晓的7-Eleven当作一个对照案例，来说明支持体系对于商业模式成功多么重要。

7-Eleven便利店最早是一家美国公司。1973年那年，铃木敏文先生

40岁，已经在日本零售行业工作10来个年头了。他萌生了创业的想法，又怕担风险，就采取了一个保守方案：拿下美国7–Eleven在日本的特许经营权。到1991年，日本的7–Eleven加盟公司发展如日中天，而美国的总部正在申请破产。不得已，铃木敏文接受美国总部的请求，收购其73%的股权成为最大股东，从此7– Eleven成了一家地道的日本便利店。

在零售业有一种说法："世界上只有两家便利店，7–Eleven便利店和其他便利店。"截至2016年2月底，7–Eleven在全世界17个国家和地区已开58 904家门店。铃木敏文接手后的7– Eleven，发生如此巨变，经营诀窍在那里？

铃木先生一直以来把加盟店和总部的关系不仅看作是利益共同体，更是同甘共苦的命运共同体。帮助小店持续成长，应对这些年复杂的变化，就要总部以多种支持体系不断给这些门店赋能。我们讨论T型商业模式，从这个角度上说，7–Eleven日本总部打造了"五项全能"支持体系，提供给全世界5.8万多家加盟小店主。这"五项全能"分别是：商品开发、经营指导、信息技术大数据、物流系统和金融支持。

①商品开发。7–Eleven总部向加盟店铺提供4 800多种商品，其中有60%是企业自主研发，平均为单店导入的商品有2 800种之多。每周推进新产品开发多达100个，通过优胜劣汰原则对原有商品进行替换，年替换率在70%左右。

②经营指导、信息技术大数据。7–Eleven后台的信息技术大数据支持体系会采集门店的几乎所有数据，包括位置、周边区域、消费者的年龄段，这些数据决定了每个门店里的商品摆放。比如，商务酒店附近的门店会提供很多充饥的食品，满足出差者来不及吃饭的需求；办公楼附近的门店会提供早餐、午餐和即食食品；小区附近会摆放蔬菜、调味品、酸奶之类。如果附近高龄的人比较多，那店里食物的份额要更小一点，因为老年人吃得少……根据具体的数据模型，调整卖品的配置，让每一个单品都成为热卖产品。7–Eleven这个大数据分析能力能详细到什么程度？例如：就同样一道宫保鸡丁，能够区分出北京人喜欢宫保鸡丁

中的配菜是黄瓜丁，而天津人喜欢的配菜是芹菜条。

③物流系统。7-Eleven在已经开店的区域中设有170多家专用工厂，通过共配系统以高频率将商品配送到各加盟店所属的150多座物流中心，然后根据商品的物流分类、温度和到货频率（例如：一些新鲜商品每天配送3次）进行共同配送。7-Eleven的共配系统打破了制造商和企业之间的高墙，并且跨越了商品品类的框架，成为全球最有效率的商品配送系统。

④金融支持。经过评估，7-Eleven总部可以为加盟店提供针对性的融资方案支持。

7-Eleven与加盟店签订的合约中，有一条自我加码的倒逼条款——加盟店最低收入保证条款。假如加盟店的收入低于标准的话，总部还要反过来掏腰包填补差额。换言之，如果总部对于加盟店的协助不力，无法使加盟店的业绩得到提升，总部就必须自己承担后果。倒逼总比倒闭好，太多的连锁加盟做不好，在于为了忽悠别人加盟，只是搞一下“五统一”标准化形象工程，然后就只想坐地收钱。同样是小小的便利店，7-Eleven日本公司在“五项全能”支持体系方面，连续几十年精进不辍，真可谓“善飞能舞世人敬，皇天不负有心人”。7-Eleven日本总部只有8 000名员工，2016财年实现税后净利润1 629亿日元；从1974年创立以来，保持了连续40多年的增长势头。

支持体系为增值流程、合作伙伴提供系统性支持，三者共同打造商业模式的产品组合。支持体系的结构化内容大致分为3个部分，如图2-8-1所示。

①关键资源与核心能力。每个企业的关键资源与核心能力有所不同。通常情况下，关键资源一般是指货币资金、人才资源、土地厂房、品牌信誉、专利技术等；核心能力包括核心竞争力、研发能力、制造能力、市场开拓能力、赢利能力、风险管控能力等各类具体的经营管理能力。在T型商业模式中，关键资源与核心能力都属于广义的资本。后续“第4章 资本模式”将会讨论企业资本的来源及产生原理，它们如何

再反哺创造模式，通过赢利机制的增强循环，让企业走一条进化发展之路。

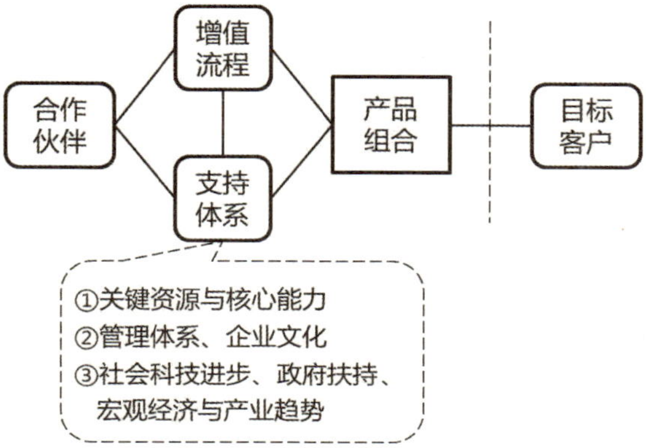

图 2-8-1 支持体系的结构化内容示意图

②管理体系与企业文化。当企业规模很大、跨地域发展、商业模式比较复杂或多个商业模式叠加复合在一起等情况下，构建一个合适的管理体系就很有必要。麦当劳全球加盟连锁发展，就要有一个加盟连锁标准化管理体系。丰田汽车搞精益生产，它就创建了一套精益管理体系。通常中小企业的管理特色不明显，它们的组织结构只是一个简单的管理体系。霍尼韦尔公司搞了一套适合多品种、小批量离散生产的运营管理系统，简称为HOS，它能支持相关业务多元化而让管理井然有序。在HOS基础上，上海启盈公司推出了EOS运营管理系统，有效解决中小企业缺乏管理体系和运营混乱的问题。HOS或EOS都属于商业模式的支持体系。企业文化似乎无形无影，但对于企业发展非常有必要。企业管理团队通过打造企业文化，凝聚人心，让全体员工形成合力，那样推动商业模式的力量就非常强大。

③社会科技进步、政府扶持、宏观经济及产业趋势。社会科技进步促成了很多新产品新服务即新商业模式。例如：互联网技术的发展，兴起了电子商务、网络媒体等诸多新商业模式。智能手机、地图导航、物

联网技术逐步成熟，才有今天的摩拜单车。政府扶持也属于支持体系的内容，例如：政府重点扶植的战略新兴产业、对有些行业进行准入限制或颁发限量资质牌证等，都会促进一些企业的商业模式发展和进步。关于宏观经济及产业趋势对商业模式的支持作用，雷军曾经说过的一句话可以适当诠释，那就是：站在风口上，猪都能飞起来！

2.9 合作伙伴：产品组合的共同构建者

重点提示

※丰田的供应商体系有什么特点？

※兴业银行通过“银银平台”如何实现合作共赢？

※为什么要对企业的合作伙伴进行ABC分类？

一个小男孩在院子里搬一块大石头，父亲在旁边鼓励：“孩子，只要你全力以赴，一定搬得起来！”由于石头太重，最终孩子也没能搬起来。他告诉父亲：“石头太重，我已经用尽全力了！”父亲说：“你没有用尽全力。”小男孩不解，父亲微笑着说：“因为我在你旁边，你都没有请求我的帮助！”

有人似乎在评论或在发牢骚：现在是拼爹的时代！搞一个创业项目，即使团队优秀，商业模式靠谱，还需要投资商背后大力支持。滴滴创始人程维自有资金只有80万元，而滴滴与快的想当年的补贴大战就耗费了40多亿元，“豪赌”的底气从哪里来的？背后有腾讯与阿里两个资金大佬的充足“火力”援助。雷军有个互联网创业七字诀“专注、极致、口碑、快”，据说是“雷布斯”[①]浸淫互联网10多年的感悟精华所在。七字诀的哪一条都离不开资金支持。每个独角兽的背后都站着许多投资人，风险投资机构已经是让商业模式能玩得起来的必不可少的合作伙伴。

在企业价值链上，进行紧密而频繁交易的供应商是最重要的合作伙伴。对于处于成熟期的行业来说，商业模式怎样，最终要靠盈利说话。

① 2011年8月16日小米手机发布会上，雷军穿着黑色T恤和蓝色牛仔裤站在台上，与乔布斯在苹果iPhone发布会上的感觉一样，发布会后雷军获得了“雷布斯”的称号。

根据2017年的数据，日本丰田继续是世界上最赚钱的汽车公司，营业收入2 547亿美元，利润168.99亿美元，大幅度超出第二名德国奔驰公司。奔驰和宝马两家车厂的利润加起来才相当于一个丰田。丰田在中国的市场占有率12%，但是在北美的市场占有率高达40%。丰田汽车屡次夺冠，超过欧美的“老师”们，从T型商业模式之合作伙伴的角度分析，其供应商体系功不可没。

按供应商所生产部件的重要性程度，丰田将供应商分为3类：核心部件供应商、特色部件供应商和商品部件供应商，并建立了协丰会和荣丰会两个级别的供应商组织。对属于不同供应商组织的供应商，丰田与其建立不同的股本关联关系。协丰会成员均为核心供应商，丰田持股超过30%；荣丰会成员均为特色部件供应商，丰田持股10%左右；对于商品部件供应商，丰田一般不持股份。丰田与协丰会、荣丰会两大组织供应商成员的这种资本纽带关系，不仅有利于加强双方信任、提升供应商忠诚度和生产效率，而且也有利于丰田积极主动地不断加大对这些供应商在管理、技术、资金等方面进行扶持和支持。这种垂直金字塔式的供应商体系，不仅给核心供应商更多参与产品设计和改进的机会，还能最大限度地降低成本、保证交付及提升整车产品质量。

有丰田汽车那样与供应商紧密合作的，也有像百安居这样压榨欺骗供应商的企业。它们同属于世界500强，之间的差距如此之大。2007年之前，百安居在中国上海搞“店大欺客”经营伎俩，其重要的盈利机制叫作“抢钱策略”，包括4个手段：一是百安居和其他超市一样有“后台利润”，从供应商收入中扣除不菲的各种费用，例如：促销展示费、安装服务费、咨询费、广告返利费等，加起来共计占销售额的16%左右；二是要从各供应商的销售收入中扣点作为百安居的管理佣金，扣点逐年上涨到了37%；三是长期拖欠供应商的货款，将占用的资金用于彰显业绩的疯狂开店；四是巧立名目对供应商进行罚款。2007年6月，被拖欠了1 600万元货款的上海雅迪尔橱柜忍无可忍，数十人冲击百安居上海总部，随后图腾宝佳、欧韵诺维、豪赛尔、宏耐地板等百安居供应商纷纷响应，并最终召开了供应商群起声讨百安居的新闻发布会。做生意坑害合作伙伴，最终是搬起石头砸自己的脚。屋漏又遇连阴雨，2008年金融危机到来，百安居中国巨亏5 200万英镑，接着开始大量关店，从此在中国的生意一蹶不振。

说起战略联盟，也属于合作伙伴关系，听起来高大上，但是实际上大部分不落地。2007年兴业银行发起的“银银平台”，到2016年已经有签约银行达672家。兴业银行发起的这个战略联盟，不仅踏踏实实踩在了道上，而且演化成了自己的商业模式。

兴业银行原来叫做福建兴业银行，偏居东南一隅，曾是一个小规模地方银行。2003年春天被批准改名，去掉了前面的“福建”，标志着兴业银行将成为一家全国性银行。改名后不久，香港恒生银行、国际金融公司（IFC）、新加坡政府等外资入股兴业银行。外资银行入股后，兴业银行也引进了国外银行管理的先进技术和经验。2004年兴业银行开始全国布局，3年后在上交所A股上市，进一步成为全国性上市银行。

机遇更多青睐有准备的人。兴业银行在全国布局时发现，二线以下城市为数众多的城商行和农信社等地方性中小银行好像一个个孤岛，经营处境很尴尬：一是它们不能直接接入人民银行的大额支付结算系统，资金邮路迂回曲折，周期很长；二是它们的网点限定在当地城市的一片区域，自身没有产品开发能力，只能为客户提供基本的存贷款服务；三是由于资质、资金、技术、人才等因素的制约，与五大国有银行同城竞争中，颓势越来越明显，有心图谋突破但是找不到解决方案。

战略联盟形成深度合作，必须有“干柴遇烈火”一样的痛点与渴望。诚然，城商行和农信社有不止以上三大痛点，而兴业银行也特别渴望利用城商行和农信社的当地网点，低成本快马加鞭地发展自己的各项创新业务。2004年，兴业银行就提出“联网合作、互为代理”的银银平台发展构想；3年后，“银银平台”系统研发成功；又用5年时间，建立机构队伍，完善产品体系，逐家谈判签约；到2012年末，“银银平台”签约城商行、农信社、村镇银行等地方中小银行395家，其中上线数量达到318家。

你能舒缓别人的痛点，为别人创造价值的同时，也证明了自己的商业模式是可行的。兴业银行的“银银平台”连接了近4.35万个物理网点（2016年底，农业银行的物理网点也就2.1万个）。各个签约银行之间，可以通过兴业银行的这个平台，实现柜面互通，全天候完成交易结算。兴业银行收取交易费用，但与中国人民银行相比极其低廉；也要求签约行存入结算保证金，但是兴业银行支付的利率超过中国人民银行。

合作双方的共赢利益还不止以上这些。兴业银行通过科技输出，累计与近275家签约银行建设运营信息系统，每套收费几百万至几千万不等，并且每年还有不菲数额的维护升级收费。通过“银银平台”，兴业银行已建成中国规模最大的支付结算网络之一和最大的商业银行信息系统提供商之一。通过“银银平台”合作，送金融产品下乡得以实现，北国漠河、内蒙古草原、南疆喀什……广大农村群众都可以便捷地购买到财富管理产品。2015年统计，兴业银行累计销售理财产品2.16万亿元。各签约银行网点从中分得了代理收益，提升了自己的赢利水平。

根据以上分析和结合相关资料，我们画一个图表示出兴业银行的创造模式。如图2-9-1所示，兴业银行的目标客户与合作伙伴是重合的。单从“银银平台”商业模式分析，兴业银行提供支付体系、销售信息系统给签约银行，从这个方向上说签约银行是兴业银行的目标客户。从另一个方向，签约银行与兴业银行都是金融服务商，分别为平台提供业务创新和理财服务，他们是同业合作伙伴，共同服务好商业大客户和终端顾客；签约银行与兴业银行相互代销各自的金融产品，相互支付利益分成给合作伙伴。

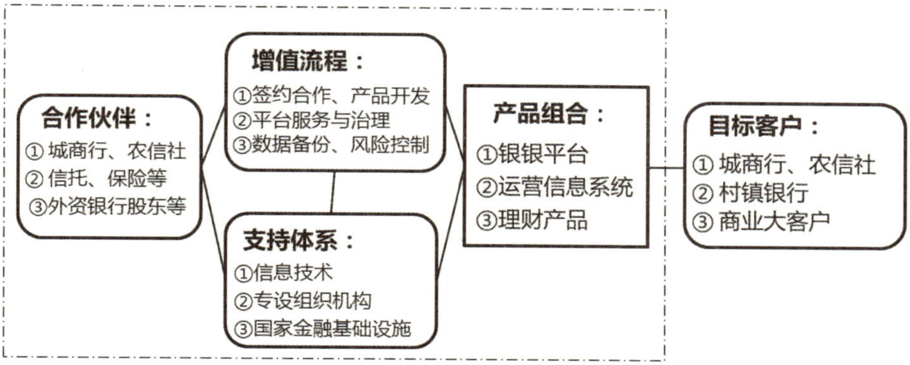

图 2-9-1 兴业银行“银银平台”创造模式示意图

《商业评论》杂志2018年8月号上有一篇3位英国学者合写的文章《你需要不止一个商业模式》，文章大致意思是：越来越多的公司同时采用两种乃至更多的商业模式，利用它们之间的互补性提高业绩，促进增长。兴业银行就有至少两个商业模式，一个是“银银平台”，另一个是通常的银行模式。两者互补促进，共同提升了兴业银行的业绩。

根据2017年福布斯的排名数据，兴业银行位列全球银行第21位。在中国的银行价值排名中，兴业银行位列全国第5位，以微弱差距仅次于招商银行。“银银平台”效应已引发业内同行纷纷效仿：民生银行发起成立“亚洲金融合作联盟”，平安银行发起了“金橙俱乐部”……它们都在搭建银行同业合作平台。

从T型商业模式看，兴业银行通过与合作伙伴形成战略联盟，创新出一个“银银平台”商业模式。企业的合作伙伴有哪些呢？每个企业有些差异，但是可以列出一个大致的清单，如图2-9-2所示。对于清单中的合作伙伴，每个企业在不同发展阶段可以按照ABC分类法进行分类。A类表示紧密型合作伙伴，B类代表半紧密型合作伙伴，C类代表松散型合作伙伴。

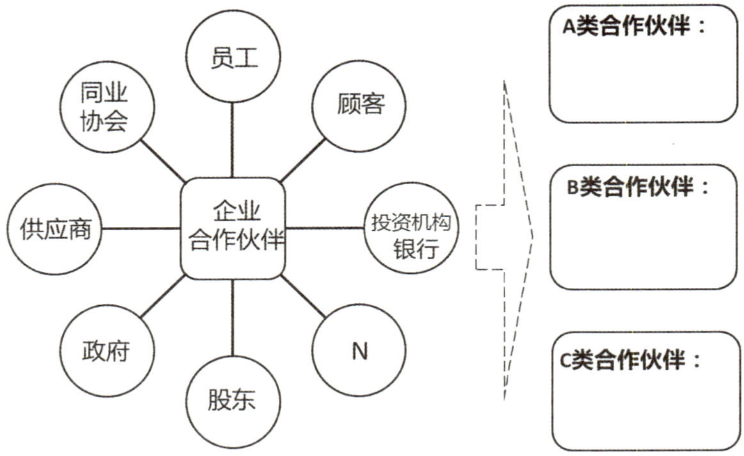

图 2-9-2 将企业的合作伙伴进行分类示意图

企业通过合作伙伴联合构建产品组合，可以优化甚至创新企业的商业模式。在这个过程中，优先考虑A类紧密型合作伙伴，然后依次考虑B类、C类合作伙伴。

稻盛和夫创立的阿米巴经营、张瑞敏创立的“人单合一”，都是将员工看作合作伙伴，永辉超市及海底捞也有将员工看成合作伙伴的成分。所谓区块链经营创新——为团队赋能，就是将员工看作A类紧密型合作伙伴，而张瑞敏的“人单合一”模式已经先走了一步。小米让发烧友参与产品改进、安利让“顾客创造顾客”的直销模式，属于将顾客看成了紧密的合作伙伴。在中国，一些企业创始人倾向于将政府当作紧密型合作伙伴，以便在资金补贴、土地优惠及申请国家项目上获得政府支持；政府为了当地经济发展也乐此不疲。图中的“N”表示还有其他形式的合作伙伴。例如：因EMBA同学关系而形成的资金互助平台，因产品互补而形成的流量共享平台，因为技术相关而形成的协作研发平台等。

如今区块链技术正处在萌发期，业界主流的观点说“区块链将对公司制产生颠覆式冲击”。一些研究者认为：今后，公司制将逐渐消失，取而代之的是区块链社区制。以Token（计算机身份认证的令牌/验证码）取代股权或股票，所有合作伙伴、包括客户都相当于企业股东。例如：在区块链社区中，发个抖音，谁视频拍得好，获得的点赞多、评论多、转发多，根据算法他（她）将得到更多的Token。

2.10 技术创新、产品组合创新与商业模式创新的关系

重点提示

※为什么说技术创新也属于商业模式创新？

※产品组合创新与产品创新之间有哪些异同？

※为什么说产品组合设计要倾听目标客户的声音？

奥美公司创始人、杰出广告大师奥格维去俄罗斯旅游时，有意购买了很多俄罗斯套娃。俄罗斯套娃由多个一样图案的空心木娃娃一个套一个组成——就是一个娃娃肚子里，装了另一个娃娃，并且一直循环下去，可以装很多个娃娃。

在奥美公司董事会上，奥格维在每位与会者的面前都放了一个俄罗斯套娃。“大家都打开看看吧，那就是你们自己！”奥格威说。董事们很吃惊，疑惑地逐层打开了眼前的玩具，展现在眼前的是一个比前一个更小的同类型木娃娃。当他们打开最后一层时，发现玩具娃娃身上有一张纸条，那是奥格威写给他们的：“你要是永远都只任用比自己水平差的人，那么我们的公司就会沦为侏儒；你要是敢于启用比自己水平高的人，我们就会成长为巨人公司！”后来，人力资源管理中有了著名的奥格维定律：善用比我们自己更优秀的人！

看人与看事有关联之处。俄罗斯套娃或奥格维定律除了启示我们“善用比我们自己更优秀的人”之外，还启示我们不能局限在某个层次的木娃娃中思考整体性问题。认识事物时，要学会结构化分层，要处理好局部和整体的关系。

关于技术创新、产品组合创新、商业模式创新三者之间的关系是怎

样的？先看看有关专家怎么说。

管理学大师德鲁克曾说：“当今企业之间的竞争，不是产品之间的竞争，而是商业模式之间的竞争！”

阿里巴巴创始人马云先生有这样一个观点：“我们抓住了互联网技术，在这个上面创造出一个适应未来的商业模式，那就是电子商务。”

战略专家赖伟民先生说：“我在某些文章中看到这样的观点——‘......而在中国，商业模式创新，显然比技术创新更为重要。’对此，我很不赞同。技术创新是商业模式中构成核心能力的重要部分，没有技术上的创新，空谈商业模式创新是没有意义的。”

知名教授魏炜、朱武祥说：“如果缺乏技术创新或相关资源，商业模式创新所带来的高速增长有可能是昙花一现。中国的团购风潮就是典型。那么，是不是技术创新更重要呢？技术创新往往伴随着更高昂的成本、稀缺的配套资源和低下的市场认同度。如果不搭配商业模式创新，技术创新就可能以失败告终。”

中国工程院院士徐扬生认为：“深圳龙岗有很多创新企业，但商业模式的创新比较多，技术创新比较少。深圳和硅谷的差异在哪里？硅谷做的是0到1的事，是科研上的创新，而深圳做的是1到N的事。”

有这个说法：美国企业的成功，60%主要依靠商业模式创新，40%更多是技术创新。同等效益下，商业模式创新的成本大约是技术创新的5%～10%。在中国，根据多个独角兽排行榜的统计发现，超过80%的独角兽企业是通过商业模式创新而迅速发展起来。

在T型商业模式结构中，技术创新属于创造模式的支持体系部分，它包括产品技术创新和基础技术创新两个部分（关于技术创新的相关讨论可参考章节7.5）。产品技术创新属于企业层面的技术创新，而基础技术创新属于社会层面的技术创新。例如：柔宇科技、大疆无人机、华为、格力等科技企业，为了产品创新而申请了许多专利，开发了很多新产品，这些都属于产品技术创新。像互联网、大数据、云计算、3D打印、区块链、人工智能、太空探索等基础技术创新，却不是一个企业能独自垄断的。基于基础技术创新，很多企业进一步展开产品技术创新和商业模式创新。例如，很多企业基于互联网技术在硬件、软件方面进行产品技术创新，互联网也引起了丰富多彩的商业模式创新。

任正非在科创大会上曾说，华为“正在本行业逐步攻入无人区，处在无人领航、无既定规则，无人跟随的困境”。这似乎说明，华为已经从产品技术创新开始升级到基础技术创新。社会上的基础技术创新已经不能满足华为自己的产品技术创新，必须依靠自己逐步攻入本行业的“无人区”。

在T型商业模式结构中，技术创新属于创造模式的支持体系部分；而支持体系为了构造一个创新的产品组合；产品组合创新是创造模式的主要内容；创造模式是T型商业模式的3大部分之一；最后，T型商业模式还属于更大范围的企业赢利系统（关于赢利系统的叙述详见章节6.5）。这些相关概念形成树状结构或金字塔结构的层次关系。当从终端向总体追溯时，也类似于俄罗斯套娃的结构，如图2-10-1所示。

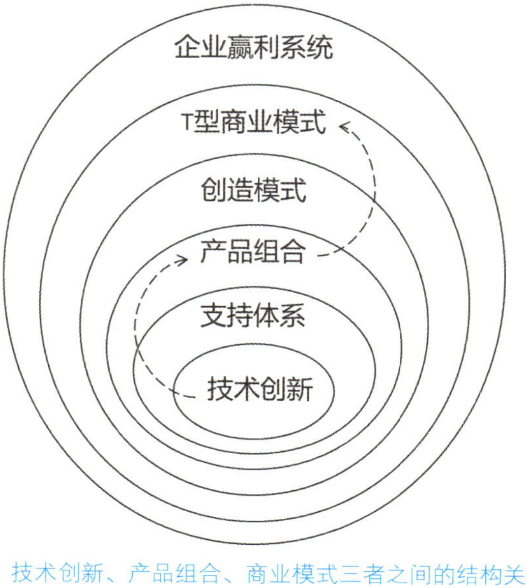

图 2-10-1 技术创新、产品组合、商业模式三者之间的结构关系示意图

由此可见，对于企业来说，技术创新的目的主要为了产品组合创新，而产品组合创新是商业模式创新的核心内容之一。从严谨的角度说，技术创新属于商业模式创新，所以不必再讨论“技术创新与商业模式，哪个重要或哪个更多一些”。不过，约定俗成的表达上，习惯将高技术公司的成功归结于技术创新，而将除此之外那些为客户提供创新服务的公司成功归结于商业模式创新。这对实践并无大碍，使用约定俗成的表达反而更有利于理解和沟通。在章节7.5开始部分的案例中，我们会看到联影医疗作为一个高新技术企业，其商业模式创新也是独树一帜的。今后，这样的成功案例将会越来越多。

在创造模式中，核心内容是创造一个有竞争优势和发展空间的产品组合，用公式描述：产品组合=增值流程+支持体系+合作伙伴。这个公式表示产品组合的构建来自3个方面：①增值流程表明了产品组合在企业范围内完成的业务流程。增值流程通常等同于企业的核心价值链。②合作伙伴代表了产品组合通过与外部交易获得的部分。由于社会专业化分工，产品组合的部分构建内容从外部合作伙伴获得时成本更低或质量更好；也可能企业缺乏相应的资源和能力，必须依靠外部的合作伙伴。③支持体系主要为产品组合的形成提供资源、能力及体系保障等。

通常所说的产品创新与产品组合的创新还是有所不同。产品创新由产品经理负责。关于产品经理如何管理产品创新，相关理论已经逐渐丰富起来。例如，苏杰的《人人都是产品经理》，其中说到“需求分析的Y模型”；罗辑思维订阅课程《梁宁产品思维30讲》，其中说到“三级火箭模型”。产品经理是近些年非常受重视的一个工作岗位，有所谓“得产品经理者得天下”的说法。除了马云公开表示不懂技术外，马化腾、雷军、周鸿祎、丁磊等诸多新经济优秀企业的创始人几乎都做过产品经理。

最简单的产品组合就是一个单一产品，而复杂一些的产品组合包括很多交易内容。例如：客户解决方案就是复杂一些的产品组合，它既包括所需的各种实物产品，也包括设计、安装、调试服务，还可能包括金融服务、运营服务，有些还包括操作系统、数控软件、应用软件等虚拟产品形式。在章节2.2到2.6中列举了诸多产品组合创新的案例。在章节7.7，将会讨论商业模式创新与管理人才的问题。**从产品经理上升到产品组合经理，进而能全权负责企业商业模式创新的人才实在太稀缺了。**雷军能搞好“手机、MIUI、米聊应用”三驾马车产品组合，所以成就了今天的小米科技。在章节2.5.3中，说明了微信不是一个产品，而是一个相当复杂的产品组合。负责开发微信的张小龙不仅是一个产品经理，而且是一个很牛的产品组合经理。有传言，张小龙工资3亿～5亿元等。如果从为企业创造价值层面来讲，也是有一定道理的。进而将微信上升到商业模式创新层面，确实需要整个腾讯团队的努力，甚至这样也是力不从心的。

产品组合是创造模式的核心内容，也是T型商业模式的中心。虽然产品组合的构建来自它所属的创造模式，但是设计和优化一个产品组合必须倾听目标客户的声音，结合企业所有者的能力和资源，也少不了合作伙伴所能提供的支持……（详见“5.1三端定位原理”）。如何倾听目标客户的声音？一个创新的产品组合不是一蹴而就的成功，而是从目标客户→价值主张→产品组合，再从产品组合→价值主张→目标顾客，不断优化迭代的定位过程，这个过程像活塞运动那样往复地循环。另外，即使产品组合的定位和创新很成功，得到了一些目标客户的认可，但是众多潜在竞争者也跟随入场了，所以必须通过营销组合克服市场竞争的阻力。以上所述的目标客户、价值主张、营销组合、市场竞争是营销模式的四个核心要素。

因此，创造模式要连接一个营销模式。创造模式的重点是创造一个产品组合。这个产品组合如何售卖出去，以换回可持续扩大再生产的货币资金等赢利性资源？这就需要一个营销模式。

T

第3章

营销模式

本章导读

“波导手机，手机中的战斗机！”——这是一个多年前的“雷人”广告语。而如今，波导有个“传人”——传音手机，在非洲市场做得风生水起。传音研发出了适用非洲用户的美肌模式手机，瞬间让黑肤色妹子“变成”了巧克力肤色的沙滩女郎……

创造模式的重点是创造一个产品组合，像传音手机这样的产品组合如何售卖出去？这就需要一个营销模式。管理大师德鲁克说：“企业的宗旨就是创造顾客，顾客是唯一的效益中心。”营销模式有一个公式，就是为了“创造顾客”，可以解决德鲁克大师提出的这个“痛点”。

营销模式的这个公式是：目标客户=价值主张+营销组合−市场竞争。

3.1 营销模式的构成要素与运行原理

重点提示

※美团打车与滴滴出行玩"硬球竞争"的原因是什么？

※营销模式为德鲁克倡导的"创造顾客"提供了什么解决方案？

※除了"硬球竞争"，还有哪些竞争策略？

在手机上打开美团APP，首页上就可以看到，它提供的服务品类繁多。美团标榜自己是一个超级生活服务平台，其口号是"吃喝玩乐全都有！"你可以想象美团要建造的这个超级服务平台是一座"六边城堡"，每一边代表一个关键业务板块。美团从团购起步，经过近10年的打拼，这个"六边城堡"上已经有餐饮外卖、票务代理、酒店旅游、交通出行、休闲娱乐、其他6大业务板块，如图3-1-1所示。

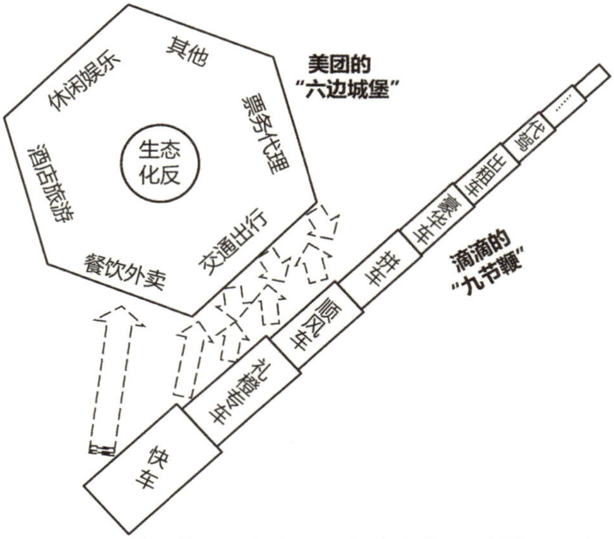

图 3-1-1 美团的"六边城堡" 与滴滴的"九节鞭"示意图

美团就像犹太人建立以色列国，构建每一个业务板块都不容易：在餐饮外卖领域，与饿了么交战多年，到2018年总算市场占有率过半，稳住了半壁江山。在票务代理领域，美团从电影票切入，中途与微影、淘票票发起补贴大战，后来的狗血剧情是美团与微影合并，收获了票务市场的大半顾客。在酒店旅游领域，美团的对手是携程、去哪儿、同程、驴妈妈……太多了，对手也很强大！美团在这个板块表现相对温和，走互补战略，有点“远交近攻”的味道。在休闲娱乐和其他板块，品类繁多散乱，目前是58同城、赶集的一些地盘，也不是美团目前的核心利益区。这么一盘算，最后就剩下交通出行板块了。对于美团来说，它太重要了！美团“六边城堡”模式的每一个板块都与位置相关，并且约30%的人打车是去吃饭，与餐饮外卖业务板块紧密连接，其余打车多半也与美团的业务高度重合，因此这件事值得做。美团要想“生态化反”（多个业务相互连接在一起形成生态圈，发生相互促进和增强的“化学反应”），交通出行这个“化学元素”不可或缺。

美团觊觎交通出行市场很久了。2017年2月14日，美团在南京上线打车业务；2017年12月，美团低调成立“出行事业部”；2018年4月初，美团宣布收购摩拜单车。在此期间，美团创始人王兴一直在策划一场战役，选择的对手就是滴滴。滴滴很年轻，成立也就4年不到；滴滴将交通出行方面的竞争对手都打败了，对美团来说，有了“一对一”的机会；滴滴建立起了垄断地位，同时滋生了顾客及供应商的不满和抱怨，这让美团有机可乘。

美团打车在南京上线当天，恰逢2017年2月14日（情人节），滴滴的创始人程维恰好与美团的创始人王兴在同一个饭局上。两人座位肩并肩，王兴对美团的打车上线只字未提，程维事后看新闻才知道此事。在主营业务上，滴滴专注于交通出行，形成了“九节鞭”模式。围绕交通出行这个中心轴线，滴滴开展的网约车业务有快车、礼橙专车、顺风车、拼车、豪华车、出租车、代驾等，形象地比喻它为武术器械中的

“九节鞭”——柔中带刚，能软能硬，能屈能伸；断了一截，可以再加上一截。**美团一贯玩“硬球竞争”，为了闭合“六边城堡”模式，到处攻城略地。按照博弈论，对于玩连续“硬球竞争”者，滴滴绝对不能示弱，不能成为“软柿子”，否则核心利润区将丧失殆尽。**滴滴应该设计更大冲量的对策行动，先将对方抛来的“硬球”逼停，然后最好能顺势加码，有力地回击一下——与自卫反击战原理类似。

我们目睹了滴滴对美团在上海的自卫反击战。2018年上半年，双方多次强势交锋。美团外卖渠道部公然打出口号“灭饿除滴！”。王兴说，这场战役志在必得，先拿出10亿美元备战，且上不封顶。滴滴账上现金至少有100亿美元，又获批100亿人民币供应链金融ABS融资[①]，多个融资通道已经打开，并且双方开打之前滴滴的赢利情况良好。与当年滴滴、快的之间的补贴大战一样，交锋双方采用多种营销组合：降价补贴、跨界营销、拉新裂变奖励、发打车券、保底收入、时间段重奖、抽奖促销、平台二选一等。交锋双方为此投入补贴了多少钱？“战争”还在进行中，目前没有统计数字，估计应该比当年的40亿元补贴多了不少。2018年春天有段时间，由于双方补贴太凶，用一次滴滴或美团打车花费只要2块钱，以至于上海地铁的客流量减少了一小半；还有一个说法是，打车太便宜了，很多人不在家里叫外卖了，打车直接到店里去吃——美团的外卖订单大受影响，促销补贴都造成业务之间相互矛盾了。

除了同样以“硬球竞争”正面碰撞对方之外，滴滴也在无锡匆忙上线了外卖业务，希望从侧面给美团一个有力击打，让它腹背受敌，促使美团尽快撤离在交通出行上的份额图谋。这样看来，“六边城堡”对垒“九节鞭”，好像虎龙争斗，难分高下。美团“六边城堡”的好处是可选择的方向多，能定期“转一转”位置，看到相关领域有薄弱环节，

---

① ABS 融资模式是以项目所属的资产为支撑的证券化融资方式，即以项目所拥有的资产为基础，以项目资产可以带来的预期收益为保证，通过在资本市场发行债券来募集资金的一种项目融资方式。

就集中整体优势与对方展开争夺战，顺势把这一边的业务构筑并强大起来。它的缺点是多面树敌，战事频发。如果与美团对垒的各方建立统一战线，结成战略同盟，再来个“诺曼底登陆”，估计美团也会遭受毁灭性的打击，反而引火烧身。滴滴 “九节鞭”模式的好处是：垂直领域做深做透后，打遍天下无敌手。在一定时间段内赢家通吃，一方独大，有机会建立起自己的“1+N”（1指主营业务，N代表衍生业务）盈利王国。这个模式的缺点是：业务单一，似乎壁垒并不高。滴滴形成垄断时，就会从乘客和司机两方设法获得更多的利益——“宰”你时让你无可奈何！乘客和司机怨声载道时，潜在竞争者就会磨刀霍霍、打抱不平而来——美团切入打车市场，就是利用了这个契机。

中商产业研究院给出的数据：预计2018年，网约车市场交易规模将增至2 678亿元，而后继续平稳增长，2022年将达到5 036亿元人民币。这么大的市场规模，一家独大不利于消费者和车主利益，现有或潜在竞争者常常伺机而动，去建立新的市场平衡。基于互联网的生意，由于信息技术、人工智能、地图导航等综合科技的应用，导致运营效率极大提升、交易成本迅速降低，先发者拥有明显优势，一定时期内常常可以赢家通吃。另一方面，经过几次竞争碰撞，天量资金补贴对行业产生催熟作用，市场尽快进入细分化状态。不同的网约车企业将定位于不同的细分市场，专注于满足目标客户的价值主张，建立起相对牢固的交易伙伴关系。神州专车专注于商务市场，目标客户为商旅人员，价值主张上必然有高端体验、商务元素、标准化服务等。易道专车主攻中端工作休闲出行市场，不仅乘客可以像选美一样在平台上选车，而且车主可以在平台各层级之间“穿越”接单。当交易双方在平台上对接更民主、自由时，双方都获得了高性价比的精神与物质体验。在电子商务领域，阿里巴巴是领头羊，后面出现了京东、唯品会、当当、1号店、苏宁等诸多竞争者。它们以差异化的价值主张，聚焦在不同的细分市场，分别服务于属于自己的目标客户。

在T型商业模式中，创造模式的重点是创造一个产品组合。这个产品组合如何售卖出去，以换回可持续扩大再生产的现金等赢利性资源？这就需要一个营销模式：结合以上对美团、滴滴案例的简要分析，首先要找到目标客户，然后检验产品组合的价值主张是否与目标客户的需求一致，期间对产品组合有一个不断优化迭代的过程。即便这个价值主张与目标客户的需求一致，潜在竞争者也很有可能跟随入场了，所以必须通过营销组合克服市场竞争的阻力，频频向目标客户“示爱”，给顾客购买的理由，产品的性能、服务、价格、促销等更好。

如图3-1-2所示，营销模式包括了目标客户、价值主张、市场竞争、营销组合4个关键要素，用一个公式表示：目标客户=价值主张+营销组合-市场竞争。正如德鲁克所说：“企业的宗旨就是创造顾客，顾客是唯一的效益中心。”如何创造顾客？用T型商业模式中营销模式的公式来表述：首先，企业创造的产品组合所代表的价值主张与目标客户的需求一致。其次，通过营销组合克服市场竞争的阻力。最后，达成目标客户对企业产品的购买。

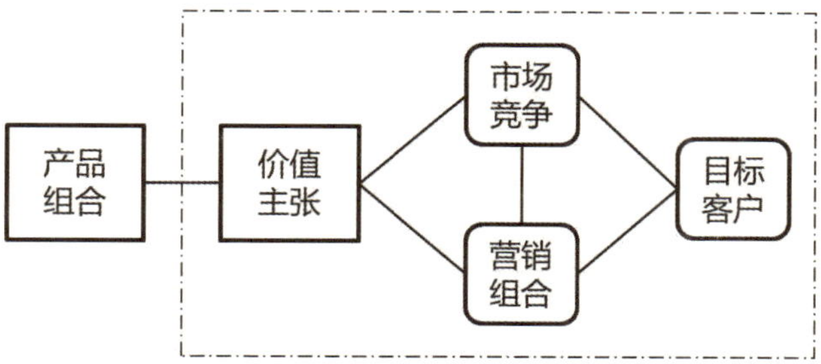

图 3-1-2 营销模式的构成要素与结构关系示意图

美团APP上的用户与滴滴APP上的用户，至少有30%是重合的。美团搞“六边城堡”的“生态化反”模式，必然走“肥水不流外人田”之路，美团上的用户大部分也是滴滴出行的目标客户，所以进入网约车市场时，美团选择的目标客户必然与滴滴出行的基本一致。种什么树，就会开什么花，结什么果。目标客户一致，意味着需求大致一致，所以价值主张和产品组合也基本相同。滴滴和美团的价值主张都是："以网约车解决传统打车的多个痛点，让出行更便利、可规划、相对性价比更高"，目标客户都是那些使用智能手机的广大人民群众。两者的产品组合、价值主张、目标顾客基本相同，属于同质化市场竞争，所采取的营销组合也没有什么差异化，竞争中他们相互学习和模仿。

在构造营销模式时，除了美团和滴滴那样"玩弄"没有什么差异化的"硬球竞争"之外，相关企业还可以采取差异化、合作联盟、拉拢串通等相关竞争策略建立自己的竞争优势，击退或绕过竞争，最终到达目标客户。当然，不同的市场竞争策略之下，营销模式的其他3个要素——目标客户、价值主张及营销组合，也将随之而变。

3.2 从目标客户看价值主张：找到与产品组合的最大公约数

重点提示

※本田的“小家碧玉”如何战胜哈雷的“狂野硬汉”？

※如何利用市场细分的“农夫法则”赢得发展机会？

※价值主张的运动规律是什么？

2016年美国总统大选期间，很多哈雷摩托的爱好者和哈雷公司的员工都是特朗普的铁杆支持者。特朗普本人也是哈雷的“粉丝”，当选总统后经常引用哈雷的例子，赞美它代表了美国制造和美国精神，还曾经破例允许哈雷公司老总们骑哈雷摩托到白宫草坪上登场。

1903年创立之初，哈雷摩托以农村居民为目标顾客，价值主张是结实耐用。那时印第安农民特别喜欢哈雷摩托车，因为其结实耐用，且引擎噪音小，不会惊扰马匹。第一次世界大战爆发后，哈雷将目标客户锁定为军队和警方。为两次世界大战服务，哈雷因夜以继日地生产及供应大量军用摩托车而声名大振。第二次世界大战结束后，美国退伍军人因使用惯性和怀旧情怀，纷纷购买哈雷摩托。此后，哈雷专门生产重型摩托车，与“反叛”精神联系起来，以优秀的性能和酷炫的造型闻名于世，目标客户定位于那些崇尚“自由、不羁、独立”的人群。

1959年，日本的本田公司决定进军美国摩托车市场。看到本田远洋运输而来的是些轻便小摩托——像现在的电动自行车，美国经销商嗤之以鼻。本田的销售人员发现后，还真是非常不利！美国当时的主流摩托是动力强劲、座椅舒适、配置豪华的哈雷摩托那种。骑哈雷摩托的人是那些粗犷大汉、放荡不羁的人，他们喜欢骑摩托走长途，晓行夜宿；他们喜欢在宽广的公路上飙速，让哈雷发出轰鸣声。

无奈之下，本田公司将自己的产品放在美国的体育用品商店售卖，看看那些喜欢健身的青年人、白领阶层是否会感兴趣。当时本田摩托售价300美元左右，0.3美元汽油可以跑300千米，使用上非常经济划算，而主流的哈雷摩托最低价也要1 500美元，并且耗油量与一辆小汽车差不多。通过明星代言和一些针对性的广告促销活动，本田摩托塑造了“小家碧玉”般的品牌形象以迥异于哈雷“狂野硬汉”的反叛精神，在16～28岁的青年人中迅速流行起来。他们开着这种轻便小摩托去兜兜风、附近转转，甚至作为代步工具通勤上班，感觉非常实用方便。6年后的1965年，本田摩托车在美国市场占有率超过了80%。

本田的营销让哈雷坐不住了，开始宣扬自己的“爱国制造”“美国文化”元素，引得后来的美国历届总统里根、克林顿、小布什等上任后，都去哈雷公司象征性地参观一下。无论世道如何变，哈雷一贯是在商言商，崇尚“自由、不羁、独立”。2018年8月，哈雷公司声明说，由于欧盟报复美国钢铝关税政策，将摩托进口关税从6%提高到31%，哈雷摩托在欧盟地区的售价将上涨到2 200美元，无奈之下，哈雷将部分生产线转移到国外去生产。哈雷摩托突然宣布出走，有点对白宫和特朗普“打脸”的味道。特朗普迅速发推特谴责说：“没想到啊，哈雷居然会是第一个举白旗的公司！”

哈雷和本田都是好产品。哈雷公司为了生存，不断变换目标顾客，从印第安农民到军方、警方，再到具有反叛特质、崇尚“自由、不羁、独立”精神的人群。本田摩托在日本时老少咸宜，而到了美国市场，必须改变普适定位，专注于为16～28岁那些讲求方便实惠的目标客户服务。不同的目标客户对应不同的价值主张：骑哈雷的人喜欢表现与众不同、喜欢晓行夜宿走长途，哈雷摩托必须做得炫酷拉风、动力强劲、座椅舒适。当时美国，喜欢本田轻便摩托的那些群体，看重了它的便捷小巧、易修耐用、经济实惠，非常匹配自己的日常交通需求。

目标客户这个概念好理解，是指那些购买公司产品的主要客户群体。目标客户是一个核心清晰而边界模糊的概念，并且目标客户的边界范围常常处于动态改变之中。例如，小米手机创立之初，目标客户定位在那些年龄在18～35岁之间、倾向于追求高配低价的顾客群体。随着小米手机品牌知名度不断提高，智能手机售价大幅降低，很多18岁以下的青少年和35岁以上的中青年、中老年人也喜欢购买小米手机。之前小米手机主要是男性购买，后来女性购买者逐渐增多了。

著名的市场营销学者麦卡锡提出应当把消费者看作一个特定的群体，称为目标市场（即目标客户）。通过市场细分，有利于明确目标市场。如何选择目标客户？各类市场营销学书籍中，都有一些相似或不同的阐述，其中比较典型的一个工具是STP分析：市场细分（Segmenting）、选择目标市场（Targeting）和产品定位（Positioning）。处于STP3步骤中间的“选择目标市场”，其实就是选择目标客户。对于细分市场，不是根据企业生产的产品来进行的，而是从顾客的角度进行划分的。企业进行市场细分的目的，是通过对顾客需求差异予以定位，来取得较大的经济效益。即使在竞争激烈的行业，通过市场细分，还可以不断找到市场中的利基（需求还没有被充分开发的细分市场）。农夫法则说：“要想铲除地里的杂草，最有效的方法就是给地里种满各类庄稼，不给杂草留下生存空间。”贯彻农夫法则的典范是宝洁公司。宝洁公司旗下有300多个品牌，每种品牌对应一类产品，几乎涵盖了所有的日化用品领域的细分市场。例如，宝洁的洗发水品牌就有：飘柔、潘婷、海飞丝、伊卡璐、沙宣等。

为什么要选择目标市场呢？因为不是所有的细分市场对本企业都有吸引力。由于能力和资源限制，竞争对手的优势占位，所以企业的产品也不能覆盖所有细分市场。选择目标市场一般运用下列3种策略：①无差别性市场策略。例如，全球的肯德基似乎都一样，它是标准化的，努力适合绝大部分顾客的需求。②差别性市场策略。例如，瑞士斯沃琪集团旗下拥有众多腕表品牌，适合中学生佩戴的低端时尚手表售价不到200元人民币，而高端品牌“宝玑”的目标客户是皇室成员以及各个领域的杰出人物。③集中性市场策略。类似于现在常说的爆品战略，像小米充电宝，上市不到3年销售了5 500万个，单品全球第一。

价值主张这个概念不太好理解，并且定义五花八门。有从顾客角度定义的：价值主张是对顾客真实需求的深入描述；有从厂商角度定义的：价值主张是企业为目标客户提供的独特价值；还有从竞争角度定义的：价值主张是企业比竞争对手更能满足目标顾客的差异化总和。**在T型商业模式中，价值主张是指企业的产品组合如何满足目标客户需求的表述。**客户购买产品是为了满足自己的某些需求。有的客户不清楚自己需要什么或者表述不出来，需要听听企业对产品价值主张的表述。如果两者基本一致了，相对于其他，这家企业的产品是最适合的，双方就可能达成交易。表述产品的价值主张时，企业要站在产品如何满足客户需求的角度，找出它们之间的最大公约数，如图3-2-1所示。所谓产品的更新迭代，核心目标之一就是扩大价值主张的区域，让产品更多、更好地满足目标客户的需求。

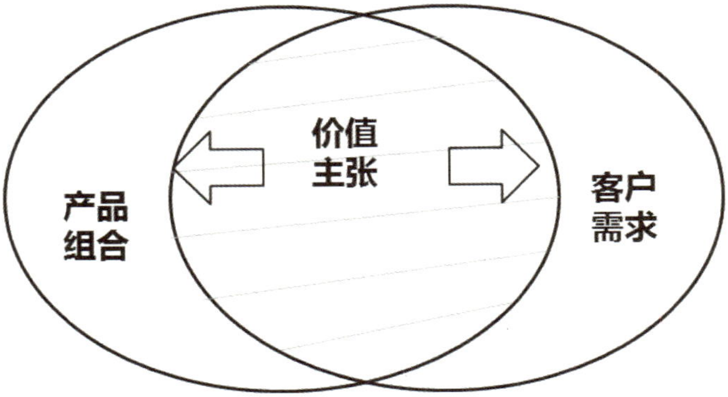

图 3-2-1 T 型商业模式的价值主张示意图

价值主张的运动规律如图3-2-2所示，像蒸汽机的活塞一样，价值主张的行程也是往复循环运动。**首先是从目标客户需求开始，到提炼价值主张，最终形成产品组合的过程，有专家将此过程称为“创造价值”的过程。**在T型商业模式中，这个过程属于创造模式的一部分内容。研究这方面的人很多，有不少辅助工具可寻，常用的工具有“$APPEALS”“QFD”等。“$APPEALS”是IBM从IPD研发体系中总结和分析出来的进行客户需求分析的一种方法，它从8个方面对产品进行客户需求定义和产品定位。“QFD”即质量功能展开：把顾客或市场的要求转化为设计要求、零部件特性、工艺要求、生产要求的多层次演绎分析方法。另外，相关产品思维、产品经理的理论或工具，也是讲如何从目标客户需求开始，到提炼价值主张，最终形成产品组合。如果读者有兴趣，可以翻阅相关参考书进行了解。

然后是从产品组合开始，到表述价值主张，最终促进目标客户购买的过程，有专家将此过程称为“传递价值”的过程。在T型商业模式中，这个过程属于营销模式的一部分内容。把产品组合表述为价值主张，顾客才能接收到与他们的切身需求相关的信息。如何向顾客表述产品所携带的价值主张？第一种方法是广告Slogan（口号），例如：“怕上火，喝王老吉”；苹果iPod“把1 000首歌装到口袋里”；沃尔玛的“天天平价”；OPPO手机“充电5分钟，通话2小时”；山叶钢琴“学钢琴的孩子总不会变坏”；滴滴公司“滴滴一下，美好出行”。第二种方法是产品营销文案。因为文案优劣直接影响产品销量，所以一些公司非常重视使用独树一帜的产品营销文案进行产品推介。这些产品营销文案就是对价值主张的表述。第三种方法是营销人员上门为客户推销展示。第四种方法是口碑传播：顾客用了效果很好，被服务感动了，再能获得一点来自公司的激励，他们就会积极进行口碑传播。

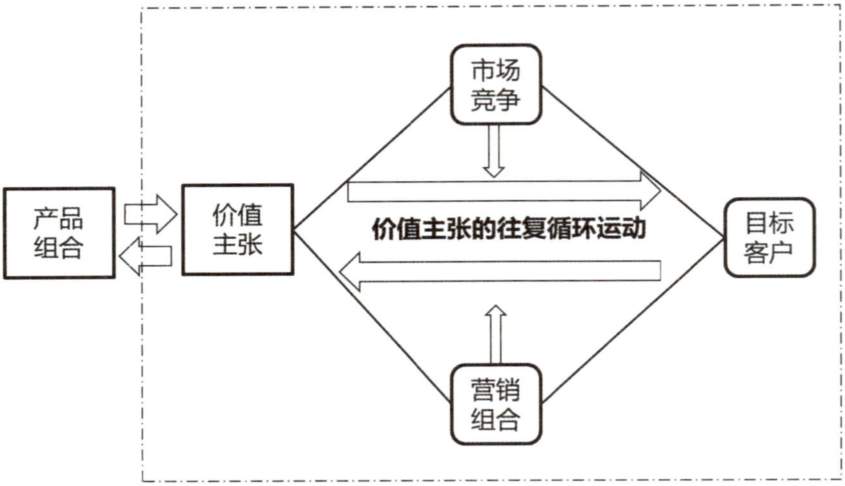

图 3-2-2 价值主张的运动规律示意图

营销模式可以用一个公式表述：目标客户=价值主张+营销组合-市场竞争。公司的产品组合如何达到目标客户？首先，通过以上多种方法传递产品组合的价值主张给目标客户。市场经济意味着自由竞争，竞争者也在宣传自己的价值主张，甚至阻止竞争对手的价值主张到达那些目标客户。既然市场竞争不可避免，那么企业如何形成自己的市场竞争策略呢？

3.3 市场竞争：拓展市场的方法与建立竞争优势的策略

重点提示

※为什么腾讯在微信中封杀抖音？

※可选择哪些策略建立自己的竞争优势？

※采取安索夫矩阵开辟市场空间的方法有哪些？

长期以来，腾讯是垄断中国网民时间无可争议的霸主。根据2017年9月发布的《微信数据报告》显示：每天平均有9.02亿的人登录微信，用户平均使用微信的时间达到66分钟，全年直接带动的信息消费高达2 097亿元。只要能占据用户时间，就意味着有用不完的流量，就意味着可以转化为金钱。早在QQ时代，为了黏住用户并防止竞争对手抢走用户的时间，腾讯就推出了等级系统，让数以亿计的用户付出电费，挂QQ升级。此行为还一度遭到媒体批判，认为挂QQ行为严重浪费了电力。腾讯还不断分化游戏广告，将用户导流到它庞大的游戏矩阵里，继续让用户消耗着时间。

事实上，阿里巴巴也曾希望分得10亿微信用户的一杯羹。然而直到今天为止，微信上仍然打不开淘宝链接——腾讯故意为之，防止用户逃出微信的“时间王国”。阿里巴巴的“时间焦虑”在“圈子”事件中暴露无遗，贸然推出的支付宝“圈子”功能因充斥着大尺度照片而遭到口诛笔伐，只好草草致歉收场。

连阿里巴巴都无法动摇的 “时间霸主”—— 腾讯，如今却遭遇到了短视频的围攻。2018年第一季度，抖音APP的下载量高达

4 580万次，一举成为全球下载量最高iPhone应用。截至2018年4月，抖音短视频月度独立设备数已高达2亿台。

行业人士表示，抖音不仅是产品好，运营更是一流的："抖音的运营方式有点类似头条算法，比如我在抖音上发了一个视频，它开始会推给1 000个人，如果点赞数据还可以，他就继续推到10 000人，如果继续保持了这个点赞比，就推给10万人、100万人、500万人……"通过大数据分析，抖音背后的运营团队，不断将优质短视频推送给可能感兴趣的人，形成正反馈，"雪球"越滚越大。抖音产品本身和它独有的运营机制确实让人"欲罢不能"，但用户刷抖音、拍抖音的时间越长，也就意味着，网民们刷微信的时间越少了。

抖音很可能就是下一个垄断级产品。抖音的跨界打击，对现在的互联网"时间霸主"微信来说，似乎已经到了不能"容忍"的地步。腾讯不能复制一个自己的"抖音"，于是在自己的时间王国里"封杀"抖音。2018年3月底，抖音短视频的分享链接无法发送至微信朋友圈。腾讯对此的解释是：为避免链接刷屏影响朋友圈阅读体验。

除8小时睡觉时间外，人一天只剩下16小时。互联网巨头对用户时间的争夺是一场零和博弈，非此即彼。战争双方，已经从阿里巴巴对腾讯，变成了今日头条对腾讯——抖音是今日头条旗下产品。

关于刷微信变成了刷抖音，各方声音也相互"竞争"：抖音有毒，我们没药！真正毁掉你的是你自己，抖音只是替代品！卸载了抖音，你也照样是废柴！抖音有点像吸食"鸦片"，再也停不下来！抖音，让我的拖延症加重了！

（参考资料：品途商业评论，抖音与微信的"时间争夺战"，郭佳莹）

企业投入巨资研发出一个优秀的产品组合，将价值主张传递给目标客户的过程中，常遭遇到来自竞争对手的“拦路抢劫”；不仅如此，还有像上述抖音对微信的跨界打劫。

《TED竞争心理学》说：竞争是人的本能，睾丸素决定你的好胜心。社会达尔文派的人主张：因为非赢即输的世界是自然的，我们要进一步增强自身的竞争力，而不是质疑自然法则。关于竞争的意义，有两个截然不同的说法。一个说：竞争越强，利润就越低，创新就越难，所以竞争阻碍了创新；另一个说：竞争越强，利润就越低，企业就会通过创新来逃离竞争，所以竞争有利于发展。信仰这两个说法的企业都有，信仰什么就为什么而努力，最后结果也会大相径庭。

既然竞争不可避免，那么如何参与竞争才是最重要的。竞争战略之父迈克尔·波特在其《竞争战略》一书中，给出了可让企业获得较好竞争位置的3种竞争战略：总成本领先战略、差异化战略及专一化战略。马浩教授在其《竞争优势：解剖与集合》一书中，提出了一个大企业如何建立国际竞争优势的4C框架：创新、竞争、合作、拉拢。时代在进步，中国持续出现创业热潮，也有自己独特的文化基因，结合以上波特和马浩的思想，我们提出一个企业如何建立竞争优势的4要素框架：硬球竞争、差异化、合作联盟、拉拢串通，如图3–3–1所示。

如何通过硬球竞争建立发展优势，可参考美国人斯托克所写的《硬球战略》一书，其核心观点就是与竞争对手直接对抗，不惜硬球碰硬球，狭路相逢勇者胜。书中提出了7种具有代表性的硬球战略。既然是硬球竞争，那么商场如战场就成立，所以还可以参考古今中外各类战争的打法及兵法思想，例如，《孙子兵法》《商战》等。美团对滴滴就是采取硬球竞争，直接进攻对手的利润要害。美团对饿了么也是采取硬球竞争，为了抢地盘曾经多次发生基层员工之间的激烈肢体对抗。腾讯在微信里“封杀”抖音，也属于硬球竞争。抖音缺少了微信这个10亿人社交圈的传播与分享渠道，而自身对用户的黏性又不强，很可能变成人们偶尔玩一玩的产品——进一步被孤岛化。奇虎360的周鸿祎、格力的董明珠等有个性的企业家也喜欢硬球竞争。在和平年代，玩硬球竞争有轰动的传播效应，似乎也能快速解决问题。周鸿祎发起3Q大战、约架雷军和李彦宏，以连续硬球竞争赢得“红衣大炮”的称号。董明珠发起与国美、苏宁的渠道之争，公开揭发同行对手，与小米雷军10亿元约赌等，被媒体称为商界“铁娘子”。

从实质上讲，波特的3大竞争战略可以归结为一种——差异化战略，成本领先和专一化也是差异化的一种形式。与硬球竞争不同，差异化战略考虑的是如何避开竞争。差异化的方法多种多样，例如：产品创新、成本领先、独特形象、特色品牌、商业模式创新等。蓝海战略、定位理论等都是差异化的一种特定形式。差异是暂时的，竞争是长期的，所以企业要不断地实施差异化。早期的如家酒店，通过实施蓝海战略，与星级酒店区隔，形成经济型连锁酒店的差异化定位。现在如家、汉庭、宜必思、锦江之星等都是经济型连锁酒店，又是同质化竞争了。

合作联盟包括“合资、合并、汇合资源、业务合作、战略联盟”等多种形式。原来是竞争对手，通过设立一个合资公司或双方合并，就成了利益共同体。例如，分众传媒与聚众传媒合并，欧美日车企与中国汽车厂设立合资公司等。围绕BAT形成的生态链企业、围绕小米科技形成的生态链企业，其中都有一些整合资源、业务合作或战略联盟的成分。拉拢串通是指竞争对手之间私下里的密谋或心照不宣的盟约。供应商同时涨价、老二与老三联合对抗老大、挖竞争对手墙角等常有耳闻的诸多案例，背后常有私下里的拉拢串通。

建立竞争优势的目的是为了更多地创造顾客或防止他们流失。抖音与微信看起来从事风马牛不相及的行业，却在抢夺客户时间上形成了跨界竞争。竞争无处不在时，也可以暂时“忘掉”竞争，将企业资源和能力专注于开辟新的市场空间。**策略管理之父安索夫博士于1957年提出安索夫矩阵：以产品和市场作为两大基本前进方向，组合成“市场渗**

透、市场开发、产品延伸、多元拓展”4种开辟市场空间的营销策略，如图3-3-1所示。

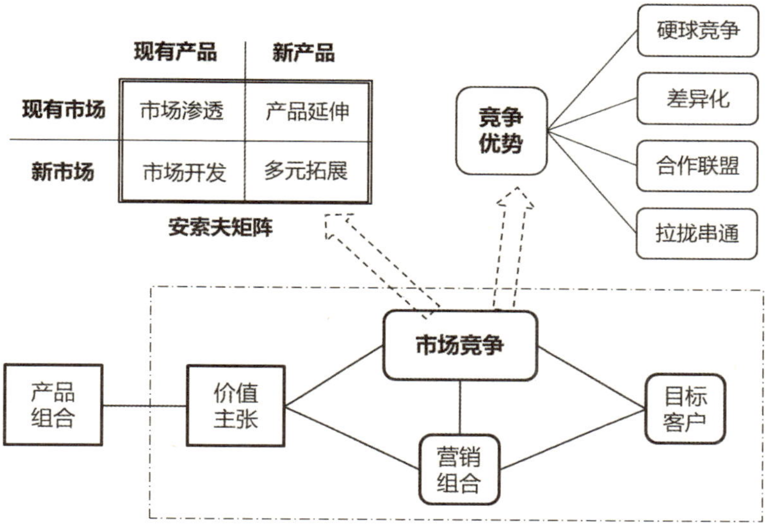

图 3-3-1 拓展市场的方法与建立竞争优势的策略示意图

市场渗透——眼睛向内看，以现有的产品面对现有的市场地盘。常用的市场渗透策略是鼓励现有顾客增加使用量。女士们本来3天用一次A面膜，商家背后怂恿“专家”，让他们说现在空气污染严重，每天早晚各一次效果最好，结果A面膜销量大增。另一个策略是降价促销、提升服务水平、加强品牌传播，让原来不买的顾客来购买，最终增加了市场占有率。

市场开发——眼睛向外看，以现有产品开拓新的市场地盘。经过一段时间快速疯狂的发展，国内大中城市共享单车的投放数量已经逐渐接近饱和，北京、上海、深圳、福州、郑州、南京、武汉等大中城市均出台了对单车投放的限制措施。摩拜单车在国内完成100多个城市的布局后，一边与ofo正面激烈交锋，一边将市场拓展的重点转向开辟国际市场。2017年末时，成立不到3年的摩拜单车，已经成功将产品布局到日本、泰国、新加坡、英国、意大利、美国、澳大利亚、德国等11个国家。

产品延伸——换个角度看现有市场中的顾客，通过延伸一些新产品卖给现有的顾客。苹果公司从iPod→iPhone→iPad→Apple Watch，其中手机单品又从iPhone到iPhone X，每年推陈出新，不断产品延伸。有“你敢卖”就有“我敢买”，一些喜欢苹果的发烧友们购买了苹果的大部分甚至全部延伸产品。

多元拓展——多个角度看世界，在保留老产品和原有市场地盘的同时，研发新产品并拓展新市场。

从创造模式中创造出的产品组合，需要营销模式传递到目标客户，而在到达目标顾客的过程中，受到了市场竞争的阻击。面对市场竞争，根据以上的阐述，厂商采取的对策有两类：一类是选择“硬球竞争、差异化、合作联盟、拉拢串通”等4种策略建立自己的竞争优势，击退或绕过竞争，最终到达目标客户；另一类是暂时“搁置”竞争，采取安索夫矩阵的方法，运用“市场渗透、市场开发、产品延伸、多元拓展”4种开辟市场空间的营销策略。

3.4 营销组合：将营销“绝招”整合在一起

重点提示

※传音手机畅销非洲的营销方法是什么？

※营销组合“十八般”工具有哪些？

※ZARA时装征服顾客的诀窍是什么？

“波导手机，手机中的战斗机！”这般“铿锵雷人”的广告，而研发与制造跟不上，导致2005年之后波导公司就淡出手机江湖了。而如今，波导有个“传人”——传音手机，在非洲市场做得风生水起。曾是波导手机海外市场负责人的竺兆江，于2006年创立了传音控股，10多年来深耕于非洲手机市场。传音在2017年的手机出货量高达1.2亿台，其中以功能机为主，达9 000万台，智能机则超过3 500万台。如果将功能机和智能机合在一起统计，则传音继续蝉联非洲大陆手机销量榜第一，在国产手机中排名第二，领先小米、OPPO以及vivo，仅落后华为。

3.4.1 传音手机的4P营销

传音手机如何能在非洲成功“逆袭”？这里用营销4P来分析，以便让研习者有个可遵循的模板。

1. 传音手机的产品策略（Product）

当多数品牌强调硬件参数时，传音手机早已把焦点放在用户体验上，而且为黑人客户专属定制手机，这使得其在非洲大陆无往不利。

如何俘获黑皮肤妹子和帅哥们犹豫不决的心？传音手机的拍照技术解决了非洲用户最大的痛点。因为常规的手机都是通过脸部识别，拍照及视频聊天对于黑肤色极端不友好，拍黑肤色就成了一团黑。传音手机的研发小组，通过大量反复试验，研发出了适用黑肤色用户的美肌模式。从此，黑肤色女郎用传音手机拍照，拍出来后成了巧克力肤色的“沙滩女郎”，令非洲消费者喜笑颜开。

在非洲不同运营商之间通话资费很高，多备几张卡可以减少费用。传音手机在非洲推出史上第一款4卡4待“高精尖神机”，彻底赢得了非洲人民的心。非洲缺少电力供应，传音手机开发了“火箭充电”技术，充电半小时能用7个小时。在非洲，晚上大部分地方是没有路灯的，所以传音手机就在功能上加入大功率的手电筒。当然，非洲人民能歌善舞也是出了名的，传音手机为此推出了贴合非洲劲舞炫乐的音乐手机，还送定制款头戴式耳机。其他细节方面的设计，还包括：防汗、防滑、开机时音乐非常长、来电铃声超大等。

2. 传音手机的价格策略（Price）

传音手机在非洲也搞产品金字塔模式。发展至今，传音控股旗下已拥有Itel（低端功能机）、Spice（介于功能型与智能手机之间）、Tecno（大众智能机）、Infinix（高端智能机）等4层金字塔品牌产品。传音手机价格低廉，功能机的售价在20美元左右，低端智能机约为50美元，高端智能机一般也不超过200美元。在产品金字塔各层次，传音手机都比三星手机便宜，但实用性上不输给任何一家国际大牌手机。

3. 传音手机的渠道策略（Place）

2008年6月，传音手机在非洲第一人口大国，也是非洲的产油王国——尼日利亚扎下根，建立第一个分支机构。创始人竺兆江带领传音员工埋头深耕，不抱任何大腿，自建渠道开拓市场，一干就是10多年。这期间，传音手机不仅深入非洲城市，还走进了大大小小的村落。传音手机自始至终走正规铺货的路子，紧紧捆绑非洲的各级手机代理商。数据显示：传音手机已在非洲建立了86个世界级售后服务中心和超过1 000个售后维修收集点，建成了非洲最大的用户服务网络。

4. 传音手机的推广策略（Promotion）

要想攻下非洲市场，也是需要下功夫的。传音手机招聘非洲当地员工，请非洲明星代言，冠名非洲球队，这些举措拉近了传音手机与非洲人的距离。传音手机也搞新产品发布会，Boom J8手机发布当天盛况空前，尼日利亚拥有最高知名度的18位巨星集体为传音手机站台，发布会直播话题直接被顶到Twitter当天趋势排行榜第一。传音手机在非洲的广告策略相当“接地气”，不上电视，而是在电线杆子上贴小广告，发起轰轰烈烈的“涂墙运动”，同时也促进了当地印刷厂和油漆商的生意。

在非洲，如果有那一家手机品牌敢跟传音手机叫板，只会引来嘘声一片，因为传音手机已经是潮流的象征。

3.4.2 传统营销组合“十八般”工具

在传统营销组合“十八般”工具中，4P只是最基本的一组营销工具；除了4P之外，还有4C、4R、4S、4V等，如图3-4-1所示。从创造模式中创造出的产品组合，到达目标顾客的过程中，一方面受到了市场竞争的阻击，另一方面还会遇到顾客对该产品组合不知晓、不愿尝试、不想购买等诸多问题。解决顾客的购买障碍，就要用一些营销工具。企业挑选适合自己的营销工具，将它们系统化结合在一起，就是企业的营销组合，有时也称为整合营销。

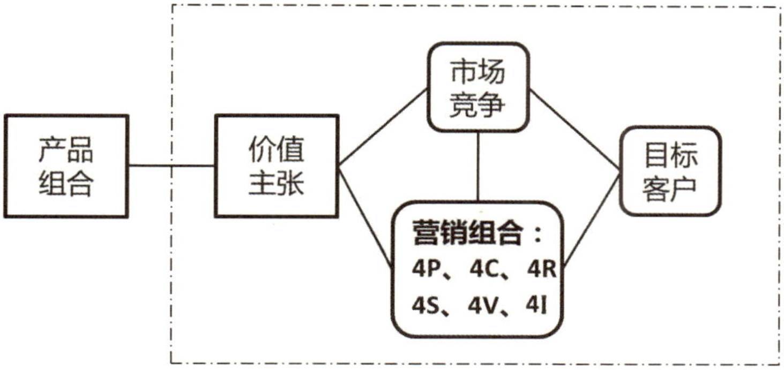

图 3-4-1 营销组合中的系列营销工具示意图

除了以传音手机案例说明4P，再谈一下4R。各大航空公司的会员卡就是采取4R营销工具的产物。航空公司给乘客发一个会员卡，就是用里程积分与顾客关联（Relevancy）起来了。顾客一乘坐飞机，航空公司就至少反应（Reaction）一下，给顾客登记积分；不乘坐飞机时，给你推送个优惠机票或活动之类。顾客持有的会员卡，可以分为普卡、银卡、金卡、白金卡等，这体现了你们之间的关系（Relationship）程度，不同的关系待遇不一样——大家乘坐飞机时都能感受到的。顾客乘坐的飞机多了，航空公司就多赚钱、获得更多的报酬（Reward），同时也会通过会员积分系统给乘客免费机票、积分换礼品、免费升舱等奖励，也算是给顾客的一些报酬分享。

4R营销工具已经被广泛采用，凡是采用会员卡（VIP卡）、储值卡等形式的厂商，基本都是采用4R营销——它们属于有形4R。还有一种隐形4R。例如，某人找一个知名导师读博士，自己没有成就时到处宣传×××是我的导师；有了成就时他的导师到处宣传×××是我的学生。他们各自的营销模式都符合“关联→反应→关系→报酬”的4R套路。仔细分析，学校招生、企业招聘、小人物傍明星、小企业借力造势等，都是可以用4R工具让营销执行到位的。

各组营销工具的构成，如表3-4-1所示。

表3.4-1 各组营销工具的构成

工具组	营销工具构成			
4P	产品（Product）	价格（Price）	渠道（Place）	推广（Promotion）
4C	消费者（Customer）	成本（Cost）	便利（Convenience）	沟通（Communication）
4R	关联（Relevancy）	反应（Reaction）	关系（Relationship）	报酬（Reward）
4S	满意（Satisfaction）	服务（Service）	速度（Speed）	诚意（Sincerity）
4V	差异化（Variation）	功能化（Versatility）	附加价值（Value）	共鸣（Vibration）

除了有形4R和隐形4R，还有一种叫做无形4R。有些产品与顾客没有任何有形4R或隐形4R关联，但总是能吸引一些顾客不断登门主动交易。研究发现，这些厂商采取了无形4R营销工具，并且产品还与顾客发生了强关联。西班牙服装巨头ZARA采用“一流形象、二流产品、三流价格”与女性目标顾客发生关联。人讲究穿衣戴帽，是为了获得自信，也是为了塑造个人形象。ZARA仿大牌仿出高级感，给顾客的感觉是，穿上ZARA与时尚前沿同步。顾客对这个感受会上瘾，发生了所谓“顾客忠诚度”的相互关系——出现了一群老主顾，常去ZARA商店买上几件。老主顾有积分、有优惠，感觉上ZARA给他们分享了报酬。看来，只要能与目标顾客发生强关联，然后反应→关系→报酬就顺势发生了。ZARA原来主打女装，现在也在做男人的生意，几乎采用同样的套路与男性目标顾客发生关联。

3.5 互联网营销组合：营销方法与互联网的结合

重点提示

※塔吉特百货如何利用大数据为孕妇推送商品？

※抖音如何能做到一夜爆红？

※口碑传播的原理和威力。

塔吉特百货是美国的第二大超市。一天，一名男子闯入塔吉特的店铺，他怒吼道："你们怎么能这样？！竟然给我的女儿发婴儿尿片和童车的优惠券，她才17岁啊！"这家全美第二大的零售商，居然会搞出如此大的乌龙？店铺经理觉得肯定是中间某个环节搞错了，于是立刻向来者道歉，并极力解释说："那肯定是个误会。"然而，这位经理不知道，公司正在运行一套大数据预测系统，这名男子的女儿会收到这样的优惠券，是一系列数据分析的结果。一个月后，这名男子非常沮丧地打来电话道歉，因为塔吉特的优惠券并没有发错，他发现女儿的确怀孕了。

在这名男子自己都还没有发觉的时候，塔吉特居然就已经知道他女儿怀孕了，为什么呢？难道塔吉特有神奇的读心术吗？当然不是。这件事看起来非常不可思议，但背后是有规律可循的。

原来，孕妇对于零售商来说是黄金顾客群体，商家都希望尽早发现怀孕的女性，并掌控她们的消费。塔吉特的数据系统总结了一些非常有用的统计结论：在怀孕3个月后，孕妇会购买大量无味的润肤露；在怀孕后的前20周，孕妇会补充如钙、镁、锌等营养素。当有人除了购买洗手液和毛巾以外，还突然开始大量采购无味肥皂和特大包装的棉球时，说明她的预产期要来了。在塔吉特的商品数据库里，数据分析师们根据顾客内在需求数据，精准地选出其中的25种商品。对这25种商品进行同步分析，基本上可以判断出哪些顾客是孕妇，甚至还可以进一步估算出她们的预产期。在最恰当的时候给她们寄去优惠券，满足她们最实际的需求。这就是塔吉特能够清楚地知道顾客预产期的原因。

塔吉特是传统商业使用大数据营销的一个案例，而互联网企业应用先进科技认知顾客的踪迹和行为更是得心应手。美联社发布调查报道称，依靠Google地图、Android系统及附带APP（例如，天气更新）所提供的服务，用户在网络上进行的任何一项活动，基本上都被谷歌进行采集和分析整理。这些活动和信息包括音乐品味、上班路线、新闻阅读倾向、日程安排、所浏览的网页、所进行的购物消费等。之前在北卡罗来纳州曾发生过一起凶杀案，最后警方就是通过案发地附近数码设备的“历史位置”确定了嫌疑人。

经过大量的数据采集活动，谷歌能够以相当高的精度了解用户的兴趣偏好。谷歌和脸书是全世界名列前两名的网络广告巨头，通吃了三分之二的广告市场，两家公司也采集了网民的海量数据，从而让广告客户做到定向传播，借此提高广告点击量和收入。

进入21世纪，市场营销不断与时俱进，与互联网的结合越来越紧密，以至于有了“互联网营销”这个专门术语。互联网营销实质上是传统营销方法与互联网的结合，利用互联网快速连接的优势，让传统营销工具升级。关于互联网营销，一些书籍已经介绍了很多营销工具和方法，而新的工具和方法似乎层出不穷，不断呈现在我们面前，令人眼花缭乱、无所适从。但是，适合企业的互联网营销工具也就几个，将它们组合在一起，就是企业的互联网营销组合。除了上面两个案例所介绍的大数据营销外，再挑选口碑营销、社群营销、裂变营销、社交媒体营销等集合在一起，称它们为互联网营销的“五朵金花”，如图3-5-1所示。

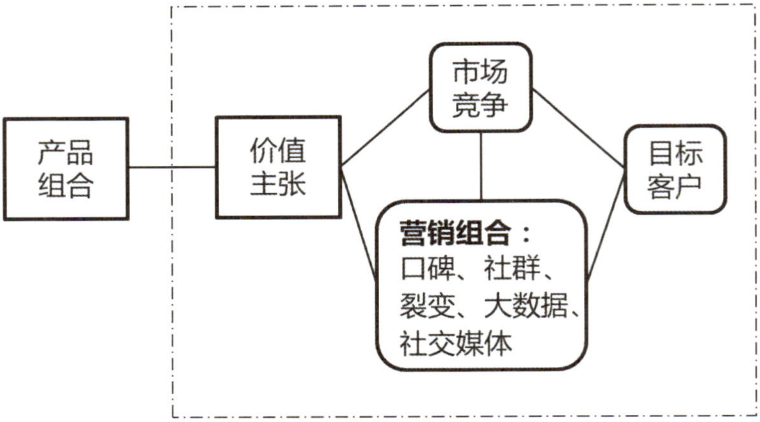

图 3-5-1 互联网营销组合中的“五朵金花”示意图

没有互联网之前就有口碑营销，那时候主要依靠意见领袖或“长舌妇”，效果一般差强人意。后来演化成了病毒式营销，通常从产品出发策划一个话题，为了传播效果甚至不惜恶搞，从一小撮人开始逐级放大，像石头投水激起层层涟漪一样“疯传”。到了移动互联网时代，每人的智能手机就是一个媒体终端，看到某个话题感兴趣，就转发一下或者直接分享到朋友圈，这个传播速度是非常惊人的。

有个棋盘上放麦粒的故事，可以辅助说明互联网口碑传播的原理。印度舍罕王打算奖赏国际象棋的发明人——宰相达依尔。国王问他想要什么，达依尔对国王说：“陛下，请您在这张棋盘的第1个小格里，赏给我1粒麦子，在第2个小格里给2粒，第3小格给4粒，以后每一小格都比前一小格加一倍。请您把这样摆满棋盘上所有64格的麦粒，都赏给您的仆人吧！”国王觉得这要求太容易满足了，便决定给他这些麦粒。当官兵们把一袋一袋的麦子搬来开始计数时，国王才发现：就是把全印度甚至全世界的麦粒全拿来，也满足不了达依尔宰相的要求，因为棋盘上的麦粒从1→2→4→8→16……累加到第64格时，总数是$2^{64}-1 \approx 1.8 \times 10^{19}$——已经是一个不可想象的天文数字。如果将单个麦粒增大计量单位到立方米，大约折合为12 000亿立方米，全世界1 000年的产量累积起来也生产不了这么多麦粒。

企业的口碑营销不是遵循从1→2→4→8→16……这样按部就班的数学规律，而是先依靠明星人士或内部一个团体发起，起步传播可能就是千万量级。抖音创立前期 “默默无闻”的阶段持续近半年。这期间重点是打磨产品、积累内容和储备网红。为了把抖音“抖”出去，要找一个爆发点。2017年3月13日，相声演员岳云鹏通过微博转发了一条其模仿者的抖音视频，随后抖音用户量瞬间呈现井喷式增长，从此一发不可收拾。到2017年底，抖音月活跃量用户超过了1亿。为什么让岳云鹏担当此“首推”重任？岳云鹏微博有粉丝1 800万，引爆后口碑传播数足够大；抖音的产品与相声娱乐接近，观众不用动脑，只要搞笑好看就会转发；演员靠这个既露脸又挣钱，双赢才有协同效应；关键是正好有岳云鹏“天赋”模仿者这样一个好题材。微信红包被说成是裂变营销的典范案例，其实也应该是口碑营销的典范案例。中国人更喜欢收发红包、谈论红包，所以微信红包迅速普及。以红包为载体，通过口碑传播，让微信大幅增加了注册用户。

口碑传播的本质是马太效应：强者愈强、弱者愈弱；好者越好，坏者越坏。我们可以用系统动力理论来解释一下口碑传播：一个微小输入量经过复杂系统的连续增强反馈，最终可能是一个巨大输出量。起初输入一个小优点，经过增强反馈放大后，输出可能是一个无与伦比的光辉形象。如果起初输入是一件坏事，例如某明星偷税，经过增强反馈放大后，该明星不惜各种代价、通过诸多年努力塑造的理想化“正面形象”就会瞬间崩塌。当然，系统动力理论还给出了解决办法，通过调节反馈将过分的偏离或偏差调节回来，将跑偏的部分调到正确的方向上来。调节反馈常用在企业危机公关上，防止负面形象再扩散，逐渐让正面形象通过口碑传播起来，如图3-5-2所示。

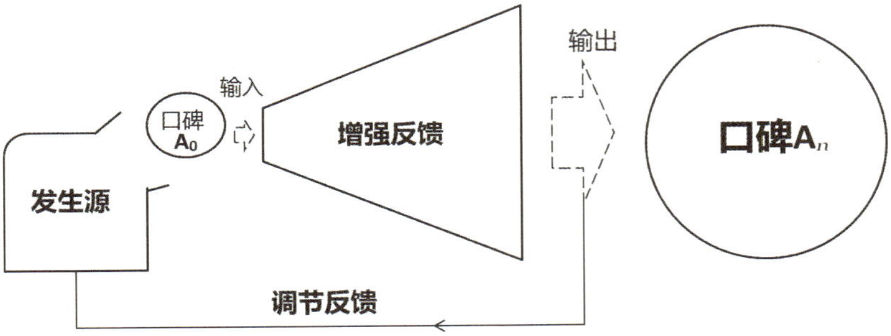

图 3-5-2 口碑传播中的增强反馈与调节反馈示意图

裂变营销与口碑营销有类似之处，背后原理都是增强反馈效应。裂变营销常用在顾客购买产品或服务后，如何让顾客复购、帮着推荐新客户或将优惠券发给其他可能购买的顾客，其背后是商家设计的可控制可调节的传播逻辑，而不像口碑传播那样在社会复杂大系统中“随波逐流”。学习裂变营销的原理和实际操作，可以看一下相关经典案例，例如：微信红包、瑞幸咖啡等。社群营销是将目标顾客中有某个共同兴趣爱好的人聚集在一起，通过建立组织机制、激励机制、创造长期沟通管道，让他们直接或间接服务于企业的经营活动。小米手机、罗辑思维等都是社群营销的经典案例。社交媒体营销，也叫社会化媒体营销，就是利用诸如论坛、微博、微信、抖音、博客、SNS社区等互联网社交工具，将与企业形象或产品相关的文字、图片和视频等内容进行发布和传播。

以上简要介绍了互联网营销的“五朵金花”：口碑营销、大数据营销、社群营销、裂变营销、社交媒体营销。它们之间不是相互孤立的，而是服从“开放、平等、协作、快速、分享”的互联网精神——利用各种社交媒体，引导社群营销、引爆口碑传播或裂变营销，通过大数据可以分析和利用口碑传播或裂变营销的规律……

3.6 营销模式承接创造模式，共同创造协同价值

重点提示

※为什么中国营销这么牛，还挡不住顾客到海外“买买买”？

※星巴克如何抵挡国内咖啡新秀的挑战?

※耐克盈利的“硬道理”是什么?

知名财经作家吴晓波曾于2015年初发过一篇文章《去日本买只马桶盖》，这篇文章的首日阅读量就超过了60万次。大量网友认为此文章贬低了中国制造，戳中了国人的“痛点”，从而引发了一场中日产品品质之争，数位业界大佬发表意见。时至今日，中国游客到日本购物的热情有增无减，中国的休假 “黄金周”，也成了许多日本商家的“黄金周”。 据日本富士电视台对中国游客的街头随机采访显示，药品、化妆品、食品、箱包、首饰成为最受青睐的商品。同时，在消费预算的调查中，中国游客到日本购物预算普遍在2万元到5万元人民币。

据悉，中国游客喜欢到日本药妆店扫货，抢购的药品范围很广，从感冒药、肠胃药到外用药、营养剂，通常并不是治疗疑难杂症的稀缺药品，而是一些治疗头疼脑热、跌打损伤的家用药品。中国旅游团一到，很多热门药品被一抢而空，只留下空荡荡的货架，给当地商家以措手不及，让“日式服务”无用武之地，这让具有“职人精神”的日本服务情何以堪!

要说中国哪个行业最擅长营销，保健品行业即便拿不了第一，也绝对名列前茅。2017年央视3·15晚会揭发了中国保健品会销的骗局：所谓保健品会销，说白了就是一场场“洗脑”会、层层设套的骗局……

经历了收单、做客情、洗单3个环节，剩下的老人就成了会议营销的最终“猎物”。为了让老人能多带现金参会，尽快进入付款的轨道，策划者们也是煞费苦心。湖北国创公司甚至研究出一套摇奖游戏，现场摇出两个数字，只要老人身上所带的百元现钞号码后两位相符，就会得到3～10元的小奖品……许多会销企业处处都在标榜他们的诚信，表面上诚恳周到、嘘寒问暖，但暗地里利用了老人的善良，针对老年群体的特殊心理，骗取他们的信任，图的却是把老人口袋里的钱掏得一干二净。

中国游客疯狂地“买买买”，让老外们目瞪口呆的原因，一种说法是中国人有钱了，到富裕的欧美日国家去彰显一下；另一种说法是中国5 000年历史，喜欢群居和集体行动，很容易羊群效应地到处跟风购物；还有说法是全球产业链分工，外国超市的商品都是“中国制造”，中国人也要出去采购一些国内不占优势的名优商品。其实，究其根由，还是我们的产品质量问题以及过度营销、欺骗营销让广大优质消费者产生了抵触和不信任情绪。例如，中华鳖精、红桃K、延生护宝液、三株口服液、秦池酒等，走的都是狂轰广告、名人代言、过度依赖营销的套路。长生疫苗、蚁力神等没有好产品做基础，完全依靠营销，甚至不惜铤而走险，坑蒙欺骗消费者。曾经的一些“知名”保健品，以现在的科技手段检测，喝多了不仅对人体无益，还可能导致重大健康问题。如果我们一直对×白金保健品的营销技巧津津乐道，而忽略了推动中国制造成为中国创造，那么我国游客到国外疯狂扫货何时了？

与上述没有产品基础的过度营销、欺骗营销截然不同的是，在T型商业模式中倡导创造模式要创造一个好的产品组合，在此基础上通过营销模式将这个产品组合的价值主张送达消费者（客户），促成消费者和厂商的长期关联。创造模式和与营销模式既是相互承接的关系，也是相互关联和相互协同的关系，如图3–6–1所示。

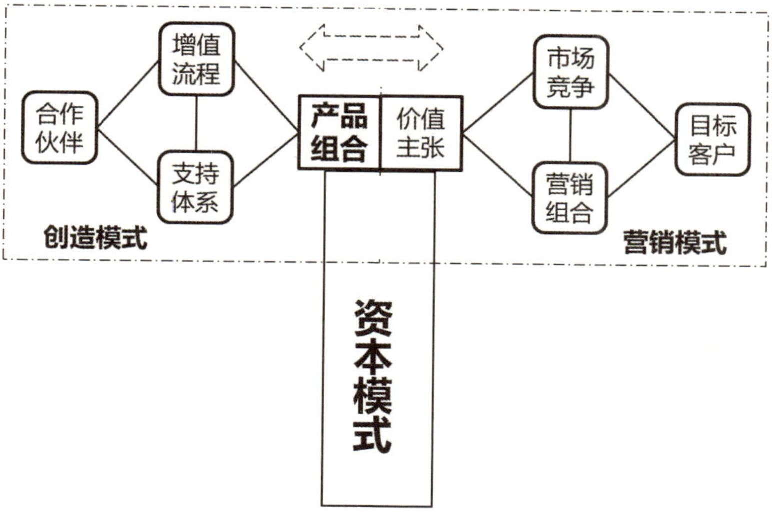

图 3-6-1 营销模式与创造模式的连接与协同示意图

2018年，星巴克在华遭遇“围剿”。连咖啡完成B轮融资，瑞幸咖啡手持10亿元资金高调入场，还有Coffee Now、星咖科技、小咖咖啡、莱杯咖啡、友饮咖啡等近20家互联网新零售咖啡项目获得投资机构支持。面对星巴克在中国市场51%的市场份额，他们抛出“干掉星巴克”的响亮口号，以显示自己的挑战勇气和伟大理想，更试图借星巴克炒作自己。

国内咖啡新秀集中火力在营销推广，更试图与国际巨头摩擦“冲突”，以便形成营销大战而赚足噱头。星巴克不太会打“口水仗”，为了防止被“围剿”，通过创造模式构筑4层金字塔门店布局：最底端是普通星巴克店，较高一层是具备手冲咖啡角的门店，第三层是星巴克甄选店，而金字塔顶端就是烘焙工坊店了。

星巴克上海烘焙工坊，占地2 700平方米，位于上海南京西路黄金地段，几乎是把一个咖啡烘焙作业的工厂搬到了市区。自2017年末开业后，星巴克烘焙工坊一直客流如潮，一位难求。星巴克副总裁李磊说：“传播与拓展星巴克咖啡文化、引导式全方位点单体验、零售商店、社交平台分享等，是星巴克希望在上海烘焙工坊实现的4个目标。”

进入烘焙工坊，店内的100多名咖啡师以风格迥异的各类吧台为舞台，展现7大煮咖啡方式；多个2米高、重6吨的巨型咖啡储存铜罐非常引人注目；数控烘焙加工生产线与铺设于天顶的“咖啡交响管”传输着一颗颗经过烘焙的咖啡豆，配合AR方案场景识别技术，让消费者对咖啡的生产制作过程有更直观的认识，更可探索星巴克“从一颗咖啡生豆到一杯香醇咖啡”的故事。在拓展咖啡文化方面，上海烘焙工坊提供了以上剧场式场景。消费者身临其境，获得了对咖啡烘焙、甄选、手冲、调制的沉浸式体验。

之前的10多年，星巴克通过礼品卡（2001年）、移动支付（2009年）、电子钱包（2011年）、积分第一（2014年）、忠诚优先与店外体验（2015年）、金字塔门店布局（2017年）等7大领导者创新，协同4P、4R、4C、4S营销组合，共同培养顾客忠诚度和塑造企业美誉度。在营销模式与创造模式关联与协同方面，星巴克真抓实干，同时获得累累硕果。2017年初，一条消息震动零售界：星巴克用户所有存储在礼品卡和移动应用中的现金超过12亿美元，而这一存款数额超过了绝大多数美国银行机构。2018年，星巴克全球门店数接近30 000家，平均每周有3 000万人光顾星巴克。目前，星巴克在中国大陆130多个城市拥有3 300家门店。李磊说：“未来5年，在中国的门店数还将拓展至5 000～6 000家。而这样规模的增长，需要星巴克在视觉识别、语音交互、区块链、大数据、机器学习、人工智能、VR/AR（虚拟现实技术/增强现实技术）7个领域进行再创新，进行个性化精准营销，实现企业内部效率上的突破。”依据创造模式，在创新、创造的基础上建好自己的营销模式，企业将不惧复杂的市场竞争和各类口号威胁，营销将变得简单而且效果持久。

在创造模式和营销模式之间建立协同优势方面，耐克公司也是一个值得学习的典范。在创造模式方面，耐克公司以强大的研发投入保证产品质量上乘和设计领先。例如，耐克公司首创的气垫技术制造出的运动鞋可以很好地保护运动员的膝盖，这项技术曾给体育界带来了一场革命。耐克公司还不断寻求并开发劳动力成本低廉的国家和地区，以此来保证成本控制上的优势。在营销模式方面，耐克公司以有效的广告宣传、协调的促销行动以及体育明星助阵，共同为耐克公司的品牌增光添彩。耐克公司与时俱进，构建了经销零售体系、耐克城以及电子商务3大销售渠道。耐克公司投入大量资金，请成功、富有魅力的知名运动员为产品代言，塑造了拼搏取胜的一流品牌形象。耐克公司的产品不仅是一双运动鞋，里面还有一个体育冠军形象、一种竞争取胜的精神，它们共同形成了耐克公司的产品组合。“我们就是要赢!”耐克公司董事长奈特如是说。40多年来，耐克公司——与倡导的体育精神为企业文化的一部分——持续在市场上拼搏，鼓励大家去竞争，勇于成为一个王者。耐克公司与锐步等同行竞争时，只言品牌形象，不搞低价进攻。在形象战升级的过程中，耐克公司和锐步等打得巧妙，赢得理所当然，共同巩固了自己的市场地位。耐克公司在创造模式中实现高科技、高质量及战略性低成本的组合能力，以营销模式塑造一流体育运动品牌形象。**对于企业来说，赢利是“硬道理”。当高售价与低成本在一起的时候，两者的差值就是耐克公司的赢利能力。**

营销模式的基础是创造模式所创造的一个优秀产品组合。脱离了好产品的营销模式，在业绩压力的驱使下，很容易滑入过度营销、欺骗营销的轨道。营销以人文本，而不纯粹是利用人性的弱点。在这方面，我们还有很长的路要走!

T

第4章

资本模式

本章导读

有人说，亚马逊这么牛，因为背后有一个更牛的创始人贝佐斯。关于贝佐斯的传奇故事有很多：其一，他还是一个蹒跚学步的婴儿时，动手与规划能力就超强，拿起螺丝刀就把自己的摇篮给拆掉了……

在T型商业模式中，创始人归为“企业所有者”要素，企业所有者是资本模式的操盘手。资本模式的公式：赢利池=赢利机制+企业所有者+资本机制+进化路径。在本章中阐述的资本模式案例有：麦当劳、亚马逊、瓜子二手车、奇虎360、吉利收购沃尔沃、日本丰田、阿里巴巴、小米科技、大疆无人机等。

可口可乐前董事长伍德鲁夫有一句名言：“假如我的工厂被大火毁灭，假如遭遇到世界金融风暴，但只要有可口可乐的品牌，第二天我又将重新站起。”无疑，品牌也是企业资本。资本模式中的“资本”不仅包括货币资金，更是指广义资本……

4.1 资本模式的构成要素与运行原理

重点提示

※麦当劳有哪些赢利来源，其背后的赢利机制是什么？

※资本模式的运行原理是什么？

※资本模式对于商业模式运行与进化有哪些必要性？

著名的麦当劳快餐连锁企业，确实是麦当劳兄弟亲生的“孩子”，只不过被“隔壁老王”养大了。1954年，52岁的推销员克罗克为了推销他的奶昔搅拌机，加入当时的汉堡包小店麦当劳做了一份兼职，负责推进全国连锁代理业务。后来，克罗克多方筹资270万美元收购了麦当劳兄弟的全部股份，麦当劳餐厅开始进入快速发展的轨道。“那时我52岁，有糖尿病和关节炎，切除了胆囊和甲状腺的大部分。可是我仍然深信，美好的日子就在前方，将会到来。”这句话出自克罗克在1977年出版的自传。那一年他75岁，已经是全世界餐饮行业最有钱的人之一。麦当劳已经是世界上知名度最高的快餐连锁品牌。

由于创始人麦当劳兄弟安于现状、不思进取，所以克罗克就有了机会来造就麦当劳，演绎了一段商业与人生传奇。有人将麦当劳的成功归因于克罗克的推销能力，因为麦当劳早期的加盟者全是克罗克感召而来的亲朋好友，据说有克罗克的前女友，还有前女友号召而来的前女友的前男友。其实，仅用20来年时间，麦当劳就能成为一个世界知名餐饮连锁品牌，成功的因素必定不是单一的。本章讨论资本模式，资本模式的要素之一就是赢利机制。关于什么是赢利机制，通俗地说就是“这个企业是如何赚钱的”。那我们来讨论一下麦当劳的赢利机制。

麦当劳的第一个赢利来源是它的直营店。麦当劳拥有这些店的所有权，负责经营管理，全部收入归麦当劳所有。在全球 37 000 多家麦当劳门店中，直营店的比例大约是10%。

麦当劳的第二个赢利来源是它的加盟店。加盟店所占比例是90%，也就是除了直营店，剩余的全是加盟店。麦当劳对加盟店输出标准化管理模式，授权它们使用麦当劳品牌，并负责加盟店的选址、统一采购配送平台、店面装修和形象宣传。麦当劳不仅对加盟店不投资，而且还要收取初期加盟费和按每月营业额扣点的服务费。

麦当劳的第三个赢利来源是供应链平台。当麦当劳把全球几万家门店所用的牛肉、面粉、土豆等食材，以及其他耗材、装修材料集中采购时，规模化带来成本降低，就可以从中获得出厂价与零售价之间的价差。除此之外，麦当劳还积极参与到供应链的改造之中，并从中分享收益。举一个例子，麦当劳为某农场提供土豆种植改良技术，让土豆产量翻了一番。这样一来，麦当劳可以要求农场主将土豆价格降低30%。

麦当劳的第四个赢利来源是地产出租。有一次克罗克在堪萨斯州立大学MBA班演讲时，曾经直言不讳地说："麦当劳的真正生意是经营房地产。"麦当劳控制了所有店面的选址权，以品牌影响力和对周边客流的拉动为筹码，与地产商签订低租金并且是20～30年长周期的物业租约，然后每年以市场价格转租给加盟店。麦当劳也会直接购买土地，建设好门店，然后转租给加盟店，这种地产出租的收益更高。麦当劳 2017 年利润构成中，来自加盟店的利润为 73.34 亿美元，其中地产出租带来的利润为 47 亿美元，所占比例大于64%。

麦当劳的第五个赢利来源是区域业务所有权转让。例如，2017 年 1 月，中信股份、中信控股、凯雷投资以 20.8 亿美元的价格正式收购麦当劳中国内地和香港地区的业务。收购完成后，麦当劳将仅持有新组成公司 20% 的股份。

除了以上5个赢利来源，麦当劳还有其他一些赢利累积而形成的资本，例如：品牌、顾客群体、人才储备、供应链资源、快餐连锁的标准化体系管控能力（简称为“标准化能力”）。

在T型商业模式中，赢利机制是创造模式和营销模式共同经营成果的结晶。企业通过赢利机制让企业的经营成果逐渐累积形成资本，然后再将累积的资本用于扩大再生产或对外投资与扩张。

麦当劳将品牌授权和标准化能力两者结合起来，就可以对外推广加盟连锁，实现无货币资本投入的对外扩张。麦当劳与加盟商的关系，可以用现在的有限合伙企业来类比。加盟商投入开店的全部资金，相当于有限合伙人；麦当劳以品牌授权，以标准化能力指导加盟店的经营管理，相当于一般合伙人。在这个“合伙企业”中，麦当劳不承担亏损责任，但是可以通过以上5项利润来源赚钱。随着加盟店的不断增加，不仅麦当劳获得的利润越来越多，而且品牌价值越来越大、标准化能力越来越强。

麦当劳将品牌影响力和选址垄断权结合起来，通过地产出租每年赚取巨额利润。麦当劳每年付给地产商的租金远远小于各个加盟店交来的租金，所以这个方面，麦当劳也基本不投入货币资本。冯仑写过一篇文章《追求理想，顺便赚钱》，用在麦当劳身上也是蛮贴切的。

麦当劳的赢利机制很厉害，实际上它只是麦当劳资本模式的一个要素。

T型商业模式包括3个部分：创造模式、营销模式和资本模式。用公式表示：商业模式=创造模式+营销模式+资本模式。前两章已经阐述了创造模式和营销模式，资本模式的要素有哪些呢？赢利机制、企业所有者、资本机制、进化路径和赢利池共5个要素。为了表示资本模式承接创造模式和营销模式，我们用产品组合代表创造模式，用目标顾客代表营销模式，与资本模式各要素组合到一个图中，如图4-1-1所示。

赢利机制是指企业实现赢利以建立竞争优势的原理及机制。上例中阐述了麦当劳有5个直接赢利来源及经营累积而形成的其他能力和资源，例如：品牌、顾客群体、人才储备、供应链资源、标准化能力等。这些能力和资源属于广义的资本，也是企业赢利的一部分。赢利机制中的赢利，不仅包括财务利润，还包括由经营累积而形成的各种能力和资源。这些能力和资源可以成为再生产、商业模式进化、对外投资合作的资本。

在这里，企业所有者并不是指全体股东，而是指有权决策对外股权融资、股权激励、对外投资合作等资本机制层面的操作事项的一个人或一个小组。具体到企业现实的决策场景，往往是企业掌门人、创始人或核心团队掌管了这些决策权，而股东会、董事会等往往是一个正式的法律形式。那些持有少量股权的骨干员工、财务投资者及其他各类小股东，在T型商业模式中常常被看作合作伙伴要素。

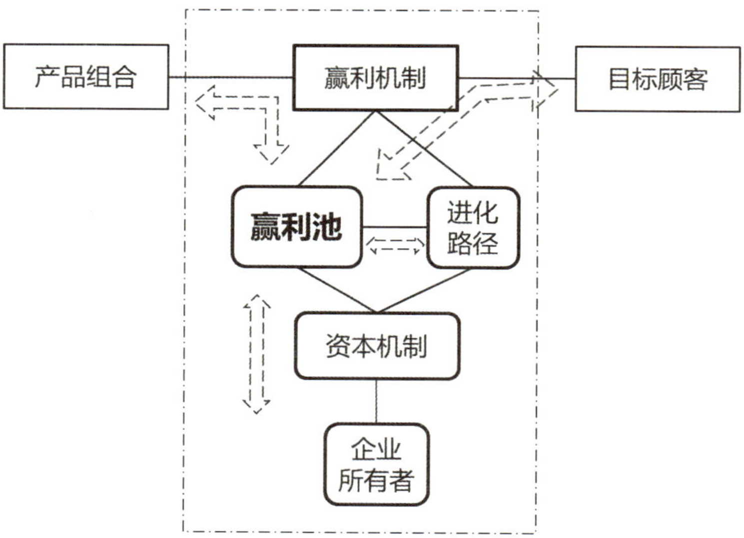

图 4-1-1 资本模式的构成要素与运行原理示意图

资本机制类似于资本运营。资本运营是指利用市场法则，通过资本本身的技巧性运作或资本的科学运动，实现价值增值、效益增长的一种经营方式。T型商业模式的资本机制，主要是指企业所有者通过股权融资、股权激励、内部创业、对外投资等资本运作形式，为企业引进人才能力和发展资源，促进商业模式创新和进化。

进化路径是指商业模式发展演化的轨迹。以苏宁为例加以说明：苏宁1990年起步于一家空调专卖店，逐步发展成为家电连锁模式；电子商务时代来临，苏宁向O2O模式转型，创立苏宁易购网上商城与线下家电连锁O2O互相融合；2018年，苏宁的商业模式进化为多元化生态集团，形成包括苏宁易购、物流、金融、科技、置业、文创、体育、投资协同发展的八大产业板块的格局，企业沿着进化路径进行商业模式优化和创新。

赢利池是企业的资本“水库”，主要有资本存量和赢利池容量两个量化指标。从资本存量角度，赢利池汇聚着内生及外部引进的能力、资源资本，为商业模式运转、优化和创新提供资本支持；赢利池容量代表着企业未来的成长空间。资本模式的公式：赢利池=赢利机制+企业所有者+资本机制+进化路径，表示赢利池容量和资本存量是由赢利机制、企业所有者、资本机制、进化路径4个要素协同合力形成和决定。

资本模式的运行原理如下（参见图4-1-1）：

首先，是一个资本输入与汇聚的过程：创造模式和营销模式的经营绩效通过赢利机制（称为“上侧通道”）而形成内生的能力及资源性资本；对外投资和战略合作项目所形成的可利用资本；企业所有者通过资本机制（称为“下侧通道”）从外部为企业引进人才、资金等能力或资源性资本。从多个通道汇集而来的资本，在赢利池中积聚而形成合力。

然后，是一个资本输出与赋能的过程：赢利池中的资本通过上侧通道为创造模式和营销模式赋能，用于扩大再生产或商业模式相关要素的优化；通过进化路径为商业模式创新和进化提供资本支持；通过下侧通道的资本机制对外投资、战略合作而获得外延式发展。

资本模式的必要性来自以下几个方面：

一些国内外学者研究商业模式的构成要素中，包含了关键资源、核心能力等要素。在T型商业模式中，资本模式是对关键资源、核心能力等类似要素的一个继承。资本模式不仅要探讨一个商业模式的关键资源和能力是什么，更要探讨它们的形成来源、运行机制和增值原理。

与传统的盈利模式理论有所不同，资本模式中的资本（赢利）不仅包括收入来源、成本结构中涉及的货币资本，还包括关键资源、核心能力等广义资本。例如：关键资源类资本——货币资金、人才资源、土地厂房、品牌信誉、专利技术等；核心能力类资本——核心竞争力、研发能力、制造能力、市场开拓能力、赢利能力、风险管控能力等各类具体的经营管理能力。事实上，推动商业模式运转，促进商业模式进化和创新的动力是关键资源及核心能力构成的广义资本。

传统商业模式理论更多呈现一些静态结构，只是对处于盈利阶段企业的商业模式的一个断面解释。由于异常活跃的投融资操作、技术创新、跨界合作、资本运作、多商业模式叠加联动、生态圈建设等日益丰富的经营活动，现实中的商业模式创新与进化是频繁发生的。如果继续以传统商业模式理论的静态和盈利视角看待现代企业的创业创新活动，一方面容易对创业阶段或成熟后期的商业模式形成误判，另一方面对像亚马逊这样的从零创业而发展起来的巨无霸企业的商业模式创新活动和进化过程无能为力。在T型商业模式中，引入资本模式是对传统商业模式理论的一个升级，引入赢利机制、进化路径、企业所有者、资本机制、赢利池等要素，将传统的静止断面视角转变为动态和进化的系统视角去研究和考察一个企业的商业模式。

自古至今商业本质没有变。T型商业模式是从古代商业的源头——物物交换开始考察商业模式的最简形式。从古代的物物交换发展到今天高度发达的商业社会，基本商业交易主体主要有3个：买方、卖方和供应商。买方即目标客户，供应商即合作伙伴，而商业模式的真正交易主体——卖方（即企业所有者）却在传统商业模式理论中罕有提及。引入资本模式，弥补原有理论的不足，让企业所有者这个最积极主动的要素恰当呈现他们在商业模式运转、进化、创新中的源动力作用。

资本模式是T型商业模式3大部分中的一个完全创新的部分，其中的赢利机制、企业所有者、资本机制、进化路径和赢利池也都是创新的商业模式要素，涉及的相关原理、运行机制也是一些创新理论。对于资本模式，作者在本书初步给出了一些基础性阐述，有待今后不断完善和持续改进。

4.2 赢利机制：如何持续赢利和建立竞争优势

重点提示

※亚马逊高速发展的秘诀是什么？

※为什么要用赢利机制代替传统意义上的盈利模式？

※为什么说赢利机制是不断创新的？

有人说，贝佐斯将公司名字改为Amazon（中文为“亚马逊”）以后，亚马逊才迎来了爆发性增长。贝佐斯经高人指点选择Amazon作为公司名，有两个基本寓意：Amazon单词以A开头，按照字母顺序排在前面，有利于顾客识别；亚马逊是世界上流量最大的河流，并且流域内生物种类极其丰富，贝佐斯希望自己的公司未来亦是如此。另外，“Amazon”作为公司商标，底下有一个笑脸一样的弯曲箭头，从A→Z，有一网打尽、无所不包的含义。

又有人说，亚马逊这么牛，因为背后有一个更牛的创始人贝佐斯。关于贝佐斯的神奇故事很多：他还是一个蹒跚学步的婴儿时，动手与规划能力就超强，拿起螺丝刀就把自己的摇篮给拆掉了；再大一些上小学期间，就把家里的车库转变成科学实验室，把自己脑子里的想法制作成各种东西……

贝佐斯自己说，亚马逊高速发展的秘诀是“飞轮效应”。如图4-2-1所显示，亚马逊的各个业务模块之间，会有机地相互推动，就像咬合的齿轮一样互相带动。“飞轮效应”追求的结果是：平台投资越大→上面的商品越多→顾客选择就越多→购买付费会员卡的人越多→大家消费的频次和额度就越多→亚马逊对供应商压价就越多→顾客获得的实惠也就越多……这个飞轮不断旋转，造就了亚马逊帝国，成就了亚马逊世界排名第一电商的地位。

亚马逊的Prime会员卡业务，需要顾客花费99美元购买。顾客花钱购买了这个会员卡，为了获得包邮、积分、升级等更多实惠，就会更高频次在亚马逊上购物。在自营平台比较强大的情况下，引入第三方商家Marketplace平台，就使得顾客可选择的商品大大增加了。自营平台销量越来越大的时候，亚马逊对上游供货商的议价能力也会大大提高。自营平台采购价格更低，其他消费者也会被便宜的东西吸引到亚马逊，成为Prime付费会员。顾客越来越多，采购成本趋于最低，物流成本越来越低，也就有更多的第三方商家愿意来亚马逊开店……不断地循环下去。

2017财年，中国最大电商阿里巴巴集团营收约240亿美元，而亚马逊全年净营收为1778.7亿美元。在亚马逊平台上，Prime付费会员已经超过1亿人。

多年来亚马逊一直不主动盈利，这让大家有点奇怪。由此，亚马逊上市后被华尔街投资家多次看衰。亚马逊主动不盈利，省去了分红和交税，而是把赚来的钱全部用来扩张业务。亚马逊从网上书店做起，如今业务横跨“零售、消费级人工智能技术、云计算、媒体和娱乐”等五大不同行业。今天的亚马逊远不止是网上“万货商店”了，也可以说它是消费级人工智能、企业云服务、下一代物流领域的领先者。

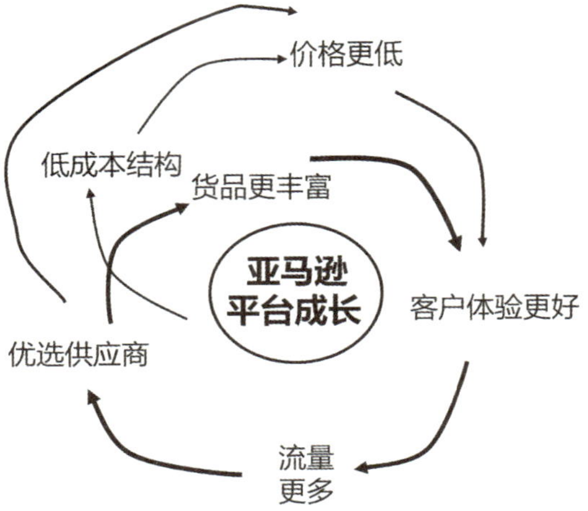

图 4-2-1 亚马逊“飞轮效应”示意图

赢利机制是指企业实现赢利以建立竞争优势的原理及机制。亚马逊将“飞轮效应”植入产品组合的运转机制中，代表着亚马逊高速发展背后的先进赢利机制。

诸如《商业模式新生代》等，一些外国学者阐述盈利模式，常用的公式是“收入–成本=利润”。根据这个公式，列举收入来源有哪些，以便想尽办法对利益相关者收费；找出成本结构是什么，设法降低成本或转嫁给他人；两者结合起来，那么盈利策略就是更多地“攫取”利润。后续的中国学者也继承了这一范式。这样阐述盈利模式，看起来没有大毛病，但其局限性有以下3个方面：①以盈利与否来判断一个商业模式优劣已经不太恰当了。像亚马逊、京东等公司，不盈利是为了获得长期竞争优势。亚马逊近20年一直不盈利，华尔街的一些专家们看不懂、更不看好，曾经在分析报告中宣称“亚马逊坚持不了几年就会破产”。实际上，“不盈利策略”已经让亚马逊成长为全球市值排名数一数二的公司；②盈利模式重点关注收入、支出和利润等财务指标，而忽略了持续经营所必须累积的能力、资源等非财务的广义资本指标。从经营中累积的能力和资源是企业再发展的重要资本，常常比货币资本有更大的威力，例如：麦当劳的品牌价值、亚马逊促进“飞轮效应”的能力、微信吸储的流量资源、华为的核心竞争力等；③专家们为企业规划盈利模式时，常常会列出一个盈利矩阵，看看企业在那些方面可以收费，那些地方可以降低成本，这让一些急迫赚钱的企业家满心欢喜。在收费矩阵中，常用一些通俗易懂的名词来代表收费名目，例如：进场费、停车费、提成费、授权费、运营费、会员费等。应该说，企业不是收费机关，如何巧立名目地向别人收费并不难，连“路人甲”都能娴熟操作，而真正建立起能收费的竞争优势却是太难了。

如果以传统的盈利模式理论，来分析亚马逊的“收入-成本=利润”，专家们显然会得出“亚马逊应该巧立名目对供应商或顾客等利益攸关者收费”的建议，显然，这样做将毁了亚马逊的美好前途。看起来“收入-成本=利润”这个公式完全正确，但是它来自财务会计对企业绩效的核算，直接套用过来成为盈利模式的核心结构，未免有些太表面化和初级化了，也缺乏对赢利来源、原理、形成机制的进一步探讨。

在T型商业模式中，已经将传统上常说的盈利模式升级为赢利机制。赢利机制相对于盈利模式，有以下突出特点：①以赢利表示企业经营累积所获得的能力、资源等广义资本及其建立的竞争优势（当然也包括了盈利所指的会计利润）。②以“机制”代替“模式”。以T型商业模式的观点，我们要更多关注赢利的原理、运行机制，而不仅是展现“收入-成本=利润”这样一个统一简单的模式。由于创业投资、竞争发展的促进动力，赢利机制是不断创新进化的、不断复合与叠加的，所以赢利机制应该有多种多样，是企业实施战略差异化的主要内容。③在T型商业模式中，赢利机制起到承上启下的枢纽作用。从T型商业模式结构图中可以看到，赢利机制上面承接创造模式和营销模式，将经营成果形成的资本汇集到赢利池中；下面承接赢利池中企业所有者从外部输入的资本及企业内生累积的资本，为扩大再生产而输入到创造模式和营销模式中。资本的上行与下行，输入与输出循环，形成了企业经营与发展的节拍。④赢利机制表示企业赢利是一个动态长期累积的过程，而盈利模式更多的是展现利润构成的静态结构。

商业模式的开创者亚德里安·斯莱沃斯基在其著作《发现利润区》（1998年英文版）中提出了22种利润模式，例如：客户解决方案模式、产品金字塔模式、利润乘数模式等。后来国内的一些学者“换汤不换药”，将其中部分案例更新为中国企业案例，然后将利润模式改为盈利模式或商业模式，为商业模式在中国科普推广起到了促进和推动作用。以T型商业模式看来，利润模式及其“换汤不换药”的其他称呼只是表达了一种产品组合创新。产品组合、赢利机制和价值主张是三位一体的关系，是合作伙伴、企业所有者、目标客户看待交易媒介物的不同视角。在本书第2章2.2～2.6节阐述各种各样的产品组合时，已经适当解释了它们的赢利机制。在上一节（章节4.1）重点阐述了麦当劳的赢利来源及其背后的赢利机制，下面再虚拟设计一个案例来说明商业模式优化创新中蕴含的赢利机制进化。

例如：路人甲要开一个社区水果店。我们先用产品金字塔模式指导他一下：

按照不同档次，路人甲店里的水果应该分为三个层次：基础层是大众日常水果，例如：苹果、香蕉等；中间层是单价比较贵的水果，例如：进口中高档水果、国内知名原产地中高档水果等；顶端层是可以作为礼品的水果礼盒。从基础层中挑出一两个畅销货作为广告商品，通过直接从原产地大批量进货等措施，设法比同行的进货成本低30%以上，并且让售价接近成本价，以吸引更大量顾客来购买。顾客踊跃来购买这一两个广告商品时，总有一定比例的顾客同时会采购一些基础层其他水果或中间层比较贵的水果；他们发现这个店还有作为礼品的水果礼盒，今后也会来订购。说到这儿，想必大家对路人甲水果店的赢利机制就理解了一些：以个别低价商品揽客，以中高端水果打品牌，并主要从大众水果搭配、中高端水果、礼品礼盒产品销售中赢利。金字塔3个层次的某些产品销量会更好一些，定期挑选出来作为口碑商品，予以重点推广和宣传，形成“销量大→采购成本降低→增加促销力度→销量更大”的飞轮效应。

通过产品金字塔模式的指导，路人甲的水果店赢利情况良好。这时，我们可以给他叠加一个“水果+服务”模式——在水果店辟出一块区域，放几张风格别致的桌椅，推出一些水果拼盘、果汁饮品产品组合项目。显然这个“水果+服务”组合的赢利机制优点是原料就地解决、零库存、销售毛利提高、人员和空间利用率高、既可堂吃也可带走等。盒马鲜生、超级物种等新零售模式就有这样一个赢利机制。

还可以再为路人甲的水果店叠加一个客户解决方案模式——结合相关科研机构，推出减肥养颜水果套餐。可以在会员制、定制化、社群化、年费制等方面创新；也可以成为减肥养颜水果套餐的外卖产品，从而开辟出一个细分行业。客户解决方案模式的赢利机制有两个特点：①从销售实物产品上升为解决客户的一个问题，客户愿意为此付出高溢价。如果配制的水果套餐能够解决客户的减肥养颜问题，一些客户将不惜付出高于水果原料几倍甚至于几十倍的价格。②客户解决方案通常以“定制服务+多种实物产品+制成与售后流程”为特点的产品组合，一定程度上让买卖双方信息不对称。如果目标客户看不明白产品组合的话，不能选择与比较的话，就被削弱了讨价还价能力，那么卖方就可以通过歧视定价获得溢价利润。

当然，路人甲的水果店可以进一步升级商业模式，从而让赢利机制再升级。例如：在模仿麦当劳加盟连锁模式上进行创新，让多个赢利机制复合协同。

以上通过虚构一个路人甲的水果店，探讨商业模式创新过程中赢利机制的进化，来加深对赢利机制的认识。在本书相关章节中，讨论了很多赢利机制实例，例如：章节1.4中的小米手机案例、章节3.6中的星巴克和耐克案例、章节4.1中的麦当劳案例、章节4.6中的大疆无人机案例、章节5.3中的京东商城案例等等。在章节2.2—2.6中，讨论苹果手机、海底捞、宜家家居、滴滴用车、迪士尼、奇虎360、罗辑思维、微信等案例的产品组合时，同时也表述了它们的赢利机制。失败的商业模式，通常赢利机制也出现了问题，例如：章节2.6中的凡客诚品连锁案例、章节5.2中的ITAT服装连锁案例、章节5.3中的星晨急便案例等。

在T型商业模式中，以赢利机制代替传统意义上的盈利模式，是因为赢利机制不是一个相对固定的结构（不适合被称为模式），它是不断创新的、不断复合与叠加的，所以赢利机制应该有多种多样，甚至可以千变万化，是企业实施战略差异化、建立竞争优势的主要内容。

4.3　企业所有者：商业模式掌舵人；资本机制：助力企业发展

重点提示

※为什么一些日本公司采用“女婿养子”方式选择掌门人？

※通过股权融资可以为企业带来哪些资源？

※吉利收购沃尔沃后已经获得了哪些重大收益？

在日本的家族企业，如果创始人认为他儿子无能力接管企业，或者儿子不愿意接管，那么他会在公司年轻人中物色一个能力最强的小伙子，先把一个女儿嫁给他，婚满一年后，再通过仪式把女婿正式收养为自己的儿子，让其改姓成为创始人的“养子”。再后，就由这个“女婿养子”成为家族的掌门人，并正式掌管企业。

像日本松下集团自1918年创办后，第二任董事长松下正治是创始人松下幸之助的“女婿养子”，在后者于1973年退休时继位。三井集团成立于1673年，该家族企业一直是近代日本经济的支柱，历代掌门人中有几位是三井家族的“女婿养子”，这无疑强化了三井集团的生命力，使其发扬光大3个多世纪至今。另一个例子是丰田汽车，创始人是丰田佐吉。19世纪末他在东京以机械纺织业起家，1936年才正式进入汽车制造业。他有亲生儿子，但是丰田佐吉年长之后，选择将整个家业由丰田利三郎掌控。丰田利三郎原名叫“小山利三郎”，是丰田佐吉的“女婿养子”。

日本这种接班模式有3大好处：其一，继续利用“家”的传统力量，围绕血缘进行延伸、扩大，毕竟“女婿加养子”要大于单纯的女婿或养子关系，因此，信任的基础被强化。由这样的“女婿养子”接掌家族企业，背叛的概率会小，代理人问题会低于把公司委托给一个不相干的人去管。其次，把接班人的选择范围大大扩展，不只是在儿子中挑一个，而且可以在企业年轻人中更广泛地去物色，这当然更能保证接班人的能力。三井家族的一位掌门人曾说：“我宁可要女儿而不要儿子，因为有了女儿我可以选择我的儿子！”这话概括了日本家族企业通过“女婿养子”模式找继承人的精髓。第三，正因为可以到血缘之外找“女婿养子”做接班人，这给现任掌门人的子女带来竞争压力，让亲生儿子不至于因为家业必然是他们的而变得懒惰，逼着他们去奋发向上！这种压力下，即使家族企业最终由儿子接管，“富不过三代”的概率也会比在中国低一些。

实际效果怎样呢？一些学者的研究发现，在日本，“女婿养子”掌控的家族企业平均业绩高于亲生儿子接掌的企业，而不管是“女婿养子”还是亲生儿子接掌，家族企业业绩又平均优于代理人管理的非家族企业。而在美国，职业经理人管理的非家族企业却高于家族企业的业绩。

（资料来源：《24堂财富课——陈志武与女儿谈商业模式》）

中国、日本等东亚国家有重男轻女的历史遗风，而日本企业家却在选接班人问题上“重女轻男”，可见选择企业掌门人何等重要。在T型商业模式中，企业掌门人属于企业所有者要素。正像企业价值有多个含义，这里的企业所有者与会计学上的企业所有者略有不同。这里的企业所有者并不是指全体股东，而是指有权决策对外股权融资、股权激励、对外投资合作等资本机制层面操作事项的一个人或一个小组。具体到企业现实的决策场景，往往是企业掌门人、创始人或核心团队掌管着企业的决策权，而股东会、董事会等往往是一个正式的法律形式。那些持有少量股权的骨干员工、财务投资者及其他各类小股东，在T型商业模式中常常被看作合作伙伴要素。

在本节中，将企业所有者和资本机制放在一起讨论。为了企业可持续发展、在竞争者赢得优势、实现战略目标和组织愿景，企业所有者通过资本机制为企业引进或促成内外部发展资源和能力（广义资本），一方面通过接班人安排让企业掌门人或核心决策团队稳定延续、通过股权激励为企业引进骨干人才，另一方面通过股权融资、内部创业、对外投资等资本运作机制促进商业模式进化，如图4-3-1所示。

企业所有者对以上重大事项的决策机制主要分为首长制和委员会制。首长制的优点是：决断及时迅速、果断有效，有利于使决策责任明确化、具体化，从而使企业的经营管理效能得到充分发挥。其缺点是：容易导致权力滥用、压制异见、削弱创新、降低士气，从而使决策的科学化、民主化受到影响。委员会制的优点是：能够集思广益、吸纳多方面的意见，有利于决策的民主化，有利于发挥集体成员的积极性。其缺点是：决策迟缓、责任分散，易于导致争功诿过、人为增加决策成本。

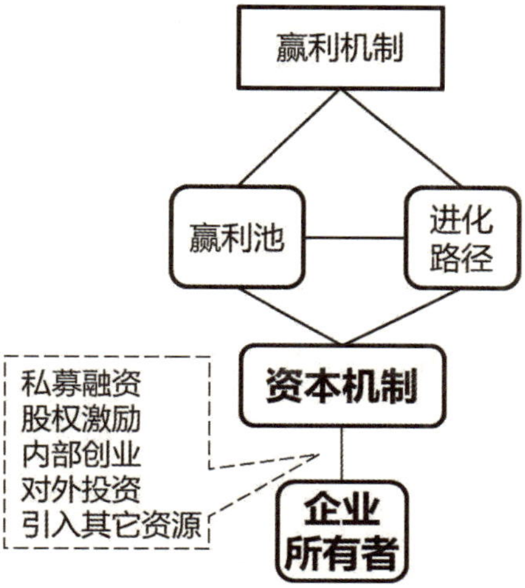

图 4-3-1 企业所有者及资本机制的作用示意图

“一支竹篙呀，难渡汪洋海；众人划桨哟，开动大帆船！……”歌手付笛声这段歌词告诉我们，人才是企业最重要的资本。21世纪最贵的是人才，有了人才就有了竞争力。企业所有者可以通过股权激励为企业引进人才，给予骨干人才创业或事业参与感。如何操作股权激励，曾经不少咨询机构推崇“两百年前晋商的身股制”。那时的晋商主要开办钱庄，叫做商号或票号，股权构成分为银股和身股。银股是指出资者拥有的股权，不仅可以分红，还可以转让、继承，但是出资人要承担无限责任。身股是指出资人有条件赠与管理人员的股份。持有身股者拥有分红权，但不具有继承、转让和表决权，而且不承担亏损责任。在当时历史条件下，“晋商的身股制”是一种创新，但是直接应用到现代企业，缺陷实在太多，例如：①身股只参与分红、不承担损失而造成权责失衡；②银股不变而身股数量与日俱增，同时银股投资者承担无限责任，导致投资者风险太大，而不情愿进一步投资发展；③大比例分红限制资本积累和商号发展。

通过借鉴国外先进股权激励机制和我们这些年的操作实践，企业可选的比较成熟的股权激励方式已经越来越多。有人对股权激励方式汇总了一下，大致有以下14种：股票期权、限制性股票、业绩股票、虚拟股票、延期支付、虚拟股票期权、股票增值权、账面价值增值权、员工持股计划模式、管理层收购、分红回偿、优先购股权、赠予股份、技术入股等。通过百度搜索、查阅相关文章书籍，可以获得以上各种方式的适用范围、经典案例、优缺点、注意事项等内容。

企业所有者通过对外股权融资，主要解决企业发展中货币资金短缺的问题。通过设计一个优选的资本机制，企业在股权融资的同时还可以获得未来投资者给予的非货币资源支持。瓜子二手车股权融资到C轮，已经有19亿美元进账。2018年3月完成的C轮融资，由腾讯领投，新入资本方有工银国际、云锋基金、方源资本、新加坡政府投资公司（GIC）、美国国际数据集团（IDG）资本、泰合资本；老股东红杉资本、中国基金、HCAPITAL、DST Global、今日资本、首钢基金、山行资本等继续追投。只看这个C轮名单，瓜子二手车已经将国内很多知名投资基金绑定到一个“战车”上来了。腾讯领投瓜子二手车，按照惯例被投资企业可以分享一些微信的流量。也许这个原因，新老股东都跟进来了。瓜子二手车还可以拿着这个名单去炫耀或展示企业形象，至少有利于引导顾客注册、参与和吸引供应商合作。

企业所有者通过引导内部创业、建立合伙人机制、经营品牌授权连锁加盟等资本机制，可以实现企业内生的进化与发展。之前讲过，麦当劳通过设计一个利益分享的资本机制，将品牌授权给3万多家加盟店，成为轻资产平台模式的大赢家。永辉超市通过设计与贯彻“超级”合伙人制度，将一线员工的利益与企业的利益绑在了一起。大家是一个共同的团体，而不是一个个单独的个体，极大地降低了企业的经营管理成本，经营业绩稳步提高。在BAT强者恒强的趋势下，第二梯队的互联网企业设法推进资本机制创新，以持续激发企业活力。例如：奇虎360创始人周鸿祎表示，从2015年开始，奇虎360就开始尝试把部分业务独立拆分运营，给予业务骨干内部创业的机会。对于内部创业项目，奇虎360给予资源、资金的支持，也将分配20%～30%不等股票份额给参与内部创业项目的核心员工。周鸿祎将从自己之前的个人股份中拿出1%，加上增发的9%股份一起，奖励能胜任合伙人的技术骨干及核心人才。在奇虎360未来架构及规模上，周鸿祎表示要执行舰队战略，通过内部创业把奇虎360这条大船变成一支舰队。

对于企业来说，资本机制还包括对外投资合作、兼并收购、IPO上市等资本运作方案。2010年，吉利汽车以18亿美元从福特汽车手中拿下了沃尔沃轿车（简称“沃尔沃”）100%股权。往前追溯，1999年福特汽车以约64亿美元满心欢喜地收购了沃尔沃，但是从2006年到2008年之间，福特连续3年处于亏损状态，被华尔街投资人逼“疯”了，实在不想挺下去了，最终将沃尔沃收购价打了3折卖给中国的吉利汽车。这意味着，福特持有沃尔沃超过10年，不仅没有利息或分红收入，而且收购本钱也折损超过70%。时至今日，沃尔沃的所有者吉利汽车正在推进沃尔沃IPO，期望市值在300亿美元到400亿美元之间。假设沃尔沃能在2020年IPO，这意味着10年时间，吉利汽车持有的沃尔沃价值翻了20倍左右。

吉利汽车收购沃尔沃，不仅是估值增加或倒手赚钱那么单一，还有“1+1＞2”的协同效应及一石多鸟的并购溢价。例如：①与国际大牌成为兄弟后，带动吉利产品快速改进。现在吉利的博瑞、博越、帝豪系列产品，无论是产品可靠性还是整体设计，与10年前的吉利产品相比有天差地别之进步。②有沃尔沃品牌加持，有利于吉利形象提升，增加吉利汽车的销售量。根据2017中国汽车销量排行榜，吉利汽车以120万辆的成绩成为国产汽车品牌销量冠军。③吉利汽车不仅获得了沃尔沃技术支持、人才输送等多项加持，而且还更多地吸收了沃尔沃的品牌理念以及运营管理方式。以吉利博瑞为例，博瑞的外形设计就是沃尔沃副总裁操刀设计，排放及安全也继承了沃尔沃的文化理念。④吉利汽车与沃尔沃合资设立了领克品牌。此时吉利汽车对沃尔沃掌控权的优势得以体现。沃尔沃不仅提供人员，同样也为领克带来了足够强大的技术支持；在生产设备以及管理制度方面，也都有沃尔沃方面的深度参与。

有人形象地说，沃尔沃就像一条用之不竭的溪流，让吉利汽车无限畅饮。

4.4 进化路径：围绕企业核心竞争力展开

重点提示

※本田公司商业模式的进化路径如何围绕核心竞争力展开？

※阿里巴巴如何获得外部能力和资源以支持商业模式进化？

※为什么说商业模式进化路径也是战略管理的主要内容？

从资本模式的构成图看（参见图4–4–1）：一方面，企业的经营成果通过上面的赢利机制通道逐渐累积而形成内生的能力或资源性资本；另一方面，企业所有者通过资本机制通道（参见图4–4–1下侧）从外部为企业引进人才、资金等能力或资源性资本。**从上下两个通道汇集而来的资本，在赢利池中形成合力，主要目的和作用是为了商业模式的进化与发展。**

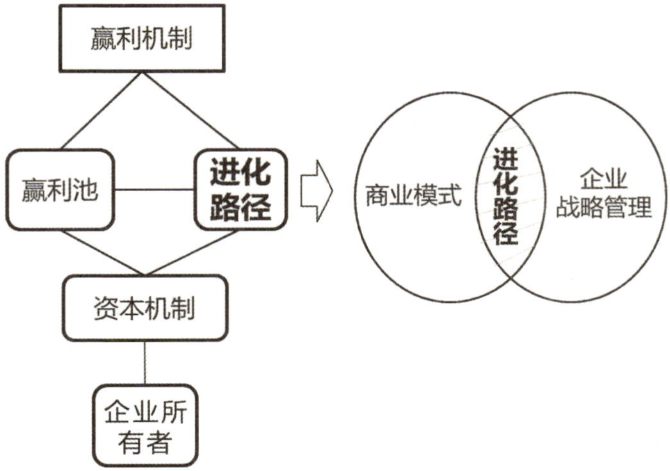

图 4–4–1 商业模式与战略管理的交集示意图

1945年日本战败投降，3年后本田公司成立了。当时的日本列岛，被美国飞机轰炸后满目疮痍，交通坎坷、道路崎岖。战后恢复生产的人们急需一款方便的交通工具。刚刚成立的本田公司看到了商机，拆下废弃的军用通讯机的小型汽油机，并用水壶做油箱，共同安装到自行车上，做成一种新型的“机器脚踏车”。由于产品适销对路，立即就成了抢手货。由于废弃的军用小型汽油机数量有限，眼看着刚刚繁荣的“机器脚踏车”生意就要歇菜，另一方面也看到了家用机动交通工具的巨大前景，本田公司的掌门人遂决定将这个项目赚到的钱全部投入到发动机的研发。现在的本田，在汽车、摩托车、割草机、发电机、船外机、小型喷气式客机等各领域具有独特的竞争优势，是因为本田公司起步早，通过长期研发积累，逐渐在发动机、发电机、动力传动系统方面建立了核心竞争力。企业有了核心竞争力，进入相关新市场时便能逢山开路、遇水搭桥，甚至所向披靡成为市场的领导者。本田摩托是全球行业领导者品牌，在东南亚等很多国家市场占有率超过70%；本田汽车入选全球十大品牌，2017年排名第五。本田新投产的10人以下喷气式客机，销售量已经是世界第一位。本田公司从第二次世界大战后的一个小作坊，成长为世界500强排名第三十位的大型产业集团，其商业模式一直围绕它在发动机、发电机和动力传动系统方面建立的核心竞争力而进化前行。

商业模式进化路径应该沿着内外两组因素展开思考：内部因素是企业的核心竞争力，外部因素是客观环境给予企业的发展机会。商业模式进化路径应该综合考虑内外两组因素，形成优化组合方案。核心竞争力通常从企业内生而来，需要长期的构建和锤炼。在美国学者普拉哈拉德及哈默尔看来：首先，核心竞争力应该有助于公司进入不同的市场，它应成为公司扩大经营的能力基础；其次，核心竞争力对创造公司最终产品和服务的顾客价值贡献巨大，它的贡献在于实现顾客最为关注的、核心的、根本的利益，而不仅仅是一些普通的、短期的好处；最后，公司的核心竞争力应该是难以被竞争对手所复制和超越的。

遗憾的是，这两位美国学者重点阐述了核心竞争力的作用和一些个别案例，而对于核心竞争力如何形成和由什么因素构成，至今未能形成普遍适用的理论，这让核心竞争力成了无源之水、无本之木，很难在经营管理中实践应用。以T型商业模式原理尝试往前推进一下的话，核心竞争力源头归结于两个方面：一是企业所有者引导和带头创建的企业文化，二是产品组合创新给予顾客超越期望价值的能力。还以本田公司为例，本田公司的企业文化核心是“尊重个性”与“三个喜悦”；本田公司的核心产品组合——发动机等关键创新部件，无论是用在割草机、摩托车，还是用在汽车、小型客机，都能给顾客带来超越期望的价值。

商业模式的进化路径沿着自身核心竞争力展开的同时，还要看外部环境给予企业的发展机会。经过30多次找工作被拒和几次创业失败，马云于1999年在自己西湖旁边的公寓中创立阿里巴巴。马云这次创业，17位创业伙伴跟随。在马云家里，18位“湖畔合伙人”席地而坐，一共凑了50万元作为阿里巴巴的创业资本。在创立会议上，马云说：“我们要建立一家生存102年的公司；我们要建立一家为中国中小企业服务的电子商务公司；我们的电子商务公司要进入全球网站排名前十位。”当年，阿里巴巴网站上线，专注于为国内中小企业批发贸易提供信息服务的网上交易市场（现称“1688”）。那一年，上网还是窄带通过拨号上网，一根纤细的电话线连着整个世界；那一年，中国的网民总数是890万，大部分集中在北上广等几个大城市，三线以下城市甚至很少人知道互联网是咋回事。

阿里巴巴的第二个发展阶段，是2003年至2007年期间所形成的淘宝、支付宝、1688三足鼎立阶段，这也是阿里巴巴的业务成长期。2007年11月，阿里巴巴在香港联交所主板挂牌上市。它开启了企业发展的第三个阶段（后于2012年6月从香港联交所完成私有化退市）。从2007年至2014年，阿里巴巴集团拆分成25个事业部，裂变出天猫、菜鸟、阿里妈妈、全球速卖通、飞猪、阿里云等创新型业务线，向商业系统生态化方向发展。阿里巴巴的第四个发展阶段，从2014年（当年9月阿里巴巴又在纽交所上市）到现在，一路走来已经收购了中国互联网的半壁江山，最终形成了庞大的阿里巴巴帝国。

由以上对阿里巴巴的发展路径叙述，可以说阿里巴巴创立初期，核心竞争力并不明显，但是马云带领的阿里巴巴是中国第一批搞网上商城的电子商务创业企业，这个从0→"无穷大"、从实体商品世界向网上商品世界转型的巨大外部环境机会，阿里巴巴很好地把握住了。在业务飞速发展的同时，阿里巴巴也很好地构建了自己的核心竞争力：在商业模式进化上，无论从早期的B2B网站中国交易市场（现称"1688"）、免费的淘宝网、支付宝，还是后来的天猫商城、菜鸟物流、飞猪旅游、阿里云，阿里巴巴的产品组合创新坚持为目标客户（顾客）带来超越他们期望的价值。阿里巴巴的企业文化建设更是可圈可点，一个典型特征是独树一帜的各部门设立负责文化建设的"政委体系"，另一个典型特征是不折不扣地执行"六脉神剑"核心价值观：客户第一、拥抱变化、团队合作、诚信、激情、敬业。阿里巴巴设有廉政合规部，对于违反核心价值观的行为，无论是企业高管还是普通员工，坚决处罚绝不姑息！马云说，包括我也要被查。例如：2011年的总裁引咎辞职事件、2012年的聚划算反腐行动等。

企业所有者拥有构建企业核心竞争力的决心和谋划，对外部环境给予企业的发展机会又能很好地把握，让大家看到了商业模式进化的路径和未来的发展机会——无疑！社会上的优秀人才更愿意加盟这样的企业，外部的资本资源更愿意对这样的企业大力支持。

从湖畔会议的一个想法，转化为一个阿里巴巴商业帝国，显然不是依靠马云一个人的力量，18位"湖畔合伙人"的力量也非常有限。商业模式发展进化靠资本，资本包括能力和资源两个方面，并从两个方向而来：

一个是企业所有者通过资本机制从外部为企业引进人才资本和资金

资本。阿里巴巴“赤手空拳”创立一年左右就获得了软银等国际知名资本投资2 500万美元；2004年再获得一线投资机构投资8 200万美元，度过了互联网寒冬；2005年与雅虎签署合作协议，同时获雅虎10亿美元投资。有了伟大愿景、使命与目标，再有了钱，还有马云的感召，顶尖人才纷至沓来阿里巴巴。例如，蔡崇信放弃原来年薪70万美元的工作，甘愿拿500元人民币月薪加入阿里巴巴。现如今，阿里巴巴集团高管及25个事业部的绝大部分领导人都是从外部引进而来。为了引进资金和招揽人才，创始人马云的持股稀释到不足7%，但是阿里巴巴市值曾超过5 000亿美元。与宏大的事业相比，相对股权比例就不怎么重要了。

另一个资本的来源是通过商业模式的赢利机制让企业的经营成果逐渐累积而形成资本。阿里巴巴创立的前几年，持续不盈利，但是交易平台做起来了。对于平台模式来说，交易活跃的平台就是最大的资本。根据易观数据，2018年淘宝平台月活跃用户43 869.95万，平台上有卖家1 010万。也就是说，超过三分之一中国人，要么在淘宝上开店铺，要么在淘宝上购物。阿里巴巴旗下交易平台，不仅可以产生营收和利润、培养人才和形成各类经营管理能力，还可以裂变出更多新业务。例如：蚂蚁金服的前身是支付宝，2014年从阿里巴巴旗下独立出来，4年后估值达1 500亿美元。

促进商业模式进化，需要资源和能力等相关资本；同时商业模式进化过程中又累积形成了新的资源和能力。企业是一个经营管理团队“饲养”的超级生命体，通过输入资本而进化，通过进化又输出更多资本。如果商业模式进化路径遵循这个增强反馈机制，那么企业就会从小到大逐渐成长起来。

商业模式的优化和创新，其轨迹就是商业模式的进化路径。同时，商业模式进化路径也是战略管理的主要内容。战略管理是对企业未来的发展路径进行科学规划，必然涵盖商业模式的进化路径。战略与商业模式有交集，两者的相交区域主要就是资本模式中的进化路径（参见图

4–4–1）。这个不足为奇，企业战略管理与市场营销、人力资源管理、研发管理等都有交集。例如：每个市场营销学专著都会谈到市场营销战略，人力资源战略及研发战略亦是如此。

既然商业模式进化路径也是战略管理的主要内容，我们就可以用相关战略分析和选择工具协助处理商业模式进化的问题。事实也是如此，商业模式是近30年才逐渐说起的新兴名词，它的部分要素和内容到现在一直属于战略管理讨论的内容。因此，对于商业模式进化的分析和决策，我们可以选择的战略分析工具有：PEST分析、波特五力竞争分析、利益相关者分析、价值链分析、竞争者分析等；可以使用的战略选择工具有：SWOT模型、SPACE矩阵、波士顿矩阵、GE矩阵等。

当然，诸如“做大做强”“专业化或多元化”“规模经济或范围经济”等也属于商业模式进化可以讨论的内容，但我们独辟蹊径，认为商业模式进化路径应该围绕企业核心竞争力和外部环境机会进行选择，并进一步讨论了：如何获得外部能力和资源支持商业模式进化，如何利用相关战略分析和选择工具协助处理商业模式进化中的重大决策问题。

4.5 赢利池：既是资本增值的汇聚地，也是未来发展的孕育地

重点提示

※类比于万里长城，赢利池有哪些功能作用？

※赢利池逐步成长进化的原理是什么？

※作为一个创新概念，“赢利池”理论有哪些不足？

世界四大文明古国：古巴比伦、古埃及、古印度、中国。为何只有中国不灭？也许万里长城是答案之一。

公元前215年，秦始皇下令修建万里长城时，秦国已经很强大。有史书记载“胡人不敢南下而牧马、士不敢弯弓而报怨”，说明当时匈奴对秦国已经非常服软了。显然，除了抵御侵略，修建万里长城还有更重大的意义。站在今天，我们回望历史，长城发挥着这样的作用：①前哨预警作用。当有外敌进犯时，通过长城上的烽火台迅速预警，周边的防守官兵和增援部队尽快向预警点积聚。通过尽早察觉到敌人的入侵，及时地做出反应，从而将损失降到最低。②海关边卡作用。通过万里长城遏制商人走私，迫使商人只能通过通商口岸来进行贸易。这样，一方面遏制了战略违禁物资的外流，另一方面可以掌控对游牧民族部落的物资供给，适当时期实施经济制裁，减缓他们的发展步伐，减轻域外各种势力的威胁。③文化边界作用。在古代，横亘的万里长城也是一个文化边界，有利于长城之内各族群的文化大同、精神气质形成，有利于华夏文明的长期积淀。

古罗马帝国也修建过长城，不过比秦始皇晚了300多年，叫做哈德良长城。哈德良长城是修建在当时古罗马帝国的海外殖民地——不列

颠岛上（现在英国的英格兰与苏格兰交界区域），目的是防止北方的苏格兰人入侵。哈德良长城只有5米高，2米多宽，工程也比较简陋，现在已经荡然无存了。再说苏格兰人丰衣足食，奉行“人不犯我、我不犯人”，从不想入侵英格兰地区，所以在军事上，哈德良长城基本是“废柴”一个。古罗马在哈德良长城的驻军，日夜思念家乡，耐不住寂寞，就通过商人把欧洲的繁荣全部复制到英格兰了。也就是从那时起，不列颠岛上开始有了富庶的集镇，引进了古罗马先进的政治制度、教育和语言文字。后来的故事就不用讲了，又过了大约1 600年，大英帝国逐渐崛起了……

企业也要有一个类似于万里长城围起来的区域，在T型商业模式中我们称之为“赢利池”。万里长城内孕育的中华文明，不仅文化瑰宝灿若繁星，而且也是一个有着巨大发展空间的“赢利池”。2 000多年来，曾出现过“文景之治、开皇盛世、贞观之治、开元盛世、康乾盛世”等5大盛世。当今的中国其经济总量世界第二，人口占世界总量的五分之一，也是在华夏文明“赢利池”中不断孕育、进化的结果。将企业的赢利池类比于万里长城，也许有点牵强附会，但是作为一个形象的比喻，求同存异地从中获得启发和借鉴，则有利于构建企业的商业模式。

赢利池是企业的资本“水库”，主要有资本存量和容量两个量化指标。从资本存量角度，赢利池汇聚着内生及外部引进的能力、资源资本，为商业模式运转、优化和创新提供资本支持；从资本容量视角，赢利池代表着企业未来的发展空间。现实中，像万里长城中的中华民族一样，赢利池中资本存量越大，发展潜力越大，未来成长空间也越大。风险投资对企业私募投资时，也是这样的思维方式。资本模式的公式：赢利池=赢利机制+企业所有者+资本机制+进化路径，表示赢利池容量和资本存量是由赢利机制、企业所有者、资本机制、进化路径4个要素协同合力形成和决定。

无论是从经营边界、防护壁垒、文化认同的视角，将赢利池类比于万里长城，还是从资本存量或容量角度，将赢利池比喻为企业的资本“水库”，企业的赢利池都应该：①有一个清晰的边界。一些企业的业务太分散，杂七杂八一大堆。没有清晰的业务边界，赢利池中的资本就不能聚焦以发挥协同作用。②不断构建壁垒，防止外部竞争者入侵，也防止内部资产流失。企业做大做强了，没有市场研究部，不建立预警机制，很可能被替代者颠覆或被竞争对手偷袭赢利池。人才是公司最重要的资产，人才流失后常常是到竞争对手那里去了，将业务也带走了，有可能导致企业赢利池的坍塌。③为商业模式优化、进化与发展提供充足的动力。从资本模式构成图看，一方面，企业的经营成果通过上面的赢利机制通道逐渐累积而形成内生的能力或资源性资本；另一方面，企业所有者通过资本机制通道从外部为企业引进人才、资金等资本。从上下两个通道汇集而来的资本，在赢利池中形成合力后，主要发挥两大作用：一是对现有商业模式进行优化和扩大再生产；二是促进商业模式进化与发展、对外投资与合作。④是资本增值的汇聚地和赋能发源地（详见下文）。⑤代表着企业价值或未来发展空间。在资本模式中，赢利池=企业所有者+赢利机制+资本机制+进化路径。在这个公式中，企业所有者代表着核心经管团队的抱负和能力，资本机制代表着内外部资本的转化效率和效果，赢利机制代表着商业模式的赢利能力，进化路径代表着企业的发展方向。因此，赢利池的核心意义是它代表着企业价值或企业未来发展空间。⑥具有文化凝聚作用。那些司空见惯的文化口号、文娱活动都是企业文化的形式，而文化的本质是赢利池中资本的赢利能力——决定员工的现时收入，赢利池的壁垒——决定员工体验是否安全舒适，赢利池的未来空间——决定员工的未来前途。企业构建了一个优秀的赢利池，以上3个本质的文化内容都被满足了，员工才会被企业文化的形式所感召，企业文化才能发挥凝聚、导向、规范和激励作用。

下面我们主要从企业价值、未来发展空间和防护壁垒角度对赢利池进行阐述。

赢利池代表的企业未来发展空间，常常可以用企业价值量化表达。这里的企业价值是指未来预期自由现金流量的折现值。例如：小米公司从2010年3月成立到2018年7月香港上市，共有5轮私募融资和1次IPO融资。按照约定俗成，企业价值在私募时叫作企业估值，在IPO时称为企业市值。将小米历次融资的企业估值或市值，画成一个个的圆柱图，也直观表示了企业赢利池的大小，如图4–5–1所示。

在T型商业模式构成要素中，之所以不用企业价值而用一个新名词“赢利池”，其原因如下：①赢利池表达的含义很宽泛，在资本模式中代表多个功能作用，而企业价值只是赢利池代表的企业未来发展空间的量化表达。②企业价值有多个义项，容易混淆导致同形歧义。企业价值不仅有企业估值、市值等多个别名，还有其他含义。例如：营销学中的企业价值，是指企业为客户创造价值时自己获得的利益；财务会计上的企业价值，常常是指企业有形资产、无形资产等资产负债表内容综合后的市场评估值。另外，企业价值常表示一个具体量值，代表一个结果量值，不太适合作为商业模式的构成要素。

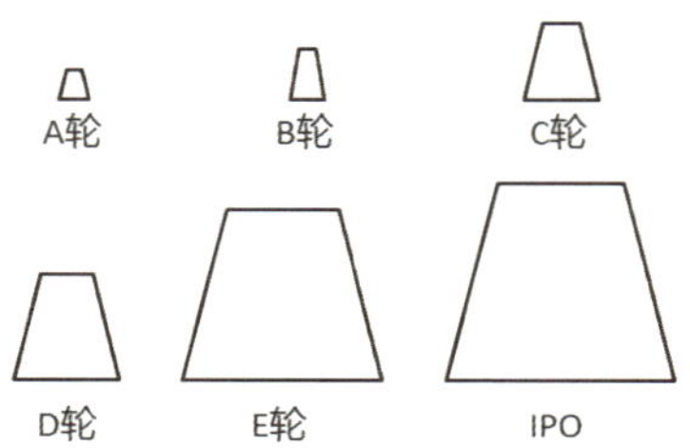

小米公司IPO及之前各轮融资情况（美元）

融资期	时间	融资金额	企业估值
创立	2010年3月		
A轮	2011年5月	4100万元	2.5亿元
B轮	2011年12月	9000万元	10亿元
C轮	2012年6月	2.16亿元	40亿元
D轮	2013年8月	未公开	100亿元
E轮	2014年12月	11亿元	450亿元
IPO	2018年7月	61亿元	520亿元

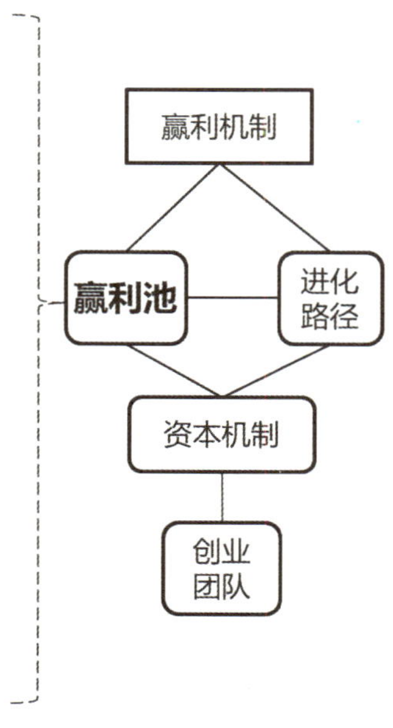

图4–5–1 可以用企业价值量化表达赢利池示意图

资本模式有如下公式：赢利池=赢利机制+企业所有者+资本机制+进化路径。**赢利池逐步进化成长的原理如下：**①企业所有者的原始资本通过资本机制进入赢利池，然后投入到创造模式和营销模式中；②创造模式、营销模式共同放大输入的原始资本，通过赢利机制将增值后的资本输回到赢利池中；③企业所有者通过资本机制引进外部资本到赢利池中；④赢利池的更多资本，沿着进化路径，一方面通过赢利机制再投入到创造模式和营销模式中扩大再生产，另一方面投入到新业务或对外投资、收购等；⑤以上两方面投入产生的资本增值再回到赢利池……年复一年的增强反馈循环，企业的赢利池越来越大，未来发展空间也会越来越大（当然还需要有足够的外部环境机会）。例如：1999年马云等18人创立阿里巴巴时，只有资本金50万元人民币；2014年9月阿里在纽约交易所上市，市值达到2 383亿美元，后来市值曾经突破5 000亿美元。如果从创立资本到最大市值这样算的话，阿里巴巴的赢利池扩大了680多万倍。

赢利池是资本增值的汇聚地和赋能发源地。内外资本的输入汇聚于赢利池，然后资本从赢利池输出对内部和外部赋能。这个输入–输出循环的过程，表现为企业运营、成长和发展，也是资本繁殖放大的过程。原始资本就像一粒种子，通过商业模式不断繁殖放大，若干年后就是一个巨大量。例如：输入1美元到巴菲特先生的赢利池，1年后变成了1.5美元，看似赚得不多，但复利是神奇的，30年后就变成了191 751美元。复利的本质是利息叠加的增强反馈机制。一个优秀的商业模式，通过资本汇聚于赢利池和从赢利池对内外赋能而发生的资本增值过程，类似于复利也受益于增强反馈机制。因此原理，现有商业模式沿着进化路径不断创新和进化，让企业的未来发展空间逐步变成现实。

赢利池代表的未来发展空间取决于现在的资本输入量、增值速度和时间期间3个变量。当今风险投资活跃，投资机构对比较优秀的创业项目特别舍得给予高估值，投资量也不断加码。资本输入量大大增加，创业项目的赢利池扩容越来越快。小米公司从零开始至赢利池增加到港交所上市时的520亿美元市值，用了不到8年时间；摩拜单车从零开始，创立2年私募融资达10亿美元，后来被美团以27亿美元收购。在独角兽名单中，它们还不是最厉害的，滴滴出行、今日头条则更胜一筹。现在的创业者希望企业增值速度越快越好，恨不得明天就成为行业领导者，后天就能实现IPO；投机机构股东更喜欢“火上浇油”，促进创业者“舍命狂奔”，让自己的投资尽快实现退出。违反客观规律的“大干快上”“舍命狂奔”，必然欲速则不达。如果一味追求企业增值速度的话，今天挤进独角兽榜单，也许几年后将会出现在“阵亡”名单上。对于企业进化发展来说，构建一个优秀的商业模式，决策上少失误少走弯路，就是最佳增值速度、最健康的成长方式。至于时间周期，应该与行业发展周期和企业生命周期相关。在新兴行业中处于创业萌芽期的企业，其未来发展空间往往比较模糊；处于快速成长期的企业，其未来发展空间往往被过分乐观地估测；处于成熟发展期的企业，其未来发展空间也会相对确定一些。

巴菲特投资一个公司，通过长期持有而获得复利增长，所以他非常重视被投资公司的“护城河”。站在企业家的角度来说，就是要构筑好赢利池的防护壁垒，既要防止外部竞争者的“偷袭”与颠覆，更要防止内部核心能力和资源跳出赢利池而被无谓耗散或转变成为竞争对手的力量。如何构筑好赢利池防护壁垒？首先，企业的基本赢利系统能够稳定运行，经营管理要素健全配称。商业模式是基本赢利系统的重要构成部分，创造模式、营销模式和资本模式三者合理配称，让资本持续增值，无疑对基本赢利系统有极大支撑作用。其次，重视“护城河”的构建。企业要有选择地重点构建品牌形象、知识产权、网络效应、转移成本、核心竞争力等“护城河”要素。再者，坚持创新和持续改进，适应外部世界的变化，让赢利池固若金汤。

赢利池是资本模式的核心要素，同时它也是一个创新概念。对于赢利池，本节只能算是一个粗浅的阐释；还需要我们在今后的实践中加强认识和研究，以不断对它的相关内容进行更新迭代。

4.6 商业模式是否可持续，最终要看资本模式

重点提示

※以“股+债”竞价融资，大疆无人机的底气从何而来？

※如何理解大疆“科技领先+供应链优势”飞轮的赢利机制？

※大疆商业模式有哪些“可圈可点”之处？

2018年5月下旬，大疆无人机完成了新一轮10亿美元融资。对于这次融资，大疆非常强势，但是投资机构相当踊跃。有违常理啊！吃瓜群众看不下去了，在旁边议论纷纷，甚至为投资商打抱不平。大疆这次融资，与众不同的看点主要有两个：一是D/B股认购机制——通俗地说，就是“股+债”的融资方式。要想投资大疆B比例的股权，必须认购D数额的无息借款（为了符合相关法律要求，这里D名义上指无收益D类普通股，而本质上是一种无息借款）。投资商承诺借给大疆的款项，要锁定3年，并且没有利息。二是逆向竞价融资——有意向的投资商反过来要给大疆交10万美元保证金，才有资格参加投标竞价。评标时，以D/B股比例排序入选，也就是哪家投资商提供的无息借款多，它就被优先选择。例如：甲投资商希望给大疆股权投资1亿美元（B值），同时愿意给大疆提供无息借款1.2亿美元（D值），那么甲投资商的D/B的值就是1.2。乙投资商希望给大疆股权投资1亿美元（B值），同时愿意给大疆提供无息借款1.5亿美元（D值），那么乙投资商的D/B的值就是1.5。大疆在评标时，就会优先选择乙投资商，而将甲投资商置后选择。

最终大疆从近100家参与竞价的投资机构中，敲定了5～6家作为领

投，它们各自出资额均超过1亿美元，剩余少量份额给竞价排名靠前的中小投资机构。大疆本次融资投前估值为150亿美元，最终选定的D/B股认购比例分数线为1.5∶1。也就是说，通过这次融资大疆不仅获得了10美元股权融资，还获得了投资商配套的15亿美元的3年期无息借款。

创业企业普遍存在融资难，而2018年的这个时候融资更难。2017年之前有几轮赶“风口”的投资热潮，不少投资机构在团购、生鲜电商、APP、O2O、P2P、网络直播、共享单车等领域损失惨重。到了2018年，投资机构的上一级投资人（有限合伙人，又称LP）普遍收缩不再放款了，所以导致创业企业融资难上加难了。而大疆确是另一种淡定心态，不走寻常路，通过“股+债”的形式让投资商竞价投标。大疆的底气从何而来？

在随后杭州举行的一次资本会议上，大疆相关负责人首次公开回应了“股+债”的融资方式：“首先，大疆认为这次150亿美元投前估值是一个相对保守的数字。这个估值一方面让老股东有不错的增值，另一方面也让此次新进入的投资人，在未来有可期望的投资收益。其次，‘股+债’的形式提升了股权部分的流动性（这次投资商附加的无息借款，3年到期后可以以市场价格转换成股票或购买老股），未来交易预期良好；债权的引入则是为了对冲风险。大疆有意保持一个低估值的状态，把整个生命周期拉长，来实现价值投资的长期回报。”

大疆的官方回应有些朦胧，不明就里的人很难完全理解。商业模式是否可持续，最终要看资本模式。我们用资本模式分析一下大疆的实力和未来发展，看看100来家投资商不仅竞标投资还要“嫁小姐送丫鬟”，如此踊跃值不值？根据资本模式的公式：赢利池=赢利机制+企业所有者+资本机制+进化路径，先从赢利机制开始，而后依次是企业所有者、资本机制、进化路径，最后在赢利池做汇总并得出相关结论。

4.6.1 赢利机制

分析大疆的赢利机制，可以用“科技领先+供应链优势”飞轮来协助理解，如图4-6-1所示。早在2012年时，大疆已经积累了研发制造一款完整无人机所需要的一切技术元素，包括：软件、螺旋桨、支架、平衡环以及遥控器等，当时大疆的科技研发水平已经处于行业领导者地位。大疆无人机是在深圳成长起来的公司，而深圳是中国乃至世界电子通信零部件产品制造的桥头堡和大本营。对于世界的有力竞争者来说，大疆比欧美的无人机企业更具有供应链优势，具有天然的低成本结构。大疆以“科技领先+供应链优势”研发的无人机，推向世界各地市场时，可以为客户带来高体验和低售价的组合吸引力。消费级无人机是个高科技娱乐产品，飞几圈下来，相对比较一下，大疆的产品质量优、性能好、体验好、故障率低，玩家很快就会口碑传播，同时大疆的价格还便宜一大截，这两种驱动力促使越来越多的玩家认识大疆、购买大疆的产品，成为大疆的忠诚顾客。销量不断增加，规模效应导致采购与制造成本更低，更好地稳固了大疆的低成本结构。实现低成本的同时，大疆的利润率还在稳步提高，从而保证能有更多的盈利资本投入到产品研发和新技术开发。这样就形成了一个良性增强循环。**大疆的赢利机制像飞轮一样，飞轮上的3组元素“科技领先+供应链优势、高质量+高体验+低购价、销量与品牌”不断彼此加强，吸附了越来越多的目标客户，市场占有率稳步提高，并将主要竞争对手挤出主流市场。**通过“科技领先+供应链优势”飞轮的赢利机制，大疆在全球消费级无人机的市场份额稳定在70%以上，已经具有实质上的垄断地位。

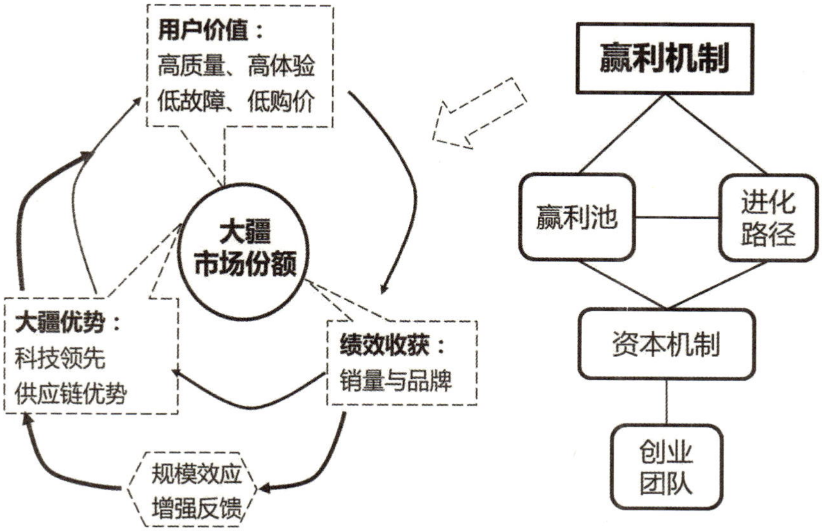

图 4-6-1 大疆的“科技领先 + 供应链优势”飞轮示意图

在消费无人机刚起步时，3DR公司曾经是美国的“大疆”，科研水平与大疆保持齐头并进。2015年4月，3DR在拉斯维加斯发布了其Solo无人机。与当时采用纯白色系的大疆相反，3DR的这款无人机采用了完全黑色的设计，其挑战意味不言自明。由于Solo在性能、质量、售后等方面问题多多，与广受好评的大疆Phantom3无人机相比较差距较大，3DR公司在Solo的营销中品牌声誉随之一落千丈，而后来大疆公司的圣诞节折扣活动更是彻底给予3DR重创，让Solo这种价格、性能都没有优势的产品彻底失去了价值。由于Solo无人机的惨败，3DR烧掉了从风险投资那里获得的1 000万美元投资，裁掉了大部分员工，并且决定不再涉足硬件市场，转向认真地与大疆进行合作，专注于商用无人机软件系统的开发。

4.6.2 企业所有者和资本机制

企业所有者通过资本机制从外部引进资金、人才、合资合作、政府支持等资源，与内部的赢利机制形成互补和共振，共同促进企业发展壮大。

大疆于2006年创立。当时创始人汪滔刚从香港科技大学毕业，获得了导师李泽湘的大力支持，形成了初步的创业团队，而后家族朋友陆地及同学谢嘉陆续加入进来，共同成为企业所有者。他们共同持股80%左右，对企业引进资本和引进人才、实行股权激励等重大事务有绝对影响力。与互联网公司长期依靠免费补贴不同，大疆更类似于苹果公司，硬件产品有很好的现时赢利机制。从2013年首款无人机投入市场以后，大疆现金流状况一致比较良好。银行贷款看抵押物，而风险投资看赢利机制。赢利机制越好，融资越容易，资本机制越有效，所以大疆几轮融资金额都不大，投资商与大疆合作也比较积极踊跃。像本节开头叙述的那样，大疆已经采用竞价和D/B股认购机制来让投资商“一比高低”，开创了创新性资本机制融资的先河。

4.6.3 进化路径

大疆从创立时的3个人，到2018年第5次融资时已有近12 000名员工；从仓库创业，到全球7个国家的17间办公室，遍布全球100多个国家的销售网络，在全球无人机市场份额中占比超过70%。2018年之前，大疆的产品以消费级无人机为主、影像系统为辅；10亿美元融资后，大疆预测未来5年其营收结构中，约50%来源于无人机，25%来源于影像板块，剩下25%来源于新业务。未来大疆要拓展的新业务方向包括：一是医疗影像人工智能市场，年市场规模50亿美元以上；二是教育方面，“3岁+科技”课程，年市场规模100亿美元以上；三是新兴产业，包括围绕视觉、算法、影像处理、集成芯片技术为一体的人工智能及先进制造、机器人等相关市场。这3个方向被视为大疆营收与估值的新增长点。

通过此次融资，大疆将与资本密切合作，共同扶持大疆产业链上的优秀厂商；孵化一些创新技术成为创业项目，从而打造一个创业创新生态。大疆与微软已经达成战略合作，微软将利用相关云服务和人工智能技术，为大疆在农业、建筑、公共安全等垂直行业开发更多的无人机解决方案。大疆开放SDK（Software Development Kit，软件开发工具包）后，无人机作为一个飞行平台，吸引各行业移动应用程序开发者参与。从这些动作来看，大疆也将建立一个类似于苹果公司的生态平台。

4.6.4 赢利池

资本模式的公式：赢利池=赢利机制+企业所有者+资本机制+进化路径。大疆的赢利池，一方面是赢利机制“科技领先+供应链优势”飞轮从内部累积的产品盈利、知识产权、人才能力等各项资本；另一方面汪滔等企业所有者通过资本机制从外部引进人才、风险投资、政府支持等资源类资本。两者交汇于赢利池后发生繁殖效应，企业有更多的资本能够投入到进化路径上，让新业务蓬勃发展起来，让赢利机制“飞轮”叠加上新的增长动力，形成多个赢利“飞轮”联动的景象。

大疆的赢利机制“科技领先+供应链优势”飞轮，不断循环中形成了持续优化的结构性低成本和科技领先，为赢利池建立越来越高的壁垒。同时大疆产品的技术壁垒也是很高的，每年申请专利近千件，涉及无人机各部分结构设计、电路系统、飞行稳定、无线通信及控制系统等方面。大疆在自动避障、视觉深度感知和自然语言学习等储备性新技术方面，其知识产权和研发能力也处于世界领先水平。

赢利池代表大疆商业模式的未来发展空间，是一个不太好精确表达的混沌量。对外融资时的企业估值可以作为赢利池所代表的未来发展空间的量化表达。

2018年5月融资完成后，加上此次融进的10亿美元，大疆最新估值为160亿美元。由于D类股（无息借款）摊薄权益，据参与此轮融资的机构测算，若含资金成本，这轮投资人的加权等价估值约为192亿美元。2017年大疆净利润约43亿元人民币，据此测算，此轮融资P/E约为

30倍。P/E值30倍是什么概念呢？不考虑通货膨胀的前提下，大疆保持每年利润43亿元，那需要30年投资商才可能收回本钱。我们的同行——投资机构的从业人员都是一线聪明人，不会做这个明摆着“赔钱”的生意。

根据大疆董事会预计，2022年大疆营收可达1 700亿元，以同样的利润率计算年利润为416亿元，那时大疆的PE值就降到了3倍，这在老股民看来就是白菜价了。投资机构通常是另一个估算方法：5年前大疆估值3亿美元，到2017年变成了150亿美元，5年涨了50倍；参照这个趋势，结合利润预测，从2018年开始，5年涨10倍是保守的吧。有这样一个挣钱速度，所以100多家投资机构竞标抢购大疆就不足为怪了。

大疆在此轮的融资文件中披露：未来5年大疆营收复合增长率预计超过90%，净利润复合增长率预期超过70%，并且继续保持25%的净利润率。如果真能实现如此高增长的话，大疆在无人机领域的全球领导者地位，很多年内也很难被竞争者撼动！

T

第5章

三大原理

本章导读

美味七七是一家生鲜电商创业公司，创立一年后即获得美国亚马逊2 000万美元投资。2016年4月，美味七七宣告暂停营业，其实就是倒闭了。“眼看他起高楼”，不到3年就“楼塌”了，都是产品组合的定位失误惹的祸。生鲜电商是一个特别难搞的商业模式……

就像鲁迅的《孔乙己》中孔乙己爱显摆的“回字有四种写法”，中外学者关于企业定位也有4种说法……我们可以紧跟“定位”“赋能”“失控”“必然”等流行书籍的时髦理论，但不应该只是凑个热闹，只为别人捧捧场。如何为自己的企业定位、赋能，避免发展失控，进而为创造价值而分配价值，让赢利成为必然?

5.1 三端定位原理：构建产品组合的多要素协同活动

重点提示

※生鲜电商美味七七失败的主客观原因是什么？

※如何用三端定位原理为商业模式定位？

※为什么有些娱乐人士不惜妖魔化自己？

创立于2013年5月的美味七七是一家生鲜电商公司，初期定位的产品组合是“生鲜+电商”——将水果、蔬菜、水产等网上售卖，以快递方式为顾客送货上门。创立一年后，美味七七即获得美国亚马逊2 000万美元投资。有了钱，美味七七开始重新定位产品组合：首先，品类求全，SKU迅速冲破5 000大关。其次，推出一小时送达服务。

美味七七产品组合的定位改变后，一系列商业模式要素必须随之调整、与之配套：第一，自建全程冷链物流，沪上中央仓储扩展到一万多平方米，在上海各区域建有 30 个中转站点；第二，直扑O2O风口，笼络大批线下社区店加盟；第三，疯狂补贴，以低价吸引流量。

2016年4月7日，美味七七宣告暂停营业，其实就是倒闭了。“眼看他起高楼”，不到3年就“楼塌”了，都是产品组合的定位失误惹的祸。美味七七定位在生鲜电商，这是一个特别难搞的商业模式。自建冷链、中央仓库、分布式站点；尽快送达、保质期短、持续补贴等，生鲜电商到处都是烧钱的地方。网上卖水果、蔬菜、水产，损耗损失的因素多，客单价小而重量大，快递费占比高；原产地农产品，产品大宗价格透明，很难差异化。遍布大街小巷成千上万的水果店，价格灵活，时令新鲜，唾手可得，对顾客具有很强的吸引力。美味七七要在一片空白中迅速崛起，表面看起来竞争对手是同样搞生鲜电商的“难兄难弟”，而真正强大的对手是“蚂蚁军团”——大街小巷成千上万的水果店，显然它们更有控制地盘的威力。因此搞生鲜电商，是成本大、油水少，而传统竞争力量既顽固又强大。挡不住的是，各种分析报告、行业内外专家纷纷放言：生鲜电商“无疑”是最有发展潜力的一片蓝海！这就诱导了一大批创业者和投资机构杀进了生鲜电商领域。

更重大的失误是美味七七获得亚马逊融资后，迅速调整产品组合的定位——飙升SKU扩张品类和推出1小时送达服务，这犹如在沙滩上起高楼，着实为关门破产助推了一把。飙升SKU扩张品类，必然要增加冷库数量和冷链投资；为了一小时送达，必然要增加配送节点，并在配送节点保持库存；为了减轻库存压力及履行服务承诺，奋起直扑O2O风口，笼络大批线下社区店加盟；为了吸引流量，必然要低价和疯狂补贴。当时的美味七七，烧钱速度越来越快，顾客投诉越来越多，伴生多个利益体的纠缠和管理混乱。

男怕选错行，女怕嫁错郎。原来讲三百六十行，行行出状元；现在讲三万六千行，行行要定位。这个定位，就是要构建好产品组合。

5.1.1 企业定位的4种说法

就像鲁迅的《孔乙己》中孔乙己爱显摆的“回字有四种写法”，关于企业的定位也有4种说法。

第一种是战略营销STP理论中的定位。STP理论有3个步骤：市场细分（Segmentation）、选择目标市场（Targeting）和产品定位（Positioning）。以传音手机在非洲获得成功为例，用STP理论再现一下当时的产品定位场景。创始人竺兆江拿着个地球仪转来转去：第一步，市场细分——通过经度、纬度线把“地球”分成许多细分的格子。第二步，选择目标市场——转动地球仪，哪里市场空白有拓展潜力，并且有资源、相对富裕？非洲→尼日利亚。第三步，产品定位——黑肤色美肌拍照专用手机。

STP定位，最早由美国营销学家温德尔·史密斯在1956年初步提出。此后，经过美国营销大师菲利浦·科特勒进一步发展和完善并最终形成了成熟的STP理论。STP理论是从顾客需求出发的单端定位，以顾客需求为导向，决定经营哪个产品。这样，它有一个很大的优点，产品搞对了就能卖出去。其缺点也比较明显：①顾客对新产品需求往往一脸茫然。例如，在马车时代，顾客陈述的需求往往是更快或更豪华的马车，而不太能提出需要一辆烧油的汽车。②忽略了对企业自身、合作伙伴的能力及资源的考量。例如，市场对高端半导体芯片有强烈的需求，但是鲜有企业能制造出来，不仅因为工艺难度，更因为制程设备都被西方"禁运"了。③市场有需求，企业也能干，但是否有比较竞争优势，是否能赢利？例如，团购是有需求的，创业门槛也不高，但是6 700多家进入者，最后只有美团一家不得不依靠并购完成转换轨道。

第二种是以波特为代表的战略定位，也分为3个步骤：①选择一个有吸引力的行业。②分析产业链的相对竞争优势，构建企业价值链。用价值链理论和五力模型分析一下，企业定位在产业链哪一部分，如何构建企业的价值链。③在低成本、差异化、集中化3大战略中，三选其一，定位成企业的主要竞争战略，然后一路发展下去。

现在来看，波特的战略定位是粗线条的定位，更多考量如何避开恶性竞争或建立错位竞争优势，很少谈及具体产品如何定位，所以对顾客需求、企业能力和资源、外部合作伙伴支持等三者的协同效应关注甚少。

第三种就是特劳特定位，其核心要旨是为某个品牌在大脑中开辟一块边界清晰的区域，然后高频投放广告不断强化认知。当遇到一堆品牌时，大脑中的该品牌特区就会发出强劲影响力，导致人们十有八九选择该品牌。特劳特定位的核心是如何在顾客大脑中做文章，只适用于部分保健品、食品等品牌构建和阶段性促进销售。

第四种是商业模式中的定位，有3个观点：①一些学者提出的价值定位；②魏朱商业模式的定位；③T型商业模式的三端定位原理。

价值定位是响应细分顾客群体独特偏好而对产品与服务的前期筹划。价值定位介于价值主张和产品形成之间，主要回答将顾客的哪些价值主张转化到产品开发中。价值定位与STP定位类似，都是从顾客需求出发的单端定位。

魏朱商业模式的定位是指“业务定位”，它既是魏朱商业模式的核心构成要素，也是构建商业模式的起点。按照魏朱两位教授的说法：“企业的定位应该因时而动，顺势而为，并没有一成不变的选择。显而易见，定位有不计其数的方法。或者说，可以对企业提出多少问题，企业就可以有多少种定位。”他们还指出：“业务定位是商业模式的起点，它的确立涉及对过去的分析，对现在的把握和对未来的预期。”显然，魏朱两位教授不仅丰富了商业模式定位理论，而且将它向前推动了一大步。

就像“校时”不是钟表的构成要素一样，“定位”也不是T型商业模式的构成要素，而是构建及优化产品组合的一系列活动。产品组合是T型商业模式的一个核心要素。产品组合之于T型商业模式，就像发动机之于汽车的核心地位。产品组合中的“产品”也是广义的产品概念。单一产品是最简单的产品组合；复杂的产品组合，可以是多个实物产品、服务、数字化产品组合在一起。当年的T型福特车，总销量1 500万台，一款产品卖了接近20年，属于商业模式中单一产品组成的产品组合。瑞典利乐公司的商业模式属于提供包括融资在内的包装解决方案，产品组合就比较复杂，其中实物产品有液态奶包装自动线的各类设备、包装袋；数字化产品有控制系统、应用软件等；服务产品有安装调试、培训、分期付款等。创新或优化一个商业模式，核心是定位其中的产品组合。

5.1.2 T型商业模式的三端定位原理

T型商业模式的“定位”与众不同：它主要是对产品组合的定位，它是创建或优化产品组合的一系列活动，它从目标客户、合作伙伴、企业所有者3个方向（端口）协同进行——简称为“三端定位原理”，如图5-1-1所示。

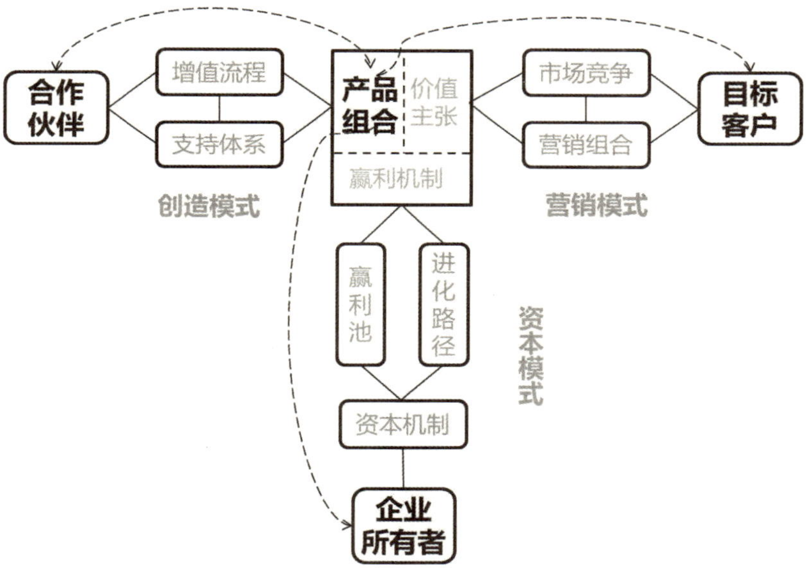

图 5-1-1 三端定位原理示意图

从目标客户端为产品组合定位，可以借鉴营销学的STP定位，从市场细分→选择目标市场→产品定位，其中选择目标市场就是选择目标客户，这里的目标市场主要指按照人群特征划分的市场。例如：小米手机推出时核心目标客户是20～35岁的发烧友，这也是小米的目标市场。在STP定位的基础上，还要考察市场竞争的情况，至少做一个五力模型分析，确定与竞争品牌之间的相似性和差异性。例如：小米提出“高配置、低价格”的价值主张，这也是与三星、苹果等竞争品牌之间的差异性。另外，以定位的方法构建或优化一个产品组合，它不像STP定位那样是一个单向的运动，而是像活塞运动那样的往复循环，从目标客户→产品组合，再从产品组合→目标顾客，是一个不断优化迭代的过程。从目标客户端为产品组合定位，常常适用于跟随市场上的已有产品，在竞品的基础上进行差异化创新。

从合作伙伴端为产品组合定位，首先是寻找携带新技术或独特资源的合作伙伴，然后筹划一下创造模式，形成产品组合的雏形，再思考这个创新的产品组合的目标客户在哪里。卡骆驰洞洞鞋的创始人最早注意到，加拿大某个公司生产的特殊树脂材料非常适合做成鞋子。这种材料内含封闭式气泡，能够在体温作用下自动变形以适应脚部形状。2004年卡骆驰公司买下了这个加拿大公司持有的专利，并将该材料命名为Crostile塑料。以Crostile塑料生产的鞋子外观虽然丑陋，但是它防水、轻便，穿起来异常舒适，可以减缓肌肉疲劳。卡骆驰洞洞鞋最初寻找的目标客户是水上运动爱好者，后来以Crocs（卡骆驰）品牌延伸到夏日休闲鞋，广受青少年、老人、家庭主妇的喜爱。青年时代的比尔·盖茨许下承诺，为IBM的PC机开发操作系统。随后他以5万美元价格购买了一款名QDOS的操作系统，对其稍加改进后，将该产品更名为DOS，将其授权给IBM使用。与IBM合作的过程中，盖茨发现他的操作系统的最大市场是各个品牌的兼容机……

从企业所有者端为产品组合定位，应该立足于企业自身在能力、资源等创业资本方面的优势，然后筹划形成的产品组合能满足那些目标客户的需求，或为那些目标客户构建产品组合。科学家、资本家、资源主、创业梦想家是典型的4类企业所有者。柔宇科技创始人刘自鸿2006年进入斯坦福大学读博士，研究方向是柔性显示技术，2012年回国在深圳创办柔宇科技，以团队积累的在柔性显示领域的几百项专利技术或专有技术寻找与定位产品方向。柔性显示技术应用的领域很广泛，刘自鸿就要综合考量目标客户、合作伙伴等要素，定位自己的产品组合。BAT公司财大气粗，以自身资金实力出发，结合平台需求和目标客户的价值主张，通过开创新的事业部或直接将感兴趣的公司收归麾下等方式，来创新自身的产品组合和优化自己原有的产品组合。资源主对产品组合定位，立足于自己的独特资源。普陀山景区所有者，修一条索道到普陀佛顶，每年营收1亿多元，毛利率90%。在没有索道的成百上千年中，游客或香客都是步行上山的。在“画地为牢”的地方，常常是商家提供什么，顾客就会消费什么。典型的创业者都是梦想家，他们不太会做什么STP定位——研究一下目标顾客在哪里，哪些有点不够“高大上”，而是立足于自己的兴趣或梦想，逢山开路遇水搭桥，像马云、马斯克、孙正义、牟其中等都是这样的梦想家创业者。

再次全面表述一下三端定位原理：对产品组合定位是商业模式定位的主要内容。定位是创建或优化产品组合的一系列循环往复的多要素协同活动，可以从目标客户、合作伙伴、企业所有者等利益攸关者的任何一端开始，并与另外两端协同一致，最终达到创造模式、营销模式和资本模式所属构成要素的协同匹配。

根据三端定位原理，无论从目标客户、合作伙伴、企业所有者中的哪一端开始为产品组合定位，都要与另外两端协同一致。例如，小米手机以“高配置、低价格”价值主张满足目标顾客的需求，而要实现“高配置、低价格”，需要企业所有者整合自身和合作伙伴的资源和能力，并从增值流程、支持体系、营销组合、赢利机制、资本机制等多方面协同考虑。再如，在卡骆驰的案例中，从合作伙伴手中购买了专利和技术，还要对各个细分市场进行调研，初期应该优选最有潜力的目标顾客，为他们开发适宜的产品。卡骆驰的所有者通过释放股权引进人才和资金，才能将产品研发出来，然后不断改进款式和增加品类。在柔宇科技的案例中，创始人刘自鸿从自身技术出发构建产品组合，必然同时考虑为哪些目标客户开发产品，需要哪些人才和供应商等合作伙伴资源。

根据三端定位原理，为产品组合定位是一系列循环往复的多要素协同活动。构建一个创新的产品组合，是一个不断改进的过程。产品组合中有新产品，这个新产品要不断升级换代；产品组合中添加了新成分，新旧成分之间要不断磨合优化。在产品研发过程中，有不同阶段的试验品；推向市场后，还要不断优化迭代，用新版本替代老版本。这里以图示化说明：在产品定位过程中，目标客户、合作伙伴、企业所有者带动的营销模式、创造模式和资本模式是3个圆圈的循环运动，如图5-1-2所示。目标客户需求引导营销模式这个“圆圈”循环；合作伙伴的资源和能力引导创造模式这个“圆圈”循环；企业所有者的资本和雄心壮志引导资本模式这个“圆圈”循环。每个圆圈内部循环往复运动，3个圆圈之间也有相互协同。它们之间的交集就是产品组合的可行区域。

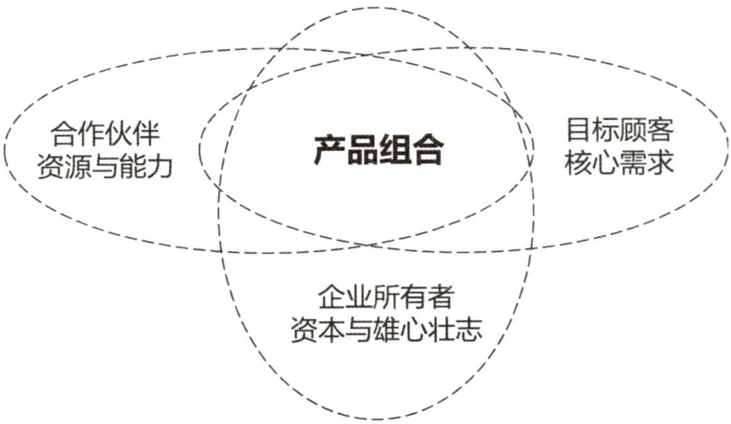

图 5-1-2 产品组合是 3 个“圆圈”的交集示意图

现在的产品经理甚至企业家，非常重视产品生命周期管理（Product Lifecycle Management，PLM）。就连李敖、赵忠祥、布兰妮、麦当娜等演艺界人士，也非常重视自身才艺与形象的生命周期管理。以上诸位在舞台上长期被关注，艺术生命不断延长，源于在不同的人生阶段，他们能结合市场需要，不断创新自己的才艺和形象。在艺人群体中，为了可延续的“产品”寿命，一些人常常不惜妖魔化自己，以起到娱乐大众或收获商业价值的目的。布兰妮是美国影视歌三栖明星，早年塑造成清纯玉女的“小甜甜”形象；中期是开放、大胆、性感的女人；然后是放荡不羁的少妇，甚至把吸毒、同性恋、在公开场合出丑当成了炒作的卖点。她及背后的策划公司有意无意间利用产品生命周期方式来管理“布兰妮”这款娱乐产品。

波士顿矩阵常用来管理产品组合，它将企业的相关产品分为明星、金牛、幼童、瘦狗4个类别，定期用市场引力与企业实力指标对它们进行评判。市场引力就是产品对目标客户的吸引力，企业实力是指企业资源和能力的多寡。企业要不断淘汰瘦狗产品，将幼童产品培养成明星，将明星产品进化为现金牛，待现金牛衰弱成瘦狗后，再孵化更多的幼童产品。这样周而复始，通过创新、进化和淘汰，让企业的产品组合永葆青春、生命源远流长。从产品生命周期管理来看麦当劳总部模式上的产品组合：它创立初期搞直营店，产品组合比较简单；克罗克收购了麦当劳兄弟的股份后，开始大规模加盟和国际化发展；后来是直营与加盟维持一定的比例，赢利机制中增加了房地产收入；进入21世纪，开始去直营化，走品牌、管理体系为加盟店赋能路线。在微观餐饮食品的产品组合方面，麦当劳创立早期初期以汉堡、薯条为主，后来陆续开发并推出了巨无霸、麦香鸡、好虾堡、脆薯饼、菠萝派、培根蛋香煎饼等系列新产品、百变套餐组合。

通过三端定位原理，再来审视一下美味七七案例。美味七七初期定位的产品组合是“生鲜+电商”，懒一点的新新人类习惯了网上购物，无疑未来的目标顾客群体也会不断扩大，但是传统街边水果店竞争优势明显，况且生鲜电商模式自建冷链物流、仓储、站点及不间断价格补贴等，对企业所有者的资本需求很大。因此，生鲜电商不太适合独立地创业做大，而应该是大型电商平台或线下大卖场的衍生业务。美味七七原来就是正大集团的衍生业务。由于烧钱太凶猛，正大集团半卖半送将美味七七转给了旗下的几个职业经理人。职业经理人团队作为企业所有者，在创业方面缺乏历练，靠预算工作的心态很难适应创业企业的剧烈战略波动。虽然亚马逊投资了美味七七，但是除了资金，亚马逊没有提供任何额外资源，两者没有任何协同效应。另外，获得融资后，美味七七迅速飙升SKU，推出“一小时速达”服务，看似击中了目标顾客的核心痛点，但是这样以火箭速度升级产品组合，与合作伙伴的能力资源现状及企业所有者的资本实力严重脱离，实际上已经导致了目标顾客、合作伙伴、企业所有者等所代表的三端分离了！压垮骆驼的最后一根稻草，也许是团队领军人物迷信风水大师，自感企业前途迷茫，造成骨干团队纷纷撤离。

5.2 价值分配原理：为创造价值而分配价值

重点提示

※如何评论马云提出的“客户第一、员工第二、股东第三”？

※沃尔玛如何做到“天天平价”，它产生了哪些威力？

※作为供应商，如何避免被欺凌？

在阿里巴巴赴美国上市前，马云致投资人的信中说：“我在很多场合指出，阿里巴巴信奉‘客户第一，员工第二，股东第三’的经营管理思想。”

马云这一番话在网上引起了异常激烈的辩论。有的人认为，企业应该追求利润最大化，投资人以高估值承担高风险成为阿里巴巴的股东，理应是股东利益第一，至少也是第二吧。有的人认为，为你打江山，每天拼死拼活工作的是你的员工，为什么给予他们的重视要在那些客户之后，这么做不会让员工寒心吗？更多人同意马云的观点：企业的收入来自与客户的合作，把客户价值放在第一时，股东和员工才能获得更高更长远的报酬，因此客户至上应该是所有企业都要秉承的准则。

马云回复说：“我始终坚持客户至上的准则，因为我相信这是正确的，阿里巴巴也是这么做的，但这并不意味着我会将员工放在一个很低的位置，不重视他们。对我来说，员工与我自己没有什么区别，我们所做的都是通过与客户的合作来获取更大的利润。在这个方向上，我们的目标是一致的；既然目标一致，那么将客户放在第一位又有什么问题呢？”

确实如此，在阿里巴巴内部，很多决策并不是以资本利益最大化为主。雅虎占了阿里巴巴30%的股份，在董事会上却没有什么话语权。马云很少听资本的话，更多是听客户的需求是什么，因为阿里巴巴有一个梦想——要做102年的企业。资本利益最大化时，企业往往会短视，两三年内也许经营绩效不错，但是再往后是否可持续就不知道了。

5.2.1 利益攸关者如何分配价值

与企业利益相关者诸多，但是利益攸关者寥寥几个。商业模式的底层逻辑是利益攸关者的交易关系，其核心议题是价值如何创造与分配。“在持续经营假设下，为客户提供超越期望的价值，与合作伙伴共同创造和分享价值，企业所有者追求长期价值。为创造价值而分配价值，将目标客户、合作伙伴、企业所有者的价值利益统一起来。”——这是T型商业模式的价值分配原理。

根据经济学的定义，价值是主体对物质消费（或货币占有）所得到的满足与其所付出的经济代价（或机会成本）之差额。客户价值就是客户获得的效用与支付的代价之间的差额。企业为客户提供的价值，只有超越客户的期望，才能有比较高的客户满意度和忠诚度——两者关系到客户是否重复购买和口碑传播。如果高标准要求，这里的“超越期望”是指：企业理解了客户的需求，构建了优秀的产品组合；在客户对产品组合的整个使用周期，超越了客户的期望。

员工付出劳动，与供应商一起，同属T型商业模式中的合作伙伴。对供应商来说，价值就是高于市场公平采购价格的溢价；对内部员工来说，价值就是薪酬超出外部机会收益的部分。企业与合作伙伴共同创造和分享价值，这体现两者的紧密合作关系；他们之间的持续博弈表现为讨价还价，这体现两者之间的相互竞争关系。波特五力模型从竞争视角出发，将供应商看成与企业争夺利润的主要竞争力量。但是，从T型商业模式视角，将供应商看作企业主要的合作伙伴，在创造模式中共同构建超出客户期望的产品组合，因此之间的合作远大于竞争。第一种情况是企业对供应商的采购定价，可以通过市场询价和招标定价，这时供应商通常不会获得高于市场公平采购价格的溢价；第二种情况是供应商提供的产品具有明显的差异化独特性，这时企业对供应商的定价不具有主导地位；第三种情况是企业与供应商之间协作更加紧密，相互介入双方的研发、运营等流程，这时的采购价格常常由双方协商而定。第三种情况下的供应商，是企业真正的合作伙伴，称为紧密合作型供应商。T型商业模式中的合作伙伴，重点是指紧密合作型供应商。员工的分类与供应商差不多，能为企业创造独特价值的员工称为紧密合作型员工。企业愿意给予紧密合作型员工高薪酬、高福利，更多的成长和晋升机会，乃至于股权激励等。

正像企业价值有多个含义，这里的企业所有者与会计学上的企业所有者略有不同。在这里，企业所有者并不是指全体股东，而是指有权决策对外股权融资、股权激励、对外投资合作等资本机制层面的操作事项的一个人或一个小组。具体到企业现实的决策场景，往往是企业掌门人、创始人或核心团队掌管了这些决策权，而股东会、董事会等往往是一个正式的法律形式。**那些持有少量股权的骨干员工、财务投资者及其他各类小股东，在T型商业模式中常常被看作合作伙伴要素。**例如，风险投资属于财务投资者，他们并不长期持有公司股权，而是择机获利退出。雅虎占了阿里巴巴30%的股份，比创始人马云的股份多几倍，但是雅虎不是T型商业模式所定义的企业所有者。根据价值分配原理，企业所有者追求长期价值，意味着短期盈利不是企业的最优选择。尤其是平台模式这一类企业，初期要搭建平台，激发双边效应，要不断依靠股权融资，通过补贴目标客户为他们提供超越期望的价值。在替代品阻力比较大或竞争激烈的行业，企业常常还要补贴供应商等合作伙伴，以提升平台的吸引力或加快平台的构建速度。现在的独角兽，3～5年以上不盈利而企业估值超过10亿美元的比比皆是，这似乎是一种新常态了。企业所有者追求长期价值而放弃短期利益的原因是：一个公司的价值，是其未来自由现金流的折现，而不是利润。亚马逊创立20多年，创始人贝佐斯从不把盈利当回事，而是追求企业的长期价值。亚马逊企业价值超过10 000亿美元时，原来的财务投资人或小股东可以出售自己的股票，这样所获得的收益远远超过由于企业盈利而可能获得的一点点分红。有一个好的商业模式，企业所有者追求长期价值，风险投资机构等资金合作伙伴就接踵而至了。

沃尔玛的口号是“天天平价”。顾客去超市自助购物，并不需要特别的服务，沃尔玛的“天天平价”就是提供了超越顾客期望的价值。当然，沃尔玛打造的产品组合也是产品金字塔模式：“比价商品”卖低价吸引顾客，而自有品牌和差异化商品设定比较高的毛利。沃尔玛能够“天天平价”的秘密是通过供应链管理与合作伙伴共同创造和分享价值。沃尔玛通过直接与供应商签订采购协议，省去中间流通环节，减少供应商被渠道和物流仓储的层层盘剥；与供应商确立长期采购关系，让合作伙伴看到双方合作的长期收益，从而敢于投入大规模生产和降低成本，最终使消费者受益。同时，沃尔玛采取买断销售、定期结算的方式，而不是采用代销模式将经营风险完全转嫁给供应商。不仅如此，沃尔玛也积极帮助供应商改善管理，协助他们优化流程、引进先进设备及提升技术工艺，通过持续提高他们的经营管理水平，使整个供应链从上游开始优化，形成供应链管理的良性循环。例如，沃尔玛在辽宁瓦房店建立了绿色水果转换有机水果直接采购基地，引进先进技术和实施方案协助供应商对当地5 000亩①的绿色水果进行有机转换。沃尔玛协助100万中国农民参加农超对接项目，共同建立一条涵盖供应商、配送中心、卖场等所有环节在内的绿色供应链。之所以这样与顾客和供应商分配价值，沃尔玛的企业所有者追求的是企业发展的长期价值。沃尔玛起源于1950年山姆·沃尔顿在美国开设的一家杂货店。秉承这样一个价值分配

① 1亩=666.66平方米。

原理，1999年沃尔玛的股票价格已经比1972年上市时翻了2 900多倍。经过近60年的发展，沃尔玛在全球开设了超过10 000家商场，已经是世界上最大的连锁零售企业，近些年持续位于《财富》世界500强榜首。

耐克运动鞋以高科技高质量、时尚风格、与体育冠军关联的精神偶像为依托，为青少年目标顾客提供超越他们期望的价值。在与合作伙伴共同创造和分享价值方面，耐克实行低成本的虚拟化生产方式，在原材料及劳动力低廉的第三世界国家进行产品制造，以达成低成本与高形象高售价的赢利机制。耐克的企业所有者所关注的是耐克品牌的长期价值，从运动鞋向体育运动相关产品延伸，不断扩展产品线和产品种类。无论是以上列举的沃尔玛、耐克案例，还是华为、亚马逊、阿里、腾讯、优衣库等诸多成功的公司，在持续经营假设下，必定遵循这样的价值分配原理：为客户提供超越期望的价值，与合作伙伴共同创造和分享价值，企业所有者追求长期价值，如图5-2-1所示。

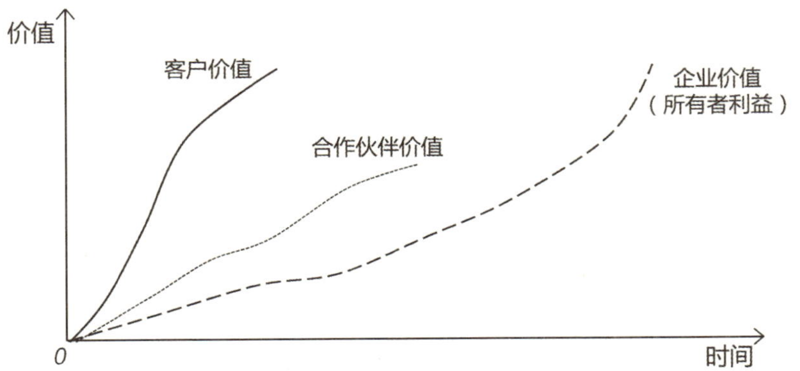

图 5-2-1 价值分配原理示意图

5.2.2 为创造价值而分配价值

利益攸关者之间的价值分配不是零和博弈，而是共同将事业做大的正和博弈。正和博弈亦称为合作博弈，是指博弈双方的利益都有所增加，或者至少是一方的利益增加，而另一方的利益不受损害。为客户提供超越期望的价值，企业所有者得到的回报是顾客的重复购买和口碑传播，塑造了企业品牌。客户越来越多，销售规模不断增加，与品牌知名度、成本降低相互产生增强效应。有了稳定的客户群体后，企业还可以通过新辟事业部扩充产品种类，实现企业赢利的不断增加，这让企业所有者长期受益。同理，企业合作伙伴分享的价值必然水涨船高。

为创造价值而分配价值，将目标客户、合作伙伴、企业所有者的价值利益统一起来。在T型商业模式构架中，中间大方框的价值主张、产品组合、赢利机制三位一体，分别对应3个端点的目标客户、合作伙伴、企业所有者。遵循价值分配原理，它们就共同形成一个向上旋转的“魔方”，企业沿着螺旋上升的轨迹发展壮大。企业很好地理解了目标客户的价值主张，才能为他们提供超越期望的价值；目标客户给企业的回报是产品组合的销售规模增加，内容不断丰富，从而合作伙伴分享的价值也在递增；最终成本的降低及赢利的增加，让赢利机制进入良性循环轨道，保障了企业所有者的长期利益；通过赢利增加，还可以更多地应用外部资源杠杆，从而满足目标客户更多的期望或满足更多目标客户的期望，合作伙伴分享的价值也不断水涨船高……

对于消费品，主要是关注重点顾客的价值主张，为他们提供超越期望的价值。消费品企业不少推崇VIP会员制。例如：航空公司对商务舱、金银卡等VIP顾客提供了很多额外尊贵服务，银行业也是如此。诸多如此，目的是关注VIP顾客的价值主张，为他们提供超越期望的价值。**对于工业品，重点是关注战略性客户的价值主张，为他们提供超越期望的价值。**战略性客户是那些行业领导型企业、标杆企业或有巨大影响力的平台型企业客户。微软宣布采购中国华为的人工智能芯片，初期采购量不是很大，但是对于华为具有战略意义。上海拓璞起初的目标客户是航天行业的企业，后来中国商飞采购了一台拓璞的重大装备，这对于拓璞战略意义重大，表明企业进入航空市场有了一张“通行证”。

2004年，全球设计界“女魔头”扎哈·哈迪德中标广州歌剧院设计项目，这是一个战略性标志事件，其后她的设计事务所陆续中标北京银河SOHO、望京SOHO、丽泽SOHO、上海凌空SOHO、南京青奥中心、北京新机场航站楼及香港、澳门的知名建筑项目的设计工作。

对于能够创造独特价值的合作伙伴，企业应给予更多让渡价值或更多价值分享的机会。企业要识别谁是最重要的合作伙伴？对于华为、海底捞及永辉超市等企业来讲，员工是最重要的合作伙伴。华为创始人任正非将自己的大部分股份分享给了骨干员工；海底捞的创始人张勇将基层服务员看成是自己的兄弟姐妹，为他们提供远超越同行的福利待遇和公平的发展机会；永辉超市的创始人将一线员工视为企业合伙人，实行超级合伙人激励机制。像优衣库、丰田、耐克等企业，将供应商作为最重要的合作伙伴，重点在打造供应链或构建生态圈。像滴滴出行、瓜子二手车、拼多多等诸多新晋的独角兽企业，都会在某个阶段将风险投资商视为最重要的合作伙伴，依仗它们带来资金、流量及品牌的加持。

企业所有者追求长期发展价值。初期创立时，企业所有者追求将单品规模做大，最好能推出一两个爆品，以建立稳固的市场地位；单品销量稳定后，可以逐步向范围经济转移，拓展产品线和增加产品种类。企业所有者通过融资做大做强，在资本市场获得估值；进一步的可选项是实现IPO，以获得公开资本市场的认可。

看似价值分配原理很简单，世界上的企业众多万千，但是符合价值分配原理的为数不多，甚至达不到企业总数的20%，难以符合20/80法则。那些没有持续经营理念的企业所有者，宰客坑害消费者及欺骗供应商的经营者，还不在我们假设条件的范围内。大部分企业不能成为出类拔萃者，主要原因是不能为目标客户提供超越期望的价值；其次是错配了合作伙伴或者不愿与合作伙伴分享共同创造的价值；再有，由于企业所有者的战略失误，主客观上不再追求企业的长期价值，也是一个重要原因。

格兰仕奉行的是迈克尔·波特的低成本战略，长期扮演价格屠夫的角色，将微波炉这一品类的销量做到了世界领先。长期的低价形成了低价品牌定位。短缺经济走了，丰饶经济来了，人们比较富裕了，格兰仕不再能为目标顾客创造超越他们期望的价值。耐克是高价格、低成本，所以赢利机制能长期发挥增强循环效应，让企业所有者一直保有其长期价值。而格兰仕是低价格、低成本，当员工及合作伙伴对低成本难以承受时，赢利机制失灵，价值分配的冲突就会发生。2014年4月14日凌晨，格兰仕中山南厂区发生2 000名工人打砸工厂事件，原因是抗议工资低于公司招工时的标准。

ITAT曾经以其近乎“完美”的商业模式设计，受到企业界、学术界、投资商的追捧，吸引了美国摩根士丹利、蓝山资本、CITADEL投资集团、美林证券等高达1.2亿美元的风险投资，让很多服装经营企业艳羡不已。然而，作为一个可持续的、健康的商业模式必须高度重视的顾客价值，却被ITAT忘到了脑后。ITAT连锁店上架那些服装，以解决合作伙伴的库存为导向；在哪些地方开店，以合作的地产商哪里有闲置物业为决策依据。ITAT所售商品连普通消费者所追求的身份、时尚、实惠及便利都做不到，其门庭冷落也就不足为怪了。不能为顾客创造价值的商业模式，不管如何受到资本的追捧，迟早都是昙花一现。果不其然，ITAT上市聆讯时遭到港交所否决，弄虚作假的财务业绩不能支撑长期发展，ITAT很快以创始人遁形、投资商血本无归而告终。

2007年之前的百安居中国，典型的名店欺客，以欺骗消费者和压榨供应商换取现金流，在中国大肆开店扩张。其赢利机制的伎俩是引进不入流的供应商，在百安居的光环下冒充名牌。尽管这些供应商的商品能以名牌的价位销售给消费者，但是百安居扣除了绝大部分利润，并且长期拖欠供应商货款。中低端的供货商和马路装修工头依附于百安居这个跨国品牌，联合将高价低值产品以名牌价位销售给客户，他们自己却不能分享联合作祟的价值，必然变本加厉地让质量更低劣，加剧对消费者的伤害。由于被多年拖欠货款及百安居对商品扣点越来越高，最后这些供应商都撑不住了，2007年6月终于爆发了冲击百安居上海总部事件。随后的2008年，百安居中国巨亏5 200万英镑，紧接着几年开始大量关店，至今一蹶不振。

除了马云“客户第一，员工第二，股东第三”的经营管理思想，任正非在华为也提出“以客户为中心，以奋斗者为本，长期坚持艰苦奋斗”的核心价值观。诸如此类，它们都是价值分配原理的不同表达形式。**商业模式的底层逻辑是利益攸关者的交易关系，其核心议题是如何创造价值和分配价值。**T型商业模式所倡导的价值分配原理是：在持续经营假设下，为客户提供超越期望的价值，与合作伙伴共同创造和分享价值，企业所有者追求长期价值。为创造价值而分配价值，将目标客户、合作伙伴、企业所有者的价值利益统一起来。

5.3 资本赋能原理：如何正确地自我赋能

重点提示

※为什么说企业自我赋能是最重要的赋能？

※京东以资本赋能的“飞轮效应”对我们有哪些启示？

※要优先为哪些商业模式要素赋能？

自古以来，赋能常用在这样的场合：人们祈求上天或神灵的帮助，希望超自然的力量给自己赋能，以便自己能渡过难关或做到超出自己正常能力范围的事。从科学角度讲，赋能是积极心理学中的一个名词，旨在通过言行、态度、环境的改变给予他人正能量。

近几年，赋能这个词从宗教、心理学含义演变到经营管理领域，被企业界人士广泛提及。据考证，早在2015年阿里巴巴“参谋长”曾鸣为《重新定义公司》写序，标题就是“赋能：创意时代的组织原则”。曾鸣说，我们正面临第四次工业革命，其核心内容是创意革命。今后机器人替代人，创意必然就越来越贵了。如何激发人的创意，之前的各种激励措施可能要失灵，而新的解决方案是给团队成员赋能。

起到推波助澜作用的是美国陆军四星上将斯坦利·麦克里斯等人写的一本书《赋能：打造应对不确定性的敏捷团队》（以下简称《赋能》），该书在中国大陆出版的时间是2017年11月。作者麦克里斯曾是驻阿富汗美军的指挥官，写《赋能》的缘起是他对与“基地”组织之间一段斗争经历的感悟：“貌似不堪一击的‘基地’组织，由于没有统一的指挥，反而变成了一个难缠的对手。美军被迫学习‘基地’组织，把特遣部队变成了一个个相对独立、有决策权、能调动炮火的敏捷小组，最终战胜了对手。”

由此及彼，作者从这段不同寻常的经历中提炼成了经营企业的方法论：“企业应该为团队成员赋能，以应对现在及未来竞争的不确定性。”

大部分人谈赋能，是指对团队成员赋能，然后打造一个超级团队。**脱掉赋能的“马甲”就是授权。**在管理学发展历史上，授权一直被老生常谈。如果对赋能疑惑不解，你就理解一下什么是授权，它们两者至少是近义词关系。少部分人谈赋能已经延伸到了其他领域。马云常挂在嘴边的赋能，是指阿里巴巴赋能中小企业，与它们共同建立电商生态平台。马化腾倡导去中心化的赋能，腾讯负责通信、社交、数字内容等基础设施，赋予参与的商家或个人更多的自主权。刘强东放出“大招”，京东以5大赋能模块对新零售赋能……不久将来，加盟者可以用1万元新开一家京东便利店。联想集团CEO杨元庆表示：人工智能驱动着第四次工业革命，联想要做推动者和赋能者。2018世界人工智能大会在上海开幕，大会主题为“人工智能赋能新时代”。

《赋能》中提及的赋能缘起于美军特种部队与“基地”组织的斗争经历，即使同比例跨界过来，也只能适用于极少一部分企业。没有建立起恰当的管理体系和配称的企业文化，照搬《赋能》的建议，可能会导致管理失控，人为地将企业弄成一盘散沙。阿里巴巴、腾讯、京东等都是平台型企业，它们需要为合作者或客户赋能，搞互惠互利的交易，最终让自己的平台更强大。至于人工智能赋能，普及到中小企业，还需要若干年。总结下来，赋能这么火，谈得都是“隔壁老王”的事。我们可以紧跟“赋能”“失控”“必然”等流行理论或概念，但不应该只是凑个热闹，只为别人捧捧场。《论语·子张》中说：博学而笃志，切问而近思。**我们重点思考如何自己为自己赋能，其次设法吸引他人为自己企业赋能，这才是脚踏实地的命题。**

5.3.1 资本赋能的利与弊

在T型商业模式中，资本不仅指货币资本，而是指广义的资本：是指那些能在未来经营活动中为企业带来增值的有形或无形价值形态，主要包括能力和资源两个部分。每人都有自己的资本，每个企业都有自己的资本。让资本为商业模式赋能，目的是增加企业的赢利能力和竞争优势。**让资本赋能，不至于盲目地使用资本，可以参考资本赋能原理：资本应该优先赋能于那些让赢利机制形成利于企业进化发展的持续增强反馈的商业模式要素上。**

资本赋能的效果如何，大致看以下3个方面：①促进更多资本输入企业经营，在同样的赢利机制转换效率下，将输出更多的资本。②让赢利机制的转换效率提高，在同样的资本输入下，输出增加了。③提高赢利机制的寿命周期，让输出资本的时间区间延长。让资本赋能的良性作用循环起来，下一次比上一次更好，让赢利机制形成有利于企业进化发展的持续增强反馈，资本赋能就是要对能发挥这个作用的商业模式相关要素赋能。

自营电商是京东的基本商业模式。它吸引目标顾客的价值主张是更丰富的商品、更快地送达、更低的价格，分别对应于T型商业模式的产品组合、支持体系和营销模式3个要素。京东上市前后融资接近600亿元，几乎都用来为基本商业模式赋能了。一部分资金用来对顾客进行价格补贴，京东自营商品基本在微利或亏损状态；一部分资金自建物流体系，让快递效率提高；还有一部分资金用于扩大产品组合，因为低价而丰富的商品将吸引更多的顾客购买。通过融资输入资本，为关键要素赋能，初期的京东必定要形成这样一个良性增强反馈的赢利机制：以低价和补贴促销吸引，让更多顾客成为平台用户→扩大采购批量，进货成本和物流成本双双降低，吸引更多顾客，购买频次再增加→更丰富的商品，更低的采购和物流成本……京东的赢利机制中内含飞轮效应，起初需要大量融资赋能才能启动飞轮，在增强反馈机制下运转不断增强，促进采购、物流及管理等边际成本降低、口碑传播等发挥协同叠加作用。经过融资发展期后，内生资本产生足够动力逐步代替外部融资为商业模式赋能，让赢利机制越来越增强地循环下去。像亚马逊一样，京东不急于让基本商业模式获得财务利润，它的赢利贡献是更多的平台用户数、用户活跃度和品牌价值等。依靠基本商业模式的贡献，京东2018年的活跃用户数达到3亿多。在基本商业模式上，京东陆续叠加了京东金融、京东物流、商户平台、企业购、京东云、京东智能等创新商业模式，其中京东金融、京东物流已经被分拆，都已成为估值超过100亿美元的超级独角兽。

凡客诚品几乎与京东同时起步做电商平台，其背后的资源和自身的营销能力应该使其比京东还强大一些。但是，凡客融资5亿多美金用于粗暴地为产品组合赋能。凡客的SKU曾一度增加至 20 万个，频道扩充为 500 多个。凡客平台上几乎全是自有品牌服装，简单地进行OEM贴牌采购，不能增加任何客户价值。产品组合扩张太快，导致产品质量失控。凡客巨额融资为产品组合赋能，最终变成了一堆难以消化的库存。

5.3.2 常用的3个实用工具

飞轮效应、刺猬理念和边际成本递减是开展资本赋能的3个实用工具，如图5–3–1所示。

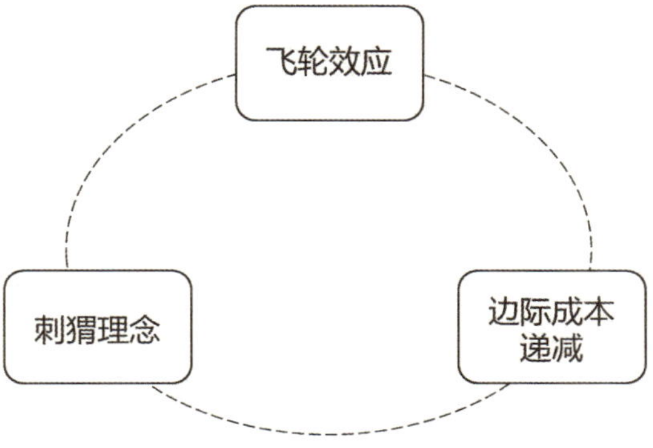

图 5–3–1 资本赋能常用的 3 个实用工具示意图

前面说到京东的赢利机制中，内含有飞轮效应。飞轮效应指为了使静止的飞轮转动起来，一开始你必须使很大的力气，一圈一圈反复地推动，但是每一圈的努力都不会白费，飞轮会转动得越来越快。当达到一个很高的速度后，飞轮所具有的动能就会很大，而维持它转动的外部力量反而可以逐渐减少。飞轮效应类似于资本赋能原理中的“有利于企业进化发展的增强反馈”。

刺猬理念源自古希腊寓言《刺猬与狐狸》。狐狸是一种狡猾的动物，同时追求着很多目标，思维是凌乱或扩散的。刺猬则把复杂的世界简化成一条基本原则或理念，专注于形成核心能力，而不去轻易分散自己的精力和资源。刺猬理念是指贯彻资本赋能原理要坚持和持续，“不破楼兰终不还”。在这里，我们将刺猬理念上升为一个实用工具，即贯彻资本赋能的一个重要手段。

边际成本递减可以用来评价为资本赋能而选择的商业模式要素是否正确。将资本赋能于某些要素后，而边际成本没有降低下来，这不符合资本赋能原理。边际成本递减是指随着产量（或用户）增加，所耗费的单位成本将越来越小。虚拟产品比实物产品有更强的边际成本递减效应。例如，1亿人使用微信与11亿人使用微信，对于腾讯来说运营成本没有同比例增加10倍，可能只增加了不到10%。因此，企业具有某种核心能力、规模效应、品牌价值等，常常会导致产品组合的边际成本递减。

章节2.8曾经说到7-Eleven管理总部打造了“五项全能”支持体系，为旗下加盟小店主赋能。这5项赋能分别是：商品开发、经营指导、IT大数据、物流和金融。由于7-Eleven赋能，加盟的便利店效益越来越好，挣钱效益带动更多的人来加盟，不仅总部收取的扣点服务费越来越多，而且可以挑选更多优质的加盟商。这样启动的飞轮效应让7-Eleven进入良性的增强循环——从当初的濒临倒闭到现在拥有近60 000个加盟商。飞轮效应让赢利机制输出更多赢利，同时外部的机会诱惑也会增加。7-Eleven经营团队能够遵循刺猬理念，几十年坚持围绕便利店加盟拓展事业，功夫不负有心人，最终在这个低端江湖行业形成了自己的核心竞争力。以规模经济和范围经济“双管齐下”的优势，7-Eleven让商品、物流及管理分摊等边际成本不断降低，保持了从1974年创立以来连续40多年的增长势头。

2009年，宅急送的骨干高管出来单干，创立星晨急便。星晨急便的主营业务也是快递物流，创业之时就有很好的内外部资源和有利的外部环境：创始人从事快递物流行业15年，属于中国最早一批开拓者；自有资金5 000万元，阿里巴巴投资7 000万元，拥有成建制的创业团队；电子商务大发展，带动整个快递行业红红火火。遗憾的是，2012年3月4日，创始人公开发出一条信息：“公司解散了，阿里巴巴的7 000万元，我的5 000万元全部赔光了。现在客户的2 000多万元货款被加盟商非法侵占，也不能返还。1 400多名员工两个多月没有领工资，我已经倾家荡产……”这条公开信息，表明星晨急便要倒闭了。星辰急便这么快升起，又这么快倒闭，原因是资本赋能出现了问题。星晨急便成立时，与顺丰、中通、圆通等大型快递公司错位竞争，差异化市场定位于边缘郊区或县城乡镇的“落地配”。从T型商业模式分析，星辰急便市场定位于利润稀疏的区域，赢利机制是很难形成的。在这些利润稀疏的地区，星晨急便开出优厚的招商条件，吸引大量加盟商一起开疆拓土。远郊乡镇网上购物者，担忧物流送达及产品质量，选择货到付款比较多。加盟商赚不到钱，便将代收的货款截留了下来。发展加盟与代收货款，背后都是金融企业的生存逻辑：风控、合规是第一位的，业务支持体系及标准化管理体系是必不可少的。星晨急便将资本主要用在网点扩张、车辆购置及对外并购上。尽管星晨急便携带很多资本优势，但是以军阀抢地盘的思路创办与经营“类金融”模式的企业，必然让资本赋能搞错了方向。最后盲目收购同行——鑫飞鸿物流，成了压垮骆驼的最后一根稻草。

5.3.3 为哪些要素赋能?

资本赋能要重点考察创造模式和营销模式中那些主要参与赢利机制增强反馈的要素，尤其是聚焦那些让边际成本降低的薄弱要素。

在T型商业模式中，企业遵循资本赋能原理为自己赋能，主要在支持体系、增值流程、合作伙伴、产品组合及营销组合这5个要素中选择，如图5-3-2所示。与目标客户接触紧密的要素是产品组合、营销组合，也称它们为前台要素。为产品组合赋能，增加客户满意度和忠诚度，最终增加了产品的销量；为营销组合赋能，扩大了市场范围和渗透度，吸引更多顾客购买，最终也增加了产品的销量。前台因素的长期合力效应，增加了企业的品牌价值。支持体系、增值流程、合作伙伴是后台因素。为后台因素赋能，降低了产品形成过程中的边际成本，意味着产品销售时边际收益增加了。

吉列公司最早发明了“刀架+刀片”模式，而后长期通过资本赋能来维护其行业领导地位。吉列公司的重点是在支持体系方面赋能。为了让小小剃须刀更锋利、更好用，卖高价还让顾客愿意埋单，吉列公司动辄就在某个重大技术革新上耗费多年时间，花费数亿美元研发成本。从诞生开始的100年间，吉列公司一直不断改进它的核心产品，不断为新产品和技术创新申请专利，在技术和工艺等多重壁垒方面持续更新，让竞争对手始终无法赶上。

产业生态圈的核心企业主导的供应链金融，是为供应商等合作伙伴赋能，解决它们的资金瓶颈问题，同时自己获得了借款利息和供应链改善双重收益。永辉超市的超级合伙人模式、海底捞对员工好、阿米巴经营模式、海尔的人单合一都是为企业员工赋能，将员工看作合作伙伴，共同承担创业创新的责任，共同分享创业创新的价值。尤其对于服务行业来说，为顾客提供超越期望的服务是营销的撒手锏，其背后是对员工赋能；为员工赋能就是为服务的产品组合和营销组合赋能，可谓一举多得，相互增强反馈，正是符合资本赋能原理的理念和思想。

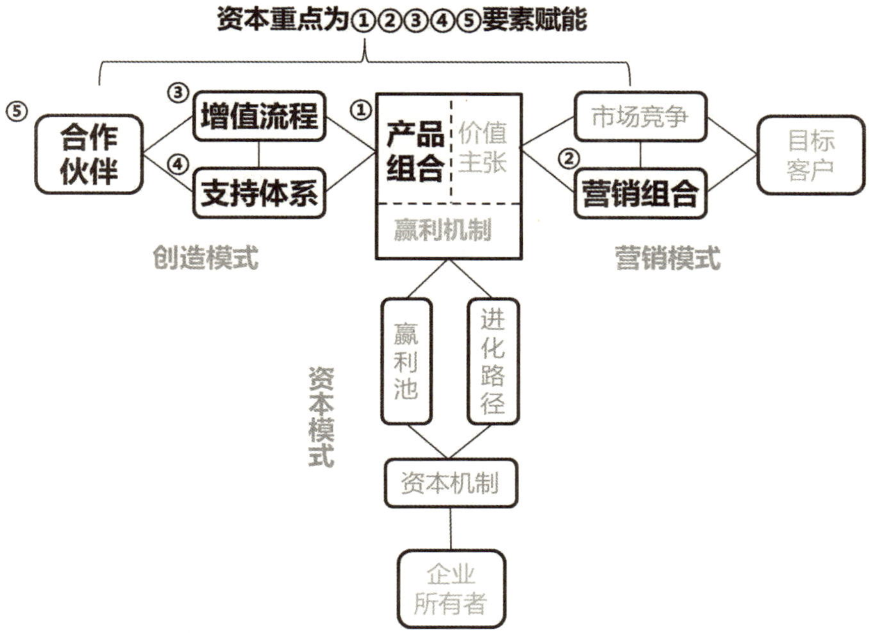

图 5-3-2　资本赋能的 5 个重点要素示意图

当新兴产业的供应商配套跟不上时，搞全产业链有利于提高效率和降低成本。但是，当产业比较成熟时，为品牌、营销和研发赋能，搞虚拟经营轻资产模式有利于企业进化发展。

企业能够正确地自我赋能，才能更多吸引外部资源为自己赋能。资本赋能原理给出了企业自我赋能的指导思想：资本应该优先赋能那些让赢利机制形成利于企业进化发展的持续增强反馈的商业模式要素上。

第6章
关联

本章导读

蓝海战略的提出者金伟灿和勒妮两位教授，以蓝海战略可以同时实现低成本和差异化为优势点，与竞争战略之父迈克尔·波特多次在《哈佛商业评论》上以文章隔空争论，温和地互怼……在本章中，以T型商业模式的视角说明：两位大师的理论是互补的，彼此为对方提供了解决方案。

畅销书《赋能》中有句话："还原论思想深入社会肌理。"反映在经营管理理论领域，学科与专业不断细分，碎片式创新不断涌现，我们拿起了显微镜而忘记了望远镜。文人相轻或利益驱使或刷存在感，理论对错之争常有，雷人的标题党也常有，而客观地批判、系统思考者不常有。

T型商业模式是有关商业模式的一套系统性解释结构，附带能挽回一些还原论带来的副作用，与《蓝海战略》《定位》《爆品战略》《平台战略》等创新理论相互关联，为大家创建一个看待商业模式的开阔视野。

6.1 蓝海战略：与T型商业模式有四个结合点

重点提示

※如何应用蓝海战略的两个核心工具创新商业模式？

※为什么说如家酒店更是一个商业模式创新的经典案例？

※波特竞争战略与蓝海战略有必要互怼吗？

早在1999年，欧洲工商管理学院的金伟灿和勒妮两位教授就提出了蓝海战略的雏形。2005年有了《蓝海战略》中文版，“蓝海战略”一词在中国大陆开始大红大紫。不仅企业家、经理人在思考如何寻找蓝海，连政治家、非营利组织的领导人也开始使用蓝海战略的思维方式。不但“蓝海战略”这个名字好，而且提供的工具、方法非常实用。红海代表现在竞争激烈的市场，而蓝海代表新开辟的罕有竞争的细分市场。如何发现蓝海并研发一个适合蓝海的新产品，用T型商业模式辅助说明，也许大家能更明白一些。

在T型商业模式结构图中，选取市场竞争、目标客户、价值主张、产品组合4个要素来辅助说明蓝海战略，如图6-1-1所示，前面的序号①②③④表示它们的出场顺序。

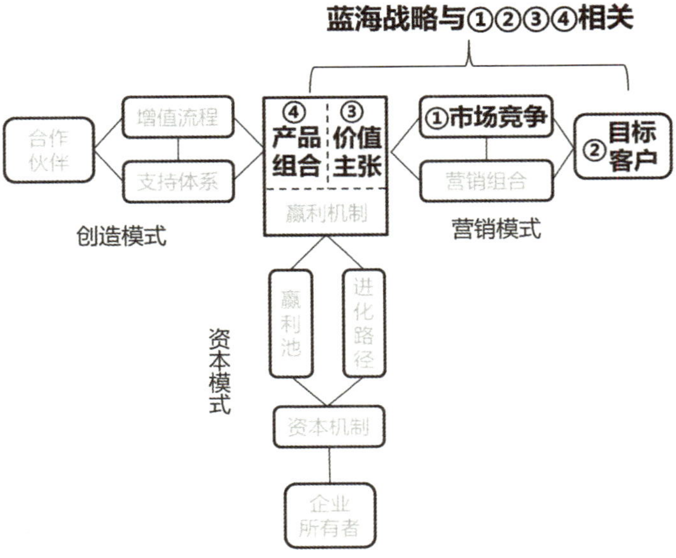

图 6-1-1 蓝海战略如何与 T 型商业模式关联示意图

为了脚踏实地，我们先找一个典型案例来说明蓝海战略与T型商业模式的关联关系。2002年如家酒店创立时，中国酒店行业的市场竞争状况是这样的：高档和低档酒店的两极分化非常严重。高档星级酒店高大上，门厅大堂气派豪华，娱乐健身设施俱全，但是相对于当时人们的工资收入，住宿房价就比较昂贵。低档酒店以家庭旅馆和单位招待所为主，配置简单设施简陋，安全与卫生不保障。由于当时没有携程预订，低档酒店都派服务员到火车站去拉客，各种手段应有尽有，市场竞争非常激烈。可以说，当时的低端酒店是一片红海市场；而高端酒店旱涝不均，有行业展销会就爆满，淡季时空空如也。

那时也正是中国民营经济大面积崛起的时候，中小企业主、经理人、营销人员等企事业人员的商旅活动越来越多，但是找不到一个合适的酒店住宿。高档酒店价格高，超标住不起；低档旅馆服务堪忧，无安全保障还经常“宰客”。因此，有了目标客户——企业差旅人员，他们的痛点也非常明显。

按照T型商业模式的原理，首先要研究目标客户的痛点需求，形成一个对目标客户的价值主张；然后依据这个价值主张设计产品组合。蓝海战略提供了一个工具，叫做“四步动作框架”，可以方便实用地将客户痛点转变为价值主张，然后再升华为产品组合的构成要素。四步动作框架分为4个步骤：剔除、减少、增加、创造。下面以如家酒店的案例继续说明。

剔除——剔除产业中长期攀比竞争的元素。这些元素过去被认为是理所当然的，但是对于新的目标客户可有可无，已经不再具备价值了。如家酒店的目标客户主要是企业差旅人员。对于他们来讲，酒店就是洗个热水澡，睡个舒服觉，安全卫生、价格实惠就可以了。原来星级高档酒那些娱乐休闲场所、健身设施、接待门童、各种花哨或奢华的服务等没有必要，剔除掉这些冗余的项目，如家酒店可以大幅度降低建设和运营成本，将成本节约让渡给顾客，客房价格可以降低不少。

减少——减少产业中过分隆重或投资过多的项目。对于企业差旅人员等目标客户来说，降低一些标准也不会影响体验。首先，客房价格降下来对于他们具有很大的吸引力；降低门厅大堂、前台格调的投资，没有必要那么高大上和气势如虹；降低房间的面积和装饰花费；降低餐厅配置，不必要中餐、西餐、咖啡厅样样俱全。

增加——增加低档竞争者有些亏欠而对于目标客户来说非常重要的项目。低档旅馆的热水时有时无，网络信号不好，床铺时常不洁净，服务员水平参差不齐。对于如家酒店聚焦的目标客户来说，这些要素非常重要，需要认真落实好。况且，这些项目一次投资，在连锁规模效应下，不会增加多少变动成本；加强这类元素，极大地增加了目标客户对如家酒店喜好度和吸引力。

创造——创造产业里面从来没有过的，但是对于目标客户比较重要的项目。创造是去发现目标客户的新需求，为行业制定新标准。如家酒店开创了中国经济型酒店的连锁管理模式。相对于当时的低端旅馆甚至一些高档酒店，如家酒店首先采用了400电话预定、网站预定、大堂网吧、色彩识别管理、手册管理等，后来这些都成了经济连锁酒店的行业标准。

前两项——剔除、减少，在没有损失目标客户体验价值的前提下，极大地降低了企业成本，最终传递为顾客购买成本的降低。后两项——增加、创造，在没有过多增加企业投资和运营成本的前提下，大幅度提高了目标顾客的体验价值和好感度，快速形成了一批忠诚的目标顾客，为下一步的规模化连锁扩张创造了口碑基础。通过蓝海战略四步动作框架，创新的如家酒店同时实现了低成本和差异化，让“鱼和熊掌可以兼得”。

蓝海战略的另一个重要工具是战略布局坐标图。在横轴上列出产业竞争和投资所注重的各个项目因素，即将四步动作框架讨论的各个项目因素沿横轴依次排列，纵轴的高度表示这些项目因素的相对水平。以如家酒店为例，选取低档酒店、高档星级酒店、如家创新的经济连锁酒店3种比较类型，在坐标的中间区域画出对应的3条曲线。通过战略布局图，在四步动作框架局部分析的基础上，创业团队可以对所创新的经济连锁酒店的价值主张进行系统地思考，进一步优化，如图6-1-2所示。根据战略布局图的价值主张要素，形成产品组合的初步方案，然后进一步论证优化，形成产品实施方案，打造第一家实验店的工作就开始了。

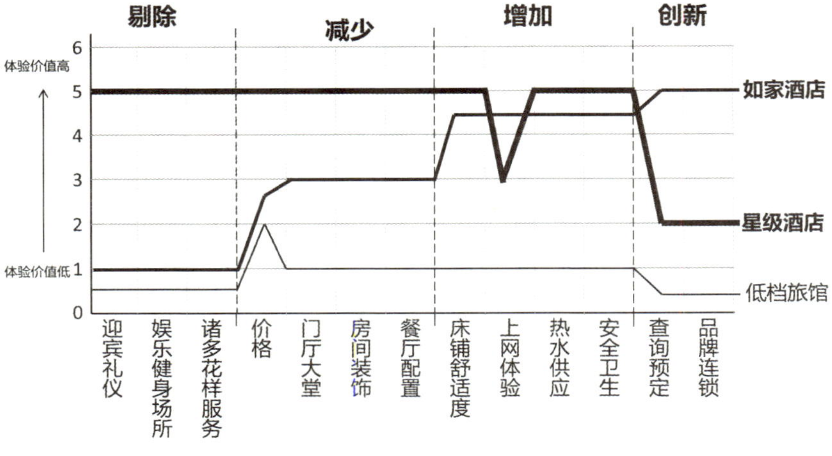

图 6-1-2 蓝海战略的战略布局坐标示意图

第一家如家经济连锁酒店于2002年下半年开业，之后不到4年时间新开与加盟酒店数量超过了100家。如家酒店于2006年10月在美国纳斯达克上市，当年营收5.885亿元人民币，运营利润达7 460万元。通过蓝海战略，如家在中国开创了一个酒店新品类——经济连锁酒店。由于如家酒店上市的财富效应指引，随后中国出现了7天、莫泰、汉庭、锦江之星、格林豪泰等十多个经济连锁酒店品牌。虽然经济连锁酒店品牌及数量在增多，但是客源同步增加，经营状况普遍良好，市场也没有由蓝海很快变成低价厮杀的红海。

如家酒店是蓝海战略在中国的一个典型案例。实战理论往往来自对成功案例的概括总结，《蓝海战略》一书中还有太阳马戏团、西南航空、Curves健身房、QB美发店、黄尾袋鼠葡萄酒等诸多国外案例。蓝海战略的提出者金伟灿和勒妮两位教授，以蓝海战略可以同时实现低成本和差异化为优势点，与竞争战略之父迈克尔·波特多次在《哈佛商业评论》上以文章隔空争论，温和地互怼，都认为自己的理论更有优势。

现在看来，迈克尔·波特的竞争战略、价值链、五力模型等是企业战略等经营理论的“基础设施”，而蓝海战略是在此基础上创建细分市场、避开竞争而实现蓝海生存的一套有效工具和方法论，很好地弥补了波特竞争战略在这方面的不足。**模仿永远比创新容易，所有的蓝海终究要变红海；蓝海生存是偶然的短暂的状态，而红海竞争是长期的常规的状态。**红海中的企业希望开辟一个蓝海，而蓝海中的企业希望通过先入优势等让市场延迟变成一片红海。两位大师的理论是互补的，彼此为对方提供了解决方案。

T型商业模式是有关商业模式的一套系统性解释结构，该结构上的市场竞争、目标客户、价值主张、产品组合4个要素正是蓝海战略在商业模式的4个立足点。蓝海战略实质上是在红海竞争中区隔出一个细分市场，创造一个新品类（差异化产品组合），第一个“吃螃蟹”的企业往往就是这个新品类的代言人，如家酒店如此，西南航空如此，黄尾袋鼠葡萄酒亦是如此。除了蓝海战略，创造一个新品类的路径和方法还有不少，例如：互联网、区块链、3D打印等基础技术创新，可以创造很多新品类；定位理论的重点也是创造一个新品类；广大的创业者和产品经理每天在用多种方法创造新品类。如今，创造一个新品类是一个商业模式问题，所以蓝海战略再归为“战略”有些牵强。随着商业模式从战略这个大家庭中逐渐清晰地脱离，现在理论界已经普遍共识，如家酒店的经济连锁酒店、西南航空的低成本航空等，都是开创了一个新模式，属于商业模式创新。

6.2 定位理论：如何对“定位”重新定位？

重点提示

※特劳特定位适合哪些消费品领域？

※为什么感性消费越来越多了？

※你对纯营销是如何认识的？

章节5.1“三端定位原理”曾讲到“企业定位有4种说法”，其中第三种是特劳特定位。特劳特定位核心要旨包括一个中心、两个基本点：以打造品牌为中心，以竞争导向和占领顾客心智为基本点。通俗地说，人的大脑容量有限，杂事颇多，通过定位为某个品牌在大脑中开辟一块边界清晰的区域，然后高频投放广告不断强化认知，夹带使用信任状、语言钉、视觉锤等专用工具——直至在大脑中构建出鲜明的某品牌特区。当遇到一堆品牌需要做出购买选择时，大脑中的该品牌特区就会发出强劲影响力，导致人们十有八九选择该品牌。当年脑白金也是这么做的，尽管路数有些差异，但是殊途同归。

特劳特和里斯两个美国人曾一起经营咨询公司，共同创立了定位理论。两人于1994年分手各自单干，里斯与他的女儿成立了里斯伙伴公司；特劳特成立了特劳特伙伴公司。自立门户后，特劳特关注的重点是如何利用定位建立强势品牌，包括两个方面：向下寻找有效差异化的方法；向上提升到战略的高度，以争取企业资源实现定位。里斯与女儿思考的是如何从源头找到打造品牌的方法，也包括两方面内容：向下追根究底，寻找品牌的起源；向上在战略高度上，倡导聚焦经营。

中国企业重视营销已经过犹不及，所以特劳特定位在中国做得有声有色，应该比创始人亲自操盘的美国本土，生意要好很多！实施过定位咨询的中国企业有：香飘飘奶茶、好想你枣、东阿阿胶、加多宝凉茶、郎酒集团、老乡鸡快餐、劲霸男装、乌江榨菜、九阳豆浆等。其中比较牛的案例是加多宝凉茶，只不过当时还叫王老吉。2002年，咨询顾问将王老吉定位成“预防上火的饮料”。“怕上火，喝王老吉！”偏偏中国人那些年，动不动就上火，所以王老吉火了！此后10年间，加多宝销售额从2亿元提升到了200亿元。另一个有点牛的案例是香飘飘奶茶，2009年时香飘飘的销售收入已接近10亿元，绝大部分来自香飘飘奶茶。香飘飘开创了杯装奶茶这个新品类，但是模仿者逐渐多起来了，最强对手是喜之郎的优乐美奶茶，销售量已经接近香飘飘。为了应战竞争对手，当年香飘飘请了定位咨询公司为企业把脉，共同做出如下决策：①砍掉一切与杯装奶茶不相关的业务，聚焦奶茶；②为香飘飘定位，向消费者传达香飘飘是杯装奶茶的开创者和领导者这一关键信息。咨询顾问为香飘飘设计了新的广告词：“香飘飘奶茶，一年卖出3亿多杯，杯子连起来可绕地球一圈。”这次定位咨询的效果非常明显，2010年香飘飘卖出了10亿多杯，销售额达到20多亿元，同时也有效压制了模仿者的叫板。

叫板定位理论的来了！《销售与市场》2015年第三期刊发了金错刀的一篇文章《定位是互联网时代最大的一棵“毒草”》，之后在网上又发出一篇《他们花巨资做了定位，却被一个爆品干掉！Why？》两篇文章的标题有点营销味过重，但是内容说理也算是掷地有声。金错刀在文中说：“定位最大的一个毒害，就是过度依赖营销，而严重忽视产品。甚至，一切只为占领用户心智，而严重忽略用户痛点需求。”接着与他的新书《爆品战略》中的观点进行比较：“定位的核心：认知大于事实。所以，战略的核心在改变认知上，比如，砸广告。爆品的核心：体验大于一切。一切以用户为中心，其他纷至沓来，比如，做口碑。”在营销传播方面，金错刀历练也很深，擅长用对立和冲突为自己的新书做宣传，其实“对立”也是定位的一种方法——居然还用了太极拳借力打力的暗招。

一石激起千层浪，爆品派和定位派开始了论战！定位派已在中国涵养多年，人多势众声势浩大，一篇又一篇反击文章此起彼伏，从讨论到骂战，险些升级到“约架”对垒。金先生也是聪明人，让对方的“马”先跑一会儿，有所潜沉后继续借力欲一剑封喉，适时贴出一篇《中欧商业评论》很早刊登过的一篇文章——《一个老广告人的猛文：定位理论在互联网时代失效了》。其中说道：“定位理论认为，消费者是孤立的傻子，可以运用心理战术和大规模媒体投放，去影响他们的认知，实现最有利于竞争的市场地位。其实，这就是一个大忽悠，譬如……”

中国企业长期营销过度而不自知，营销“产业”长期需求过旺，所以营销中立派专家必然趁机看过来，他们又将一篇又一篇文章贴到讨论中。有文章说：“金错刀和邓德隆的文章，都不具备学术立场，而是出于对自身商业机构的营销考虑，这一点是读者需要看清楚的。”还有文章说：“做定位需要投很多广告，做爆品需要烧钱，那到底还有没有大部分中小企业能玩得起的营销游戏呢？叶茂中说，有！那就是‘冲突’！”原来叶茂中新出了一本书，书名就是《冲突》。为了卖《冲突》，叶茂中又一次让出版传媒人士自叹弗如。叶茂中怎么为高大上的“冲突”理论以冲突的手法玩传播渠道下沉？《冲突》书名及叶茂中标志性头像印在了大街小巷的煎饼店的煎饼包装上。笔者亲眼在上海最大的星巴克烘焙店附近看到，5个堪称外国人的中国时髦小姑娘，人手一个煎饼，一边走一边吃，包装袋上印着：《冲突》！

怎么解决营销专家们带来的冲突？如果单从自身利益出发，只能让营销和冲突更升级。“中国制造”变不成“中国创造”，原因在于制造同质化时去投靠“营销差异化”，所以各种营销方法及技巧一个接一个被创造出来了。特劳特定位等各种纯营销都是营销模式的一种，可以用T型商业模式的目标客户、市场竞争、营销组合、产品组合4个要素来说明（参见图6-2-1）：某品牌所在行业产品严重同质化，市场竞争激烈怎么办？在目标客户的大脑中，为某品牌创造一个认知定位。例如：××行业领导者，××市场销量第一……随后大手笔大资金投入搞营销组合，主要是大量投放广告，直到消费者的大脑中被轰炸出某品牌的一块特区。这样做效果通常也是明显的，某品牌产品（产品组合）大卖也是可能的。

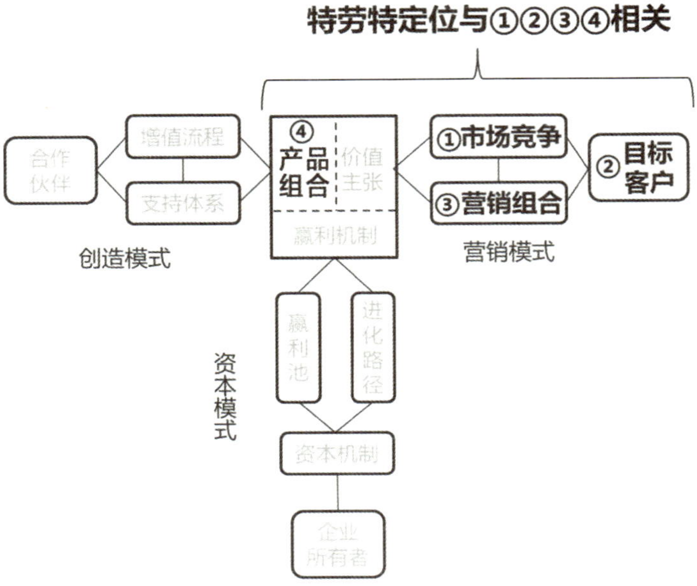

图 6-2-1 特劳特定位如何与 T 型商业模式关联示意图

诺贝尔奖获得者丹尼尔·卡尼曼在其书籍《思考，快与慢》中说：我们大脑有两个运行模式，称为系统一和系统二。其中系统一感性直觉、反应迅速；系统二理性分析、决策低效。我们的大脑一次只能进入一种模式，可以在系统一与系统二之间切换。简单地说，系统一掌管感性，系统二掌管理性。之前说女人是感性的，现在“娘炮”越来越多，男人也多感性，倒是很多知性女人更理性一些，出现了越来越多的总理、总管、企业家。消费时，那些系统一常常发挥作用的人，称为感性消费者；系统二常常发挥作用的人，称为理性消费者。之前说互联网消除了信息不对称，顾客在消费上都成了明白人，全是理性消费者了，企业对客户失控了。现在看来，互联网更是一个一统江湖的大杀器，放大了“羊群效应”，让越来越多的人懒于思考了，感性消费的人数也与日俱增。例如：在直播、网络游戏、美容按摩、博彩抽奖、私密养生等消费里面，充斥着非常多的感性消费！

除了以上容易滋生感性消费的行业场景，针对感性消费的定位理论等纯营销一般优先选择"烟酒糖茶、饮料、保健品"等能吃进肚子里的品类或品牌，最好在说不清也道不明的饮料或保健品领域，例如：王老吉、香飘飘、脑白金、中华鳖精、蚁力神……尤其是饮料更适合定位手法，就凭广告词这么高大上，花费不到几块钱就喝上"××领导者"了，大家一买就流行，中国人多，几十亿元的销售额就出来了。

人有情感，大脑就会存在系统一，科技和商业也要开辟这块市场，所以人类的感性消费也在不断升级，规模不断增大。国民越来越富裕，恩格尔系数越来越小，品牌产品必然越来越多。特劳特定位协助企业打造品牌，产出了一些爆品，提高了某些品牌的知名度。从T型商业模式角度看，特劳特定位重心在营销模式，而忽略了对创造模式的差异化构建。"中国制造2025"及供给侧改革，让企业重心从T型商业模式的右侧——营销模式，移动到左侧——创造模式。我们学习德国工业4.0和日本精益制造，需要真正在创造模式上下功夫。

6.3 爆品战略：长尾理论将死，爆品才是营销之王？

重点提示

※为什么说马太效应是二八定律的背后支撑？

※“金三角法则”有哪些优点和缺点？

※《爆品战略》比《必然》《失控》等畅销书更具实用性吗？

金错刀写了一本书《爆品战略》，有人借题追捧：“长尾理论将死，爆品才是营销之王” “爆品才能生存，长尾是个毒苹果”。记得克里斯·安德森当年提出《长尾理论》时，也有人跟着瞎起哄：“长尾理论：对传统二八定律的彻底颠覆”。

6.3.1 长尾理论怎么可能颠覆二八定律？

二八定律是意大利经济学家帕累托归纳出的一个统计结论，即20%的人口享有80%的财富；转化为哲学语言就是：少数主流的人（事物），发挥着重大影响力；再转化为商业语言：20%的VIP客户（或畅销商品），为企业创造了80%的收益。这里的二八、20%/80%等具体数字，只是为了方便表达，实质是少数/多数的概率范围。二八定律只是个“马甲”，里面的支撑因素是马太效应。马太效应是一个自然法则：强者愈强、弱者愈弱。**将马太效应收敛到一个概率范围，用统计语言表达，就是二八定律。**什么叫自然法则？宇宙万物就是这么运转的。例如：勤劳创新的企业家越来越富，好吃懒做的人越来越穷，结果是20%的人口享有80%的财富。如果倒过来，违反一下马太效应：让勤劳创新的企业家越来越穷，让好吃懒做的人越来越富。这样的结果是什么？大家都好吃懒做了，财富从那里来！二八定律的背后是自然法则在支撑，所以长尾效应不可能颠覆二八定律。

长尾理论是从二八定律衍生出来的。二八定律讲“20%的畅销商品，为企业创造了80%的收益”，而剩余的80%非畅销品才贡献20%的收益。这些非畅销品就是处在长尾理论的需求正态曲线上长长尾巴的那个部分——虽然数量庞大，但销量较少。在传统时代，这些大量的非畅销品，侵占了大部分货架，保质期到了还要处理掉，经常入不敷出，所以都是“赔钱货”。到了互联网时代，电商平台的货架是几个网页，可以无限扩大商品品类，货架成本几乎为零，而购买者来自世界各地，个性化需求集腋成裘，非畅销品也开始赚钱。非畅销品开始赚钱，并不能说它颠覆了二八定律，因为互联网的范围扩大效应和赢家通吃效应也让畅销品更好卖！

6.3.2 长尾理论正在“兴旺”，怎么可能“将死”？

长尾理论只是讲非VIP客户（非畅销品）也应该被重视起来，因为他们（它们）也能为企业创造不菲的效益。在互联网时代，由于羊群效应更强劲，所以散户很快就把房价、股价、物价炒起来了。房价炒起来了，中国大妈就有钱了，再通过互联网散客拼团，成群结队去欧洲买奢侈品了。欧洲各购物中心、品牌商店开始重视中国大妈，这也是长尾理论可以解释的。

在互联网时代，一些文化娱乐方面的若干细分市场可能是长尾效应的“重灾区”，例如：直播、游戏、订阅付费与明星经济等细分市场。这些主要是特定人群对这些领域有巨大贡献。

工业4.0技术让长尾理论更“兴旺”。做爆品固然好，但是竞争激烈。人们追求与众不同，个性化定制的需求越来越多，因为工业4.0技术可以将个性化定制的成本降到与规模化制造差不多。在酷特APP上定制一款白衬衫，与凡客反思后的爆品高价衬衫价格差不多。看来雷军带不好凡客这个太文艺的“学生”。

通过以上摆事实讲道理，我们得出结论：只要互联网在，长尾理论就“兴旺”；只要人们追求个性化，长尾效应就会更加明显；个性化需求不灭，长尾理论永生。

6.3.3 金错刀的《爆品战略》讲了个什么道理？

出版一本书，最好有知名人士来捧场。哪些人为金错刀《爆品战略》写了推荐感言？雷军，小米创始人；黎万强，小米联合创始人；方洪波，美的董事长；江南春，分众传媒创始人、董事长；王旭宁，九阳董事长；蔡明，科宝博洛尼董事长；黄汪，华米创始人兼CEO；林海峰，青米创始人。无疑，以上各位企业家都做过爆品，推荐感言也比较结合实际。

《爆品战略》的核心内容是爆品研发“金三角法则”，听听金错刀怎么说：

> 如何把爆品战略变成真刀实枪的行动？
>
> 历经小米、腾讯等众多互联网公司的血泪实战，6年多一线公司案例的实践与锤炼，真的是千锤百炼，我发现了一个爆品的方法论，我称之为爆品研发“金三角法则”。
>
> 它由3个核心行动法则组成：痛点法则、尖叫点法则和爆点法则。
>
> 痛点法则。这是基于互联网的用户战略，要把“用户至上”变成价值链和行动，而不是嘴上说说。如何找到让用户最痛的那一根针，而不是靠渠道；如何把用户变成粉丝，而不是在买完产品后就老死不相往来。
>
> 尖叫点法则。这是基于互联网的产品战略。如何让产品会说话，而不是靠品牌；如何让产品尖叫，产生口碑，而不是靠营销强推。

> 爆点法则。这是基于互联网的营销战略。如何用互联网营销打爆市场，而不是靠广告；如何用社交营销的方式放大产品力，而不是靠明星。

《爆品战略》列举的痛点案例：小米插线板的小巧、安全；余额宝的简单、直观。尖叫点案例：小米手环的颜值、长待机；小米净化器的跑分、高颜值。爆点案例：小米手机的事件营销；微信的红包裂变；e袋洗的99元一袋。是否爆品看销量，小米插线板3年卖出1 000多万个，小米净化器1年卖300万台，小米手环所属华米公司年销售额15亿元。

“金三角法则”的图腾是一个倒立的三角形，里面一个大大的感叹号，鲜艳的大红色，比较夺人眼球。倒立三角形的3个顶点分别是：痛点法则、尖叫点法则、爆点法则，如图6-3-1所示。无论是书中的理论和案例，还是金错刀的写作风格，再加各位接地气的企业家推荐，《爆品战略》充满“爆品”的味道！

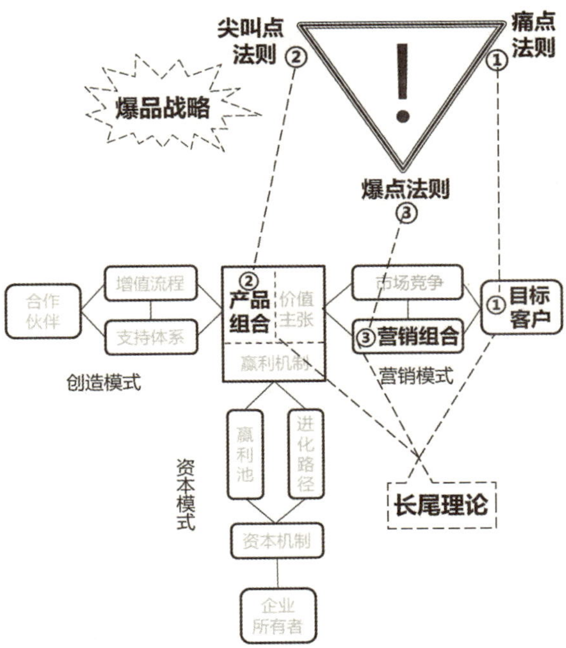

图 6-3-1 爆品战略如何与 T 型商业模式关联示意图

如图6-3-1所示，与T型商业模式连接在一起，《爆品战略》的“金三角法则”有这些突出看点：①痛点法则对应于T型商业模式的目标客户，深入研究客户的痛点，解决客户的实际问题，要把“用户至上”变成价值链和行动，而不是嘴上说说；②要解决客户的实际问题，就要在产品上下功夫，尖叫点法则对应于T型商业模式的产品组合，找到让用户最痛的那一根针——让产品尖叫，产生口碑。③口碑是爆点的引线，爆点法则对应于T型商业模式的营销组合。好产品自己会说话，再用互联网营销打爆市场。三者结合，发生聚变反应，产品不爆都不可能。

在T型商业模式中，将目标客户、产品组合、营销组合3个要素连接起来，就是《爆品战略》的“金三角法则”。爆品不是一蹴而就的，产品经理要下大功夫，还要能动用企业战略资源鼎力支持。金错刀说：“将爆品战略与定位理论做对比，完胜！”

从占领客户大脑的纯营销角度，定位理论擅长做爆品，常挂在嘴边的案例就是加多宝，销量从2亿元到200亿元。现在爆品战略不玩纯营销，而是创造模式与营销模式结合起来做爆品，小米、青米、华米等米字系列，已经做了不少爆品了，更符合中国制造2025和供给侧改革主旨。

个性化需求总是存在。爆品战略再牛，长尾理论也不可能“将死”。工业4.0就是将长尾需求实现规模化定制的新型制造方案。长尾理论也是从目标客户、产品组合、营销组合等3个要素与T型商业模式关联，只不过产品组合更多样或目标客户更分散。

看起来爆品战略简单、直接、有效，但是否适合你的企业，有必要做如下思考：

（1）爆品是紧密围绕用户需求的大规模制造，需要资金、流量等资本资源的匹配。在小米或美的生态链上做爆品是可行的，既有资金后台，也有线上线下流量呼应。在《爆品战略》列举的39个超级爆品案例中，属于传统行业中走出来的爆品，犹如抽彩票，按照概率总要有几个；属于网络经济中走出来的案例，大部分属于BAT、小米等富含流量和资金的平台或生态链上。

（2）以T型商业模式看，爆品战略没有谈到更重要的赢利机制及不可忽视的市场竞争。像小米手环、接线板、滴滴打车等，除了尖叫点，很多爆品还要靠低价或补贴，需要提高销量才能覆盖成本。大部分所谓做爆品，爆不起来，也不能赢利，风险反而很大。低价带来流量，但是必须设计产品组合商业模式，像产品金字塔或“刀架+刀片”等，其中要有高毛利产品支撑。大家都搞爆品，必然回到同质化市场竞争——爆品对抗爆品。例如：ofo对抗摩拜，还有一堆其他共享单车品牌，竞争的结局也是惨烈的。

（3）作者说“在这种无尽黑暗中，只有爆品才能绽放一朵烟花”。如果没有专利保护、品牌识别、核心竞争力护航，爆品就真是一朵烟花了，很快模仿者就来了。爆品战略，要有长期规划、产品组合设计、商业模式配合，否则就是爆品战术。

（4）有些产品不适合做爆品，例如：高科技产品、奢侈品、手工艺产品；有些依靠定位理论就可以出爆品，例如：饮料、保健品、主播、明星等。

（5）除了爆品对爆品的竞争，还要防止替代品和颠覆技术的出现。你把充电宝做成了爆品，但是如果手机电池技术突破了，人们就不需要充电宝了。

（6）优秀产品经理是稀缺资源，而搞爆品需要优秀的产品经理。

诚然，没有一个理论能适合所有企业。爆品战略属于中国本土的原创理论，这是难能可贵的。《必然》《赋能》《失控》等概念及理论也不复杂，现实实用性上未必比《爆品战略》高明多少。我们的商学院、研究院，发轫之初都是从国外引进理论和教材，至今，能指导实践的原创理论也很稀缺。

6.4 平台战略：袁家村、马嵬驿为什么这么火？

重点提示

※平台模式为什么能迅速崛起？

※平台战略如何与T型商业模式关联？

※城里人到乡村旅游的11字真言（价值主张）是什么？

改革开放之初，下海创业者，要么卖产品，要么造产品。典型代表是任正非，他1987年在深圳创立华为，起步时做贸易，代理香港的交换机产品；赚了些钱，摸清了市场，开始生产村镇用的通讯交换机；之后就是伟大的华为，从农村包围城市，从中国走向世界。2018年，华为位列《财富》世界500强排行榜第72位。

马云从大学老师岗位下海创业，既不造产品，也不卖产品，他要搞一个平台——让天下没有难做的生意！1999年阿里巴巴在马云的公寓创立，2003年淘宝网也在马云的公寓内创立，马云的公寓成了世界上最适合创业的公寓。阿里巴巴是一个平台公司，一端连接着5亿个买家，另一端连接着1 000多万个卖家。超过三分之一的中国人，要么在淘宝上开店铺，要么在淘宝上购物。阿里巴巴负责维护平台秩序，直接或变相收点服务费。2014年，阿里巴巴在美国纽交所上市后，公司市值位列全球前七名之内。

6.4.1 搞产品好，还是搞平台好？

搞产品好，还是搞平台好？曾经一个图表统计了2001—2016年15年间全球市值最高上市公司的排名变迁。2016年8月是一个关键转折点，在全球市值最高的5家公司中，第一次没有了石油公司、金融公司、工业公司、零售公司，全部变成了苹果、谷歌、微软、亚马逊、脸书等互联网平台型公司。在全球前100家企业里，超过60家企业的主要收入源自平台商业模式。中国的情况逐渐也是如此，阿里、腾讯、百度、京东、罗辑思维、喜马拉雅、美团、滴滴等都是互联网平台企业。

陈威如教授在某次中欧论坛上说了这么一个雅俗共赏的看法："今天这个时代，只做产品的思维恐怕已经落后了。我们需要从产品做到服务，最终做成平台……"

早在2013年，陈威如、余卓轩二位合著的书《平台战略:正在席卷全球的商业模式革命》（简称《平台战略》）就出版了；直到2017年，3位美国人的研究成果《平台革命：改变世界的商业模式》（简称《平台革命》）才有中译本，而英文版《Platform Revolution》提前一年出版。应该说，关于平台战略或商业模式方面的研究，陈威如、余卓轩两位中国学者走在了前面。

6.4.2 平台战略如何与T型商业模式关联

为什么书名叫做《平台战略》？平台是一种创新的商业模式，而从无到有创建平台的过程，需要一个战略规划和指导。用T型商业模式结构图，可以简要直观地将《平台战略》的主要内容概括一下。如图6-4-1所示，《平台战略》与创造模式中的合作伙伴、增值流程相关；与营销模式的营销组合、市场竞争、目标客户相关；与资本模式的赢利机制相关。

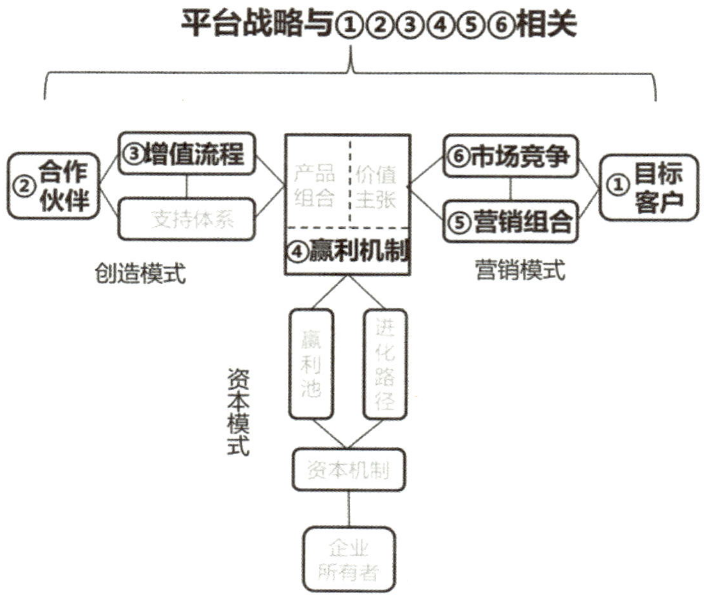

图 6-4-1 平台战略如何与 T 型商业模式关联示意图

①目标客户、②合作伙伴：像阿里、罗辑思维、亚马逊等平台企业，他们一端连接大量的卖方，另一端连接大量的买方，在《平台战略》里称为双边市场。或许又多出一个来平台做广告的，所以可能还是三边市场。万变不离其宗，平台中的买方就是目标顾客，他们是付费方；平台中的卖方就是合作伙伴，他们是收费方。

③增值流程：平台企业干哪些事？平台企业不制造产品，通常也不自己囤货自营，而是建设好平台，设法召集更多的卖方和买方来到平台。京东、当当有一点例外，它们也有囤货自营的部分，自建仓库和物流配送，属于重资产平台。平台企业重点是打造一个完善的、成长潜力巨大的生态圈，负责制定平台规则，设计交易机制，保证诚信交易，处理投诉纠纷，清理屏蔽违规者，通过日常运营管控好平台。

④赢利机制：建设平台有点像修建高速公路或城市基础设施，开始几年需要大量融资。平台建成了，买方和卖方群体都被黏在了平台上，平台企业就可以收费了。最典型的收费是中介费，一般根据卖家的销量按照比

例收取；还可以收取场地租金、会员费、支付扣点、物流扣点、广告费、流量费等。有的平台还提供金融增值服务，销售理财产品，发起众筹。总之，平台大了，服务好了，人气旺了，平台企业挣钱还是不难的。

⑤营销组合：平台企业从无到有构建平台时，为了激发供需双方相互增强的网络效应，常用的营销工具就是补贴。滴滴与快的当年的补贴大战，既补贴司机，也补贴乘客。如果没有利益诱导，用户和卖方都不愿意从别的平台迁徙过来。《平台战略》一书给出了补贴模式的5项准则。上补贴也是打广告和传口碑，补贴的钱通常不白花。平台企业通过积分制、评星级、优先退货特权、免运费、给对方评价等内设的营销机制增加用户忠诚度和归属感。

⑥市场竞争：平台企业之间市场竞争的3个特点：第一，互联网也是赢家通吃的时代，一个细分市场通常只能有一个伟大的平台；第二，平台上买方或卖方听闻哪里有好处，就往哪里迁徙；第三，平台之间经常发生跨界打劫。例如：腾讯与奇虎360争夺用户之战；美团跨界打劫滴滴。以上3个特点，必然导致平台之间的竞争是非常激烈的。

通过以上6个方面，《平台战略》《平台革命》与T型商业模式相关联。平台模式毕竟属于商业模式的一个重要类型，而商业模式最重要的两个要素“产品组合、价值主张”即交易内容，是平台模式存在的基础。有了卖家，有了买家，他们的交易内容是什么？应该是什么？将会是什么？经典的“德鲁克三问”，在《平台战略》《平台革命》两本书中，却有所缺失，如图6–4–2所示。

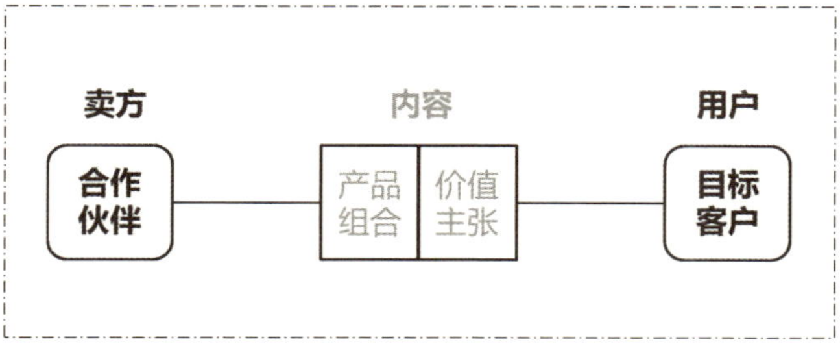

图 6–4–2 平台战略中交易内容的缺失示意图

6.4.3 袁家村与马嵬驿如何建设乡村旅游平台？

当学者对过去的案例进行归纳的时候，企业家们已经实践很多年了。智慧往往出现在最接地气的地方。谈起乡村旅游，这些年西安市50千米开外的两个小村庄火了！2016年春节期间，袁家村和马嵬驿两个村的游客接待总量达到194万人次，不但远远超过了陕西旅游龙头兵马俑景区的接待量（23.5万人次），也超过了中国文化旅游龙头北京故宫的游客接待量（43.6万人次）。

袁家村户籍人口62户、286人，芝麻大的小村庄，典型的关中贫瘠旱地，别说开发旅游，连农民都看不上。2007年袁家村开始搞乡村旅游，现在年收入接近10亿元。马嵬驿是后来者居上，于2013年10月国庆试营业，两年时间接待国内外游客超过600万人次，一跃超过兵马俑、华山、华清池等陕西著名景区，勇夺陕西省旅游桂冠！

袁家村与马嵬驿（简称“袁马二村”），怎么火的？它们是一个乡村旅游平台，村支书就是平台模式的操盘手。这两位村支书领导的创业团队搞平台模式，是从平台内容入手搞起来的。用T型商业模式的语言说，就是从平台的产品组合、价值主张两大要素开始走起。乡村旅游的目标客户当然是城里人。当今的城里人到乡村旅游，价值主张是什么？理论总结要有概括能力，以方便传播交流。本书作者将它概括为“嘴馋、疑虑、乡愁、免费、装格调”，称为乡村旅游平台建设11字真言。有了价值主张，创造性地设计产品组合就行了。

为什么城里人嘴馋？因为城里餐饮店太多，到处排队吃饭，特色口味五花八门，广告宣传无奇不有，每天调动着城里人的眼球和味蕾，长期这样沉浸式训练，城里人嘴能不馋吗！

袁马二村的平台对卖方有严格的筛选过滤机制。例如：村子的小吃街将设计64种小吃，而有300来个商户来报名。让他们之间竞技吧！村子的口味委员会负责评判。最后，留下最好的锅盔、豆腐脑、炸麻花、臊子面……每个月都要统计销量，约谈最后五名，限期改进口味或经营方式，否则就被淘汰。商户专研经营，到处去偷师学艺。金错刀的《爆品战略》，村民们理解很到位，关中乡村美食就是吸引城里人的尖叫点和爆点。市场引爆了！袁家村酸奶店一天卖7万杯，营业额达到了28万元；袁家村醋坊，一天卖出上万瓶……马嵬驿的粉汤羊血店，年利润超过300万元；马嵬驿酸奶场，年利润1 000万元……豆腐脑、油坨坨、荞面饸饹、辣子酱等，土得掉渣的产品都成了爆款。

为什么城里人爱疑虑？城里人爱刷朋友圈、爱上网，每天接收到的负面消息翻来覆去：地沟油炸鸡、皮鞋熬酸奶、宰客酒吧、天价海鲜、顺风车绕道……极低概率的事情，也会炒成天下大事。因此，城里人到乡下旅游，最大的痛点是，对食品不放心、住宿担忧安全、打车害怕被宰……

袁马二村的食品质量体系及诚信经营体系，甚至比麦当劳做得更好。对此，袁马二村的商会及旅游总公司管理执行很到位。食材统一采购、原料纯正、无添加；定期检查卫生、安全及价格情况；食品制作点安装视频监控，应用先进仪器和软件，持续改进管控水平。店主们将坚持诚信展现为发誓。例如："店主发誓承诺，如果羊血掺假，甘愿祸及子孙。——店主吕伟"。"店主重誓承诺，如果做不到以上几点，甘愿后辈远离仕途坠入乞门。——店主×××"。这些是悬挂在袁家村小吃街商家门口的醒目"招牌"。

马嵬驿村对商户运营管理细节上把控极为严格，曾发起过一场"抹布运动"：商会派人到各个店面突击检查，如果哪家店的抹布拧出黑水，当场罚款10 000元。遇到卫生、安全等游客投诉绝无情面可讲，轻则重罚，重则关店。定期召开自曝家丑会，哪家小吃店不达标，被停业整顿，主动发布在官网上。开业两年来，马嵬驿已陆续关了四五十家违规商铺。杀鸡儆猴，商户的自觉意识很快提高。

城里人为什么有乡愁？向上追溯几代，城里人的根大都在乡镇。虽然人在城里，但是基因或血液里还是驻着一个小山村。记忆中的文化碎片在诞生地、在童年的乡镇，那是石碾麦场、门拔柱础、家乡小吃、池塘篱笆……乡愁，是躯体的城市，心灵的故乡！

城里人有乡愁，袁马二村要化解这份乡愁，而不是客人来寻找乡愁，让大家吃住行都发愁。袁家村、马嵬驿处于西安的后花园，定位于关中民俗文化原产地。袁家村掌门人说："民俗这个东西是我们地里长出来的，我们的说话、衣服、摆设全部是民俗。"袁马二村还将关中民俗文化与现代旅游结合，将该地区特有的民俗小吃、茶馆、技艺、游乐与现代的文化创意、休闲体验生活方式结合在一起。客人们来到这里，徜徉、漫步、打盹、闲聊、品尝美食……多样化的村落生活功能，复制和再造了传统村落的生活场景，完成了几代人城乡场景的"穿越"和"切换"。

城里人为什么爱免费？城里商业竞争激烈，营销手段就是免费或补贴。激发双边效应，《平台战略》等书中都进行了理论总结。互联网太厉害了，BAT、奇虎360、征途游戏等，统统是免费。西湖都免费了，袁马二村还能收费吗？

乡下人认为免费极有道理，开车这么远来村里看看，肯定不能收费。除此之外，袁马二村的各个景点都免费，秦腔等各种民俗表演都免费，关中历史大型实景演出也免费，商家入驻全免费。袁家村、马嵬驿都是4A级景区，全免费靠什么可持续发展？靠流量——这是互联网思维。袁家村和马嵬驿的"游"免费，但吃、住、行、购、娱等各种服务，都还是要收费的，不过，收费都在合情合理的范围。袁家村和马嵬驿都有上百家美食小吃店，品种繁多绝不重样。在住的方面，既有民宿农家，100元左右一晚；也有主题酒店，每晚房价达到七八百元以上，但一到节假日依然一房难求。

袁马二村还是玩共享经济的高手，在生意火爆的酸奶坊背后，连接着一家奶牛养殖场和酸奶加工厂，带动了一个产业的崛起；大量销售的辣子面和辣子油，拉动了当地及周边辣椒种植业的发展。袁马二村有了旅游，有了食品安全，有了对乡愁的理解，有了互联网思维，下一步就是走出去，到西安建设小吃城，到河南、湖北搞模式复制，搞电子商务，将乡愁食品卖到全世界。免费后面是收费，有了流量、口碑与品牌，盈利机制就变成了越来越“疯狂”的印钞机！

城里人为什么爱“装格调”？ 手机能拍照，微信免费，互联网又带来了一个真真假假的“新世界”，导致“装格调”的人越来越多。

袁马二村非常理解，城里人一些人爱“装格调”，顾客是上帝，必须为他们创造这些条件。全村无线WIFI全覆盖、4G网络全覆盖，阿里巴巴在此有驻点，微信支付等各种移动支付都可以使用。

村委会和旅游总公司以开放的心态、平台的思维和共享经济的理念，设立创业孵化基地，广纳旅游文创、美食餐饮、建筑设计等中外有志之士。这几年新开的日式居酒屋、梧桐咖啡馆、如此文创坊等，都是外来商户的典型代表。

无论说平台商业模式，还是谈平台战略，一定要处理好核心和外围的关系。在T型商业模式中，产品组合、价值主张与目标顾客等3个要素是核心，而其他10个要素是外围。智慧往往出现在最接地气的地方。袁家村与马嵬驿构建的乡村旅游平台，正是深挖目标客户的痛点，系统化地形成价值主张，然后根据价值主张，设计产品组合。

6.5 企业赢利系统：华为成功的“伟大秘密”

重点提示

※为什么将“第五项修炼”分为3个层次？

※如何将麦肯锡7S模型重新焕发一点青春？

※你的公司有类似于企业赢利系统那样的“操作系统”吗？

6.5.1 《第五项修炼》：缺乏“企业系统”的系统思考

怎样让企业健康快速发展？彼得·圣吉的《第五项修炼》认为关键在团队。一个企业团队，大家来自五湖四海，资历高低悬殊，口味信仰不同，需要长期磨合，才能形成组织合力。如果没有磨合的方法，团伙变不成团队；如果一直在磨合，黄花菜都凉了。即使看起来像一个团队了，还会存在团队合作的障碍：局限思考、归罪于外、缺乏整体思考的主动积极、专注于个别事件、从经验学习的错觉等。

《第五项修炼》给出了团队修炼的解决方案。五项修炼包括：①自我超越；②改善心智模式；③建立共同愿景；④团体学习；⑤系统思考。原著译本的讲述有点分类不清、拖泥带水，不适合中国人的阅读与理解习惯。如果我来重新安排五项修炼的分类排序结构，可以划分为3个层次：第一层次是个人修炼，包括自我超越和改善心智模式；第二层次是团队成员一起修炼，包括建立共同愿景和团体学习；第三层次是领导修炼，即系统思考，如图6–5–1所示。

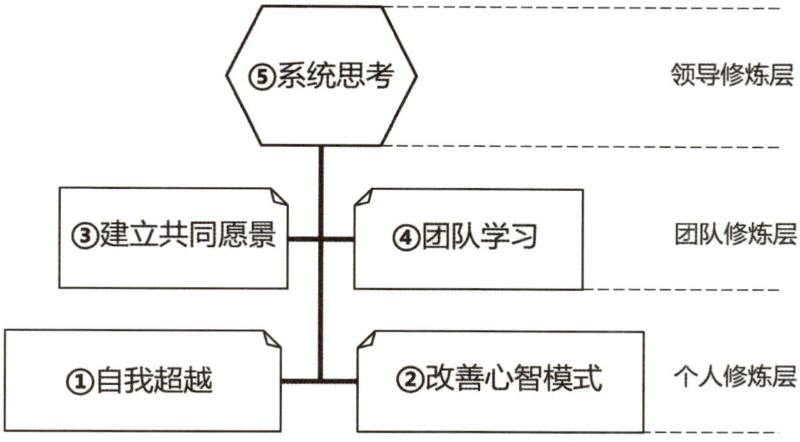

图 6-5-1 五项修炼的 3 个层次示意图

彼得·圣吉教授尤其重视系统思考，所以将书名叫做《第五项修炼》。前面4项修炼——自我超越、改善心智模式、建立共同愿景、团体学习，最重要的目的之一就是第五项修炼——系统思考。1990年《第五项修炼》出版后，迅速风行全世界，到处是组织学习的热潮。但是，系统思考时要先有一个企业系统，然后才能对其进行思考。例如：人是一个复杂系统，看起来很具体、可解剖、可实验、可描述，所以心理学家、医生等都可以对人进行系统思考。1990年之后，彼得·圣吉及其全世界的研究团队，都在研究系统基模或系统思维，而不去研究企业等组织的整体系统构成和演化规律。由于缺乏“企业系统”，没有办法进行系统思考！核心没有搞定，大家对外围的几个修炼渐渐失去了兴趣，所以现在《第五项修炼》早已淡出了人们的视野。

6.5.2 麦肯锡7S模型：不太给力的企业系统模型

企业系统是个什么样子的？搜寻来搜寻去，找到了麦肯锡7S模型（简称“7S”）。该模型是麦肯锡顾问公司研究中心设计的企业组织7要素，指出了企业在发展过程中必须全面地考虑各方面的情况，包括结构（Structure）、制度（System）、风格（Style）、员工（Staff）、技能（Skill）、战略（Strategy）、共同价值观（Shared values）。7S模型也称为企业7S系统，应该是比较接近所期望的企业系统，或者说是这个方向的一个研究成果。

考察一下7S模型产生的背景。20世纪70年代开始，日本的汽车、电子电器等制造业登陆美国，严重打击了美国产品的竞争力。美国人饱受着经济不景气、失业的苦恼。那时候特朗普还不是总统，他正在趁机收购便宜的物业，搞房地产投机。而麦肯锡的两个顾问积极为美国企业寻找解决方案，最终提出了麦肯锡7S模型。

现在来看，7S模型适用性不强，原因有4点：①它来自当时美国43家杰出公司的成功要素分析。由于时代性、阶段性和地域性，所以现在不适合了；②7S模型里面不包括商业模式，因为那时还没有商业模式概念；③凑起来7个S开头的要素不容易，有点牵强附会了；④应该重点研究当时日本企业成功的原因……万一选取的这43家美国公司正在走下坡路呢？

麦肯锡将7S模型的七个要素分成两部分：战略、结构和制度被认为是企业成功的硬件，风格、人员、技能和共同价值观被认为是企业成功经营的软件。7S模型图示化的展现方式是：画一个圆，中间是共同价值观，另外6个要素沿圆周均匀排列，之间都连上线，如图6–5–2左图所示。这个图示化方法简单粗暴。内容和形式都出了问题，所以没有几个人知道或使用7S模型。

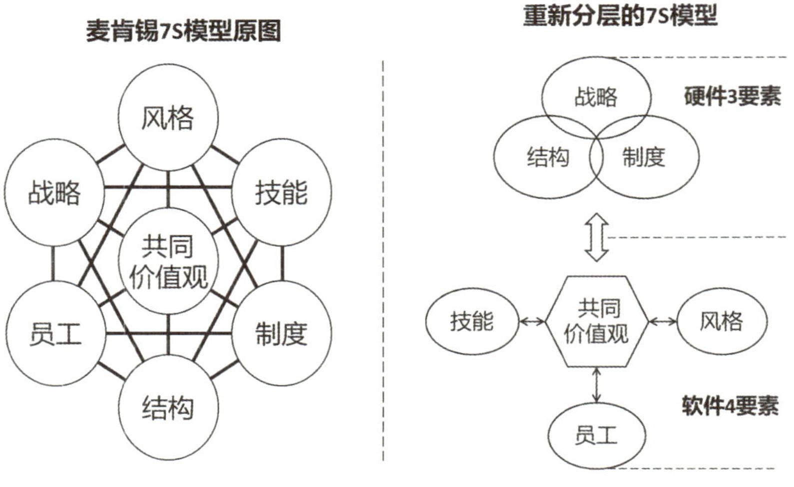

图 6–5–2 麦肯锡 7S 的两种图示化方法

所谓批判性思维，核心应该是建设性思维。对于麦肯锡7S模型，我们从形式上对它优化改进一下，分成上下两层。上层是战略、结构、制度3个硬件；下层是员工、技能、风格、共同价值观4个软件。上下层之间的连接点是共同价值观。下层的4个软件推动上层的3个硬件。最基本的软件是员工，逐级向上推动；最上层的硬件是战略，代表企业发展规划，如图6–5–2右图所示。我们从结构上重新排布7S模型后，听起来就有些道理了。为什么麦肯锡顾问将战略、结构、制度称为企业发展的硬件？至今找不到原因，也许就像在餐馆吃饭，有必要上几个硬菜吧。既然麦肯锡的7S也不给力，《第五项修炼》又让系统思考，看来只有依靠我们自己创造一个“企业系统”了。

6.5.3 企业赢利系统

我们搞风险投资，实施投资后还要对企业进行投后指导。资金短缺，企业发展慢；资金充沛，企业盲目扩张。我通过自己创新的企业赢利系统，指导一些企业搞好顶层设计，经营绩效还不错。为什么叫做赢利系统？赢利是指赢得发展和竞争优势，与盈利的不同之处在于，赢利不仅包括会计意义上的利润，还包括经营活动中形成的其他有形或无形资本累积。例如：可口可乐前董事长伍德鲁夫有一句名言：“假如我的工厂被大火毁灭，假如遭遇到世界金融风暴，但只要有可口可乐的品牌，第二天我又将重新站起。”无疑，品牌也是赢利，因为它可以转化为企业资本。将自创的企业赢利系统，以我的名字命名，就叫做“庆丰赢利系统”。

企业有优化更新，也有生老病死，企业是一个被驱动的生命体。企业的经营管理团队（简称“经管团队”）驱动商业模式运转，沿着战略路径前进，以实现赢利累积和进化发展。因此，企业赢利系统的基本模型就是由经管团队、商业模式、战略路径3个基本要素构成，如图6–5–3所示。

经管团队驱动商业模式，自身要有源动力，这个源动力从哪里来呢？很多人在研究领导力，领导力只是源动力的一部分，其他如团队构成、股权激励、事业追求及企业家精神，都是经管团队源动力的组成部分。个人的源动力如何变成团队源动力，可以参考《第五项修炼》提供的有效修炼方法。

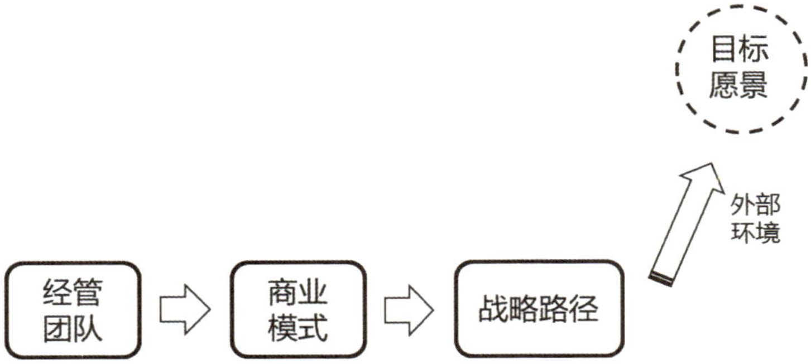

图 6-5-3 基本赢利系统示意图

商业模式是企业的赢利发生器。在T型商业模式3部分中，创造模式创造一个产品组合，通过营销模式实现价值。资本模式通过资本为创造模式和营销模式赋能，而创造模式和营销模式经营累积的资本又回流到资本模式。三者之间不断增强反馈的过程，就是企业赢利不断增加的过程。

战略路径与传统意义上的战略有所区别。明兹伯格将多种多样的战略思想归结为企业战略十大流派。这么多战略理论和思想，明兹伯格说每个流派都在盲人摸象，每个流派都不能整体系统地表述战略。尽管商业模式已经有10多年的普及历史了，但是至今各种战略表述还没有将其中商业模式的部分分离出来。至今，战略理论无边界，是混沌的存在形式，而其中又“怀抱”着一部分商业模式的内容。T型商业模式试图清晰地界定商业模式，将它从战略的“怀抱”中独立出来。这里的战略路径就是为商业模式规划的前进道路。今后，企业的5年战略规划或年度计划谈什么？要谈未来的某个时间区间内，商业模式的前进路径是什么？T型商业模式的资本模式中，有一个要素叫做进化路径，它与战略路径的区别是什么？进化路径是商业模式本身如何演化、进化，而战略路径是未来一段时间内经管团队推动商业模式的前进轨迹。

经管团队驱动商业模式沿着战略路径前进，遇到外部环境变化，逢山开路、遇水搭桥，终极目的是实现企业的战略目标和愿景。现代科技日新月异，外部经营环境多变，行业竞争日益激烈，而企业经管团队瞄准独角兽这个新立的标杆，要以火箭般的速度成长。事实证明是可行的，因为经管团队可以利用一些能发挥杠杆作用的辅助力量驱动商业模式。庆丰赢利系统将这些辅助力量称为辅助要素，主要包括：管理体系、企业文化、资源平台、技术厚度、创新变革，如图6-5-4所示。辅助要素不都是必要因素，根据具体情况可多可少，这里列出了5个常见的辅助要素。

当企业规模很大、跨地域发展、商业模式比较复杂或多个商业模式叠加复合在一起等情况下，构建一个合适的管理体系就很有必要。麦当劳全球加盟连锁发展，就必须有一个加盟连锁标准化管理体系。丰田汽车搞精益生产，它就创建了一套精益管理体系。小企业的管理特色不明显，其实组织结构就是一个简单的管理体系。

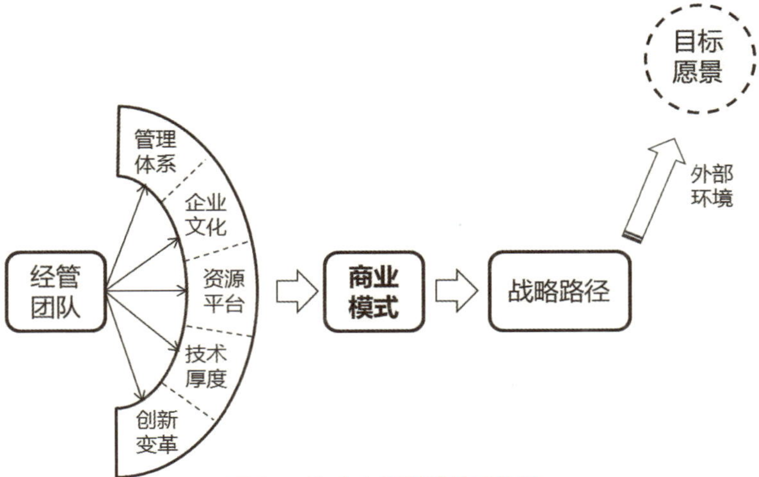

图 6-5-4 庆丰赢利系统示意图

企业文化似乎无形无影，但对于企业发展非常有必要。经管团队通过打造企业文化，凝聚人心，让全体员工形成合力，那样推动商业模式的力量就非常强大。一个企业的衰败很可能与企业文化有关系：内部不团结，社会噪音大，外部诱惑多，内部动力减小而外部阻力增大，导致商业模式转不动了。大到苏联解体，小到合伙小生意分崩，或多或少都是文化建设出了问题。

有些企业需要搭建相关资源平台，原因是：①商业模式的产出波动大，导致输入方面丰歉不均，资源平台就可以发挥蓄水池作用。例如：融资租赁公司需要与银行、信托、小贷公司建立一个广泛而紧密联系的资金资源平台，当业务量忽然大幅增加时，可以保障输入资金的供应。②通过共享资源降低成本、加快发展速度。企业之间的联合研发平台、客户数据库共享平台、流量共享平台及产学研人才、技术平台等，都属于此类资源平台。

几乎同样的商业模式，而一个企业很牛，另一个企业很不牛，原因有可能是积累的技术厚度不一样。同样生产汽车，奇瑞与丰田的技术厚度差距还很大。同样是咖啡馆，星巴克门庭若市，旁边的××咖啡却门可罗雀，两者积累的技术厚度也不一样。同样是搞股票投资，巴菲特的技术厚度被公认为数一数二。当企业积累的技术厚度居于行业领先时，经管团队驱动商业模式就会轻松高效，商业模式推进速度也会更快。

经管团队驱动商业模式，要实现弯道超车，则创新与变更无处不在。创新涉及赢利系统每一个要素不断优化和持续改进。外部环境在变，竞争者在变，顾客需求在变，企业内部也要变革，以应对这些改变。

企业高管应该以赢利系统为操作系统，操盘整个企业。赢利系统的3个基本要素与5个辅助因素可以看作赢利系统的8个子系统。它们连接在一起，有机地结合在一起，发挥“1+1＞2”的协同、涌现、进化等系统整体功能。

6.5.4 T型商业模式与企业赢利系统的连接

T型商业模式与赢利系统的其他7个子系统是如何连接的呢？如图6-5-5所示，企业所有者与经管团队有重合之处，只不过经管团队还包括职业经理人士等更广泛的团队成员；企业所有者与资源平台的连接，在于企业所有者要以股权交易手段从外部为企业整合资源。进化路径与战略路径有所连接，是因为商业模式的进化需要在企业的战略路径上进行。产品组合、价值主张、赢利机制三位一体，需要不断地创新变革，以适应自身发展的需要，应对外部环境、竞争状况、顾客需求的变化。市场竞争是T型商业模式与外部环境的一个连接点。支持体系与赢利系统的各个子系统连接较多，但更多与技术厚度、企业文化、资源平台、管理体系等发生连接。

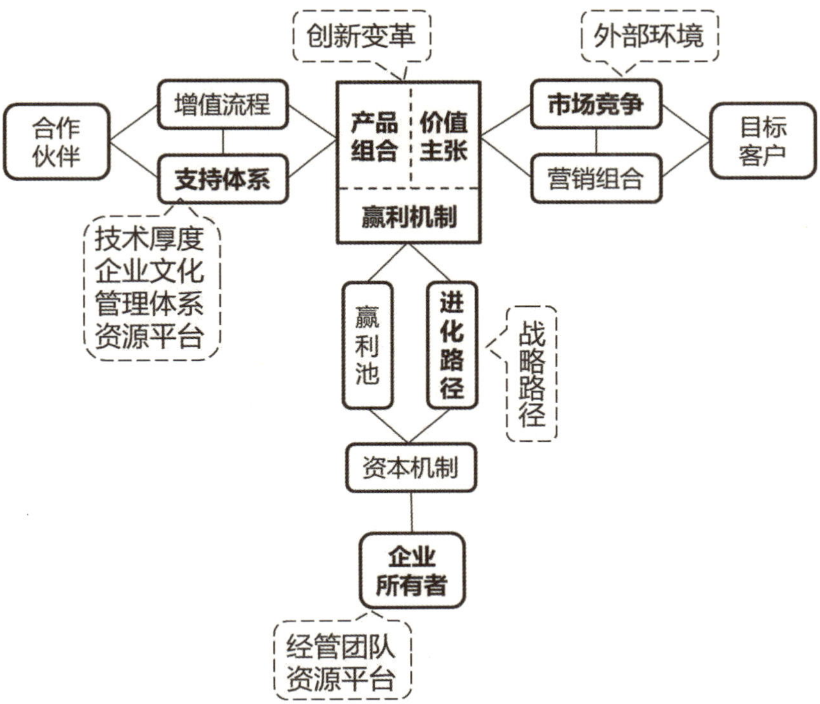

图 6-5-5　T 型商业模式与企业赢利系统的连接示意图

6.5.5 简述华为的赢利系统

理论与实践相互促进过程中，要看到归纳和演绎这对哲学范畴在发挥着重要作用。归纳是从个别到一般，企业赢利系统是我在长期的创业及创业投资过程中总结的一套方法论。演绎则是从一般到个别，可以用企业赢利系统去系统地说明成功企业的先进经验。例如，谈华为的书籍文章很多，其中绝大部分是对华为成功要素的局部化反映。以企业赢利系统分析华为如何成功，集合碎片化为有机整体，让我们看到不一样的整体华为。

首先，从基本赢利系统3要素“经管团队、商业模式、战略路径”开始考察：

（1）华为的经管团队。经管团队驱动商业模式沿着战略路径前进。优秀的经管团队有很多形成条件，其中最重要的是如何激发团队成员的源动力。团队成员有3个核心需求：薪酬、前途、心情。满足了其中两个，他们的动力就很足；一个都满足不了，只能天高任鸟飞。华为薪酬一直是超赞的，有“1+1+1”的说法，也就是工资、奖金、分红比例是相同的。刚毕业的本科生，年薪普遍20多万元，所以高管团队不会在薪酬方面有所欠缺。在前途方面，任正非描绘的蓝图逐个变成了现实，作为创始人股权比例只有1%左右，释放自己的股份变成了团队的动力源。以奋斗者为本，任正非说到做到。在华为工作心情好不好？办公环境及厂容厂貌是很好的，压力也是很大的。追求上进喜欢承受一些压力的人，在华为工作感觉比较充实，心情也还可以的。

（2）华为的商业模式。现在华为是一个超级大公司，总体商业模式已经是诸多个单一商业模式的叠加与复合。华为战略比较聚焦，所以总体商业模式也具有T型商业模式的整体特征。华为商业模式的第一个特征是管道模式——任正非提出的管道战略。华为只造管道不涉及管道里面的“水”，也就是华为专注于通信设备整体解决方案，但是不涉及通讯内容的运营，不抢电信、移动等运营商的饭碗。第二个特征是整体方案集合器，将通信硬件、软件、生命周期服务集合在一起，实现成本最低、壁垒最高，让用户离不开。第三个特征是深淘滩、低作堰，通过高强度科研投入实施低成本、高性能战略，而销售价格极有竞争力。

（3）华为的战略路径。从方向上看，华为的战略路径非常专注，用任正非的话说“傻傻地坚持，对旁边几百亿元的机会视而不见”。《华为基本法》第一条规定：“为了使华为成为世界一流的通信设备供应商，我们将永不进入信息服务业。通过无依赖的市场压力传递，使内部机制永远处于激活状态。”军人出身的任正非很早就在华为设立“蓝军”，通过模拟演习等方法研究竞争对手，为经管团队成员提供战略建议。方向上专注，从不轻敌，华为的战略路径像一个又一个复合起来逐渐上升的抛物线。华为弱小时走贸工技路线，聚焦农村及边缘市场；积累第一桶金后，华丽转身为技工贸，从农村包围城市，从中国走向世界；现在的华为，聚焦管道战略为客户提供解决方案，从工业通讯渗透到消费品，占领科技高地、进入“无人区”。

对于创业企业，基本赢利系统的3个要素做得好，在这三驾马车的拉动下，就可以生存发展了。1998年时，处于创业阶段的华为，其战略目标是成为世界一流的通信设备供应商，并写入了《华为基本法》。不像马云创业就在“无人区”，所以马云说拿着望远镜也找不到竞争对手，而华为创业即处在竞争异常激烈的通信设备行业领域，并且同业竞争者是爱立信、诺基亚、思科等国际知名厂商。小公司希冀大目标，经管团队还需要构造管理体系、企业文化、资源平台、技术厚度、创新变革等5个辅助要素，如图6-5-6所示：

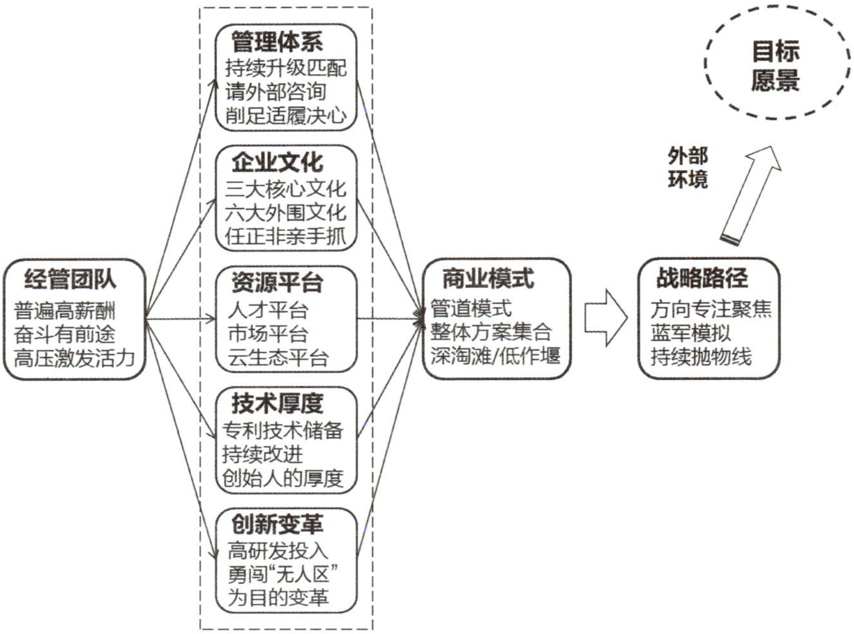

图 6-5-6 华为的赢利系统示意图

（4）华为的管理体系。企业规模比较小时，扁平化职能制，主要依靠老板一个人。现在华为有18万人，多个国籍讲多个语言，全球100多个分支机构，所以必须依赖管理体系。华为从20 000元创业资本起步，到2017年实现销售收入6 036亿元，管理体系一直在升级。从1998年开始，华为聘请IBM为自己梳理流程和建立管理体系，前后总共5年，华为投入了超过20亿元人民币。之后，华为继续不遗余力升级与变革管理体系，每年投入3 000万美元，请10多家国内外知名咨询公司为华为把脉问诊。从IFS/IPD/ISC/LTC到推行事业部制、砸掉部门墙、借鉴稻盛和夫的阿米巴经营模式，任正非带领团队以削足适履、碎首糜躯的决心，持续构建或优化与商业模式和外部环境匹配的管理体系。

（5）华为的企业文化。任正非自称华为的文化教员，不断写文章提出警示，防止企业文化偏离战略方向。华为企业文化可以分为核心与外围两部分，核心文化是：以客户为中心、以奋斗者为本、长期坚持艰苦奋斗3个方面；外围文化是：狼性文化、床垫文化、压强文化、自我批判文化、危机文化、服从文化等6个方面。核心文化与外围文化是圆心与圆周的关系，共同组成企业的文化整体。

（6）华为的资源平台。华为非常注重人才和市场两个资源平台的建设。企业快速成长时期，华为曾经将几个高校的相关专业毕业生全部储备起来；现在是囊括全球人才，尤其大量吸收日本、我国台湾省的优秀人才。华为在“土狼时代”，走以土地换和平路线，与各地电信局组建了许多合资公司，其实这是绑定客户的优异赢利资源平台，这着棋以奇绝制胜但富有争议。近些年，华为在构建“云帝国”平台：在海外，借助资本之手，走全球合资战略；在国内，集合1 200多家相关企业形成华为云生态平台。

（7）华为的技术厚度。无可否认，华为是一个有技术厚度的公司。华为官方宣布，截至2017年12月，华为累计专利授权74 307件，申请中国专利64 091件，外国专利申请累计48 758件，其中90%以上均为发明型专利。华为的技术厚度不仅只体现在技术积累上，在经营管理方面坚持持续改进，两者交相辉映、厚积薄发。在荣誉和辉煌面前，掌门人任正非始终保持低调、不张扬。作为华为的精神领袖，任正非影响着一大批华为人，静水深流、坚持不懈、持续改善，通过长期积累增加技术厚度，形成企业核心竞争力。

（8）华为的创新变革。在全球企业范围内，华为的研发资金投入排名第三。2017年，华为研发费用支出为人民币897亿元，约占总收入的14.9%。华为通过每年的“全联接大会”，对接国内外优质创新资源，积极开放合作，吸引、培养顶尖人才，加强探索性研究。任正非在全国科技创新大会上发言称“华为正在本行业逐步攻入‘无人区’，处在无人领航、无既定规则、无人跟随的困境”。为了健康发展，华为敢于变革，甚至推倒重来也在所不惜。2007年，为了革除元老级“障碍”，让7 000人辞职再回聘，让组织彻底吐故纳新。任正非强调说：“变革的目的就是要多产粮食、提升一线作战能力和增加土壤肥力，凡是不能为这两个目的服务的，都要逐步简化。这样才可能在以客户为中心的奋斗目标下，持续保持竞争的优势。”

华为是一家非常成功的中国高科技企业，所以研究华为的书籍及专题文章很多。遗憾的是，谈一点华为的文化、汇集一下任正非的讲话、说一些华为的分配机制……都不足以看到一个整体的华为，也看不到一个系统运转的华为，更看不到华为成功背后的赢利系统规律。

上文简要阐述了基本赢利系统构成3要素：经管团队、商业模式、战略路径。经管团队驱动商业模式沿着战略路径前进，遇到外部环境变化，逢山开路、遇水搭桥，终极目的是实现企业的战略目标和愿景。在此基础上，叠加“管理体系、企业文化、资源平台、技术厚度、创新变革”5个辅助因素，构成一个完整的企业赢利系统。根据系统理论，这3个要素和5个辅助因素都可以看作企业赢利系统的子系统。商业模式是企业赢利系统的一个重要“构件”，一个必不可少的子系统，通过自身的诸多个要素与其他7个子系统有机地连接在一起。

本书的主题是商业模式。为了“既见树木、又见森林”，本节简要介绍了企业赢利系统以及与T型商业模式的连接关系；本节最后，精练地利用2 000多字，简述了华为赢利系统8个要素的构成和实践内容。以上内容，只是抛砖引玉……

T

第7章

创新

本章导读

1999年，袁亚非被中国首家沃尔玛超市的宏大售货场面所震撼，然后灵感涌现，创造设计了著名的“王大妈”（WDM）商业模式——把沃尔玛（W）的大规模连锁、戴尔（D）的个性化定制和麦当劳（M）的标准化服务结合到一起，在南京开设了第一家宏图三胞IT连锁大卖场……

现实中的创新，不是抱着理论书籍一边看一边搞的，而是由场景触发。本章从行业扫描、关注客户、模仿借鉴、技术创新、资本运营、以人为本等6个常见实践场景入手，探索商业模式创新的具体做法。另外，T型商业模式的3大部分、13个要素，好像构成商业模式的13个零件，视具体场景而定，都可以是一个创新的入口或抓手。

7.1 商业模式创新的内容和范围

重点提示

※为什么说创新的基本规律是解构与建构？

※商业模式层次划分的依据是什么？

※商业模式创新有哪些入手点？

创新的基本规律是解构与建构。解构即结构分解，本书前面的前6章从不同的侧面，对T型商业模式进行了结构分解（解构）。分解的过程中，列举了不少相关案例，阐述它们与T型商业模式的结构原理如何相互验证和符合。在实践中，将一个企业的商业模式与T型商业模式进行对照式结构分解：第一层次，商业模式分解为创造模式、营销模式和资本模式。第二层次，创造模式进一步分解为产品组合、增值流程、支持体系、合作伙伴；营销模式分解为……资本模式分解为……解构的过程，对照原理和案例，就会有一些创新的想法。将这些创新的想法集合起来，去伪存真，就可以形成一个创新方案。解构的过程也是重构的过程。对商业模式解构即重构，就是对原有商业模式进行优化或创新。

建构是构造一个新结构，我们谈商业模式建构，在这里是指设计一个全新的商业模式。从建构方法上，设计一个全新的商业模式有两种路径可选：一种是基于个人经验和天赋的“天马行空”，免不了随机试错和迂回曲折的创新道路，历经千辛万苦的创业维艰，很多项目的商业模式创新失败了，但也有少数成功了。另一种是遵循一个商业模式通用结构和相关原理，例如：遵循T型商业模式的通用结构和相关原理。一般来说，设计一个全新商业模式的首要核心工作是定位，在章节5.1中曾经阐述“三端定位原理”。然后建构创造模式、营销模式和资本模式……

无论是解构，还是建构，无论是商业模式优化，还是商业模式创新，我们非常有必要先讨论一下企业中商业模式的层次划分，因为至少要搞清楚，应该从哪个层次开展分析或创新。商业模式是依附于企业的，而企业是非常多样性的，以至于极少有专家来探讨商业模式的层次划分这个主题。我在这里做一些抛砖引玉，很多观点也许是探索性的论述。

曾经有不少业界专家这么认为：“商业模式分为多个层次，即产品商业模式、业务商业模式、事业部商业模式、企业商业模式、集团商业模式等。无论一个企业的规模有多大，商业模式有多复杂，它的商业模式一定可以细分为产品商业模式。”以上与组织结构挂钩的观点听起来是有一定道理的，因为大家对组织结构层级比较熟悉。但在实践中，如果概念界定不清晰的话，这样的划分是很难实际操作的。例如，某零件企业生产销售上万种异形零件产品，按照以上理论，该企业就应该有上万个产品商业模式。显然，这样划分是毫无实践意义的。并且划分的层次太多，每个层次需要不同的理论解释——这样做是非常繁杂冗余的，常常让实践者无所适从。

T型商业模式中，划分商业模式层次的依据是产品组合。产品组合是指企业与目标客户之间的交易标的物。单一产品是最简单的产品组合，例如：斯凯奇公司出售的休闲鞋。复杂一些的产品组合，可以是多个实物产品、服务、数字化产品等组合在一起，例如：交钥匙工程。一般将企业中相似的交易标的物看成是同一类产品组合，例如：斯凯奇公司的健步鞋、休闲鞋、运动鞋等，可以看成同一类产品组合。通常情况下，同一类产品组合属于同样一个商业模式；而不同类产品组合商业模式是不同的。专业化公司大部分提供单一产品组合或同一类产品组合，所以可以说，专业化公司通常只有一个商业模式。而多元化公司提供多种类别的产品组合，所以它们通常有多个商业模式。例如，美国GE公司是典型的多元化公司，每个事业部就会有一个商业模式。

尽管一些多元化公司提供多种类别的产品组合，但是它只有一个主类别的产品组合，其他类别的产品组合都是由此而衍生的，属于附属产品组合。例如，运动鞋是耐克公司的主类别产品组合，而服装、运动器材等都是附属产品组合。对于这样的多元化公司，理论上说它有多个商业模式，但是如果它的附属产品组合只是品牌延伸，而没有什么特别之处，那么我们通常只阐述它的主类别产品组合的商业模式。例如，说起耐克公司的商业模式，我们通常只是分析其运动鞋的商业模式。

还有一些多元化公司，不同业务之间或不同类别的产品组合之间是紧密关联的，理论上说它有多个商业模式，但是我们往往将这些商业模式看成一个整体，作为一个商业模式来分析。例如，奇虎360有杀毒软件、浏览器、软件管家、搜索引擎、应用商店、智能硬件、企业安全方案等多个不同类别的产品组合，但是，由于这些产品组合之间联系紧密，所以我们通常将它们看作一个商业模式来分析。在章节2.5中，我们以这样的思路分析了奇虎360的商业模式，并且称它为“漏斗式产品组合”。

根据以上阐述，从有利于创新实践出发，我们将商业模式仅划分为两个层次：产品组合商业模式和企业总体商业模式。如果企业只有一个商业模式，那么它的产品组合商业模式就是它的企业商业模式；如果企业有多个商业模式，就要分为产品组合商业模式、企业总体商业模式两个层次。如果一个公司有多个事业部（子公司），每个事业部的商业模式有所不同，那么就以事业部为单位分别考察各自的商业模式。这个公司的企业总体商业模式就是由多个事业部的商业模式复合而成。如果多个事业部之间联系紧密，那么还可以将它们看作一个商业模式整体，特定情况时看作一个商业模式进行分析。对于由一个核心企业与众多协作企业构成的生态圈，整体上也可以作为一个商业模式进行分析。T型商业模式主要讨论产品组合商业模式这个层次，涉及商业模式创新的内容亦是如此。本书为方便叙述，不特别指明时，通常所说的“企业商业模式”就是指产品组合商业模式。

研究商业模式，终究要应用于实践，指导企业经营，所以商业模式如何创新和优化最重要。其实，本书自始至终都在讨论如何进行商业模式创新。T型商业模式的3大部分、13个要素，好像构成商业模式的13个零件，视具体场景而定，都可以是一个创新的入口或抓手。虽然从理论上说，这13个要素都可以优化和创新，而在实践中，产品组合、增值流程、营销组合等几个要素创新更多、更突出一些。一个企业商业模式的创新，通常是多个要素的创新，也就是说有多个要素与众不同。以小米手机加以说明，它的产品组合创新包括手机硬件、MIUI系统和米聊等软件“三驾马车”；价值主张创新是高配置、低价格；增值流程创新是聪明供应链打造的低成本“微笑曲线”模式；营销组合创新是互联网销售、口碑营销、饥饿营销等组合；进化路径创新是“硬件+新零售+互联网”的“铁人三项”及打造生态链；资本机制创新是引进外部投资，同时也投资生态链相关企业；企业所有者创新是创业伊始先搭建明星合伙人团队等。有些学者将某一个要素创新就看作一个新的商业模式；有多个要素创新，就认为企业有多个商业模式。显然，T型商业模式不认同以上观点。在T型商业模式框架下，13个要素中的某几个要素创新，它们属于同一个商业模式，只是同一个商业模式内的创新——通常可以说，这个商业模式有几个创新亮点。**如果某个要素创新亮点引起了企业商业模式的显著不同，那么常常以这个创新亮点作为商业模式的代称，例如：产品金字塔、“免费+收费”、银银合作平台等。**

为了突出商业模式创新与实践的重要性，本章从行业扫描、关注客户、模仿借鉴、技术创新、资本运营、以人为本6个常见实践场景入手，探索商业模式创新的具体做法。现实中的创新，很少是抱着理论书籍一边看一边搞的，而通常是来源于具体场景的触发……

7.2 扫描行业：如何预判一个新“冒出”的商业模式？

重点提示

※办公室无人货架，是一个可行的商业模式吗？

※如何对一个新商业模式进行“五力”竞争分析？

※如何用T型商业模式评判一个创业项目？

时隔5年，原阿里巴巴聚划算总经理阎利珉重出江湖创业，于2017年6月在成都创立“果小美”，定位于办公室无人货架业务。5个月后，果小美完成A、B、C3轮融资，累计融资金额超过5亿元人民币。阎利珉解释说，这是“大战在即，粮草先行”，无人货架这个赛道类似于共享单车、网约车，现在有50多个玩家，未来将只有一两家巨头存在。

俗话说，有钱好办事。果小美的业务迅速覆盖59个大中城市，铺设货架终端近10万台。但到了2018年4月份，与同行猩便利、便利蜂、便利购所经历的剧情几乎一样，果小美被爆因为拖欠货款而被供应商封仓，原本商定好的D轮，阿里巴巴不投钱了。企业没钱了，各种闹剧开始上演：拖欠员工工资，各地分部纷纷撤柜裁员，招聘、采购、配送几乎全部停止。未来有可能转型，也可能倒闭。墙倒众人推，无人货架创业受到了广泛质疑，各路媒体从追捧变成了棒喝，投资商开始从这个快速兴起的行业迅速撤离。

有人说，与摩拜、ofo一样，无人货架是在挑战人性。阎利珉融资时给出的数据是“丢货率能控制在3%～4%之间”，而实践中的丢货率大于30%。除了管控丢货率，无人货架还是个可行的创业“风口”吗？

扫描各个行业，去寻找一个创新的商业模式落地的机会，阎利珉创立果小美就是这么干的。对于果小美的无人货架模式，我们用波特五力竞争模型（简称“五力”）分析一下，如图7-2-1所示：

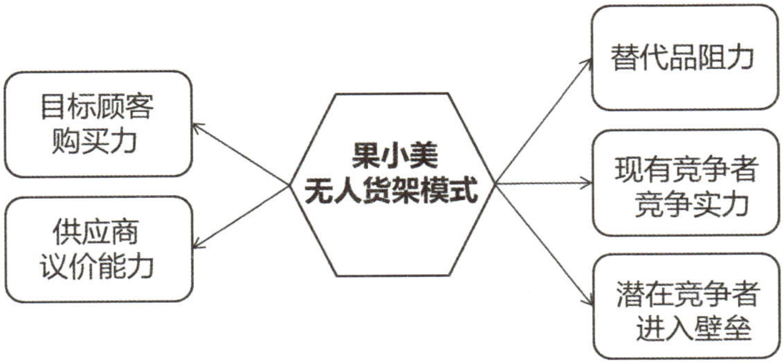

图 7-2-1 用“五力”竞争模型分析无人货架模式示意图

果小美前面有3大竞争阻力：**一是隔壁的便利店、外卖及淘宝等替代品带来的阻力。**旁边的便利店SKU多，货品丰富，已经是很多办公室白领的消费“胜地”，购物习惯已经形成了；外卖比零食、方便面更有充饥优势，口味多样，半小时能送达；在淘宝等电商平台购物有一定的隐私性，量大价优，获得实惠同时还不至于被别人看成是“吃货”。**二是现有竞争者的竞争实力。**猩便利、每日优鲜便利购是无人货架领域的另外两大竞争者。每日优鲜便利购2017年底已经获得2亿美元A+B轮融资，腾讯领投 A 轮，鼎晖领投B轮，可见其实力和能力非同一般。猩便利将烧完5亿元融资后，曾经一度被“倒闭”传言包围，直到2018年6月迎来蚂蚁金服的数亿元战略投资，才有了转型发展的生机。无人货架项目能否续命发展，最终还是要看腾讯、阿里巴巴之间对弈的决心，而前提是无人货架能否充当它们生态链上的“马前卒”。**三是潜在竞争者的进入壁垒。**初看起来，办公室无人货架就没有壁垒。一个简易货架几百元，放点零食几十元；刚刚摆放好，立即就会见到现金流。如果这是个好生意，一定有很多创业者涌入。

果小美后面还有两大难搞定的竞争力量：**一是顾客的购买力。**说起来无人货架上都是3元钱左右的零食、方便面之类的东西，好像谁都买得起，令人担忧的可能是——中高端白领不屑于买，一些小白领“不愿意”花钱买；二是供应商的议价能力。由于项目销量不大，大供应商看不上，小供应商实力小，也不能给予价格、账期方面过多的议价。

经过五力竞争模型分析，阎利珉重出江湖搞这么个果小美，看起来有点不靠谱了。先别这么快下结论，因为哈佛大学的迈克尔·波特教授发明的五力竞争模型，只是分析了商业模式关乎行业竞争环境的一个侧面，况且波特教授自己没有创过业，以他名义创办的咨询公司也于2012年倒闭了。创业是由团队力量推动的，所以企业是一个生命体，它有主观能动性，能否克服5种竞争力量，是衡量商业模式是否可行的一个重要参考依据。

根据T型商业模式理论，短期克服“五力”依据资本模式，长期克服“五力”要依靠商业模式内生的赢利能力。对于现代创业来说，创业者通过资本模式做到“有人、有钱”。有了人就可以形成团队能力，有了钱可以购买需要的资源。对于阎利珉创办果小美来说，招募人才搭建团队根本就不叫个事儿。阎利珉作为原聚划算总经理，曾在互联网圈内风光一时，有关于他多次创业成功的传说。准备创办果小美时，“从北京、杭州到成都，有十几批人一直在等我有没有好的想法、大的项目。”阎利珉曾说。对于果小美来说，钱也不是个事儿。若干知名投资人，道听途说阎利珉要重出江湖，以创业的形式东山再起，便星夜兼程赶赴成都，吃个夜宵见到真人，连夜就打钱过来了，甚至都不问股权比例是多少。有阎利珉这个领军人物，果小美创办两个月就先后获得分别由蓝驰创投和IDG资本领投的天使轮、A轮1 000万美元融资。

长期克服“五力”要看商业模式内生的赢利能力。在T型商业模式中，创造模式和营销模式协同运作起来，通过赢利机制逐渐内生出赢利能力。开门见山，我们直接分析一下果小美的赢利机制。阎利珉将无人货架模式的进化路径分为上半场或下半场，如图7-2-2所示。上半场就是迅速“占领”各个办公楼，不谈盈利关键要快，因为当一个城市达到

10 000个点时，下半场就开始了，而无人货架真正的赢利在下半场。就赢利机制来说，上半场的主要收入还是依靠无人货架卖货。根据运营数据统计，单个货架有2 000元左右的月流水，30%左右的毛利。这点毛利根本收不回成本！初期几年开疆拓土，这个模式基因要大量烧钱：自建一个包括仓储、物流、配送等完整的供应链体系，不仅需要大投入，且建设周期比较长。供应链是零售的核心增值流程，无人货架模式概莫能外。其次，无人货架模式自带的特点是高进场费用、高货损率、高运营费用。显然，依靠卖货挣得的毛利难以覆盖这些成本和费用。

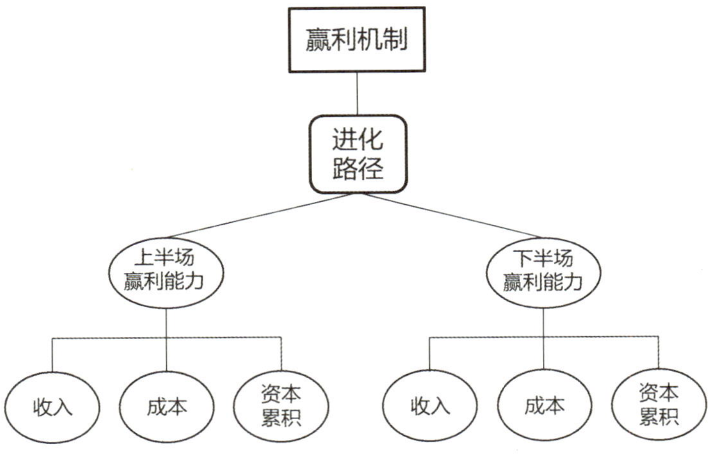

图 7-2-2 果小美的赢利机制分析示意图

概算一下，单搞上半场，这个商业模式是很难盈利的，况且同行竞争激烈，还需要大把投入补贴和广告费。算来算去，上半场只能依靠投资商持续投资来“撑起”一个咬牙坚持的场面。一旦投资商对行业前景失去信心，资金来源一断，无人货架整个行业就会偃旗息鼓。上半场与下半场是“串联电路”的关系：走不完上半场，下半场就不能开幕，所以阎利珉必须为投资商讲好下半场的故事：下半场果小美将是一个“聚划算+拼多多”的电商平台，其核心就是将流量汇聚到线上，果小美会变成极致单品的“聚划算”，办公室范围的“拼多多”，底层采用网易严选的反向定制模式，消费场景由办公室延伸到家……

遗憾的是，上半场走到一半，投资商不敢再玩下去了。头部创业者还是有些能量的，绑定的各路知名投资商也不肯善罢甘休，他们联合起来还是能找到“接盘侠”。这个时候，腾讯、阿里巴巴等王牌投资者就被邀请入场了，两者进场的理由也很冠冕堂皇：战略布局无人零售，抢占线下支付场景。尽管如此，无人货架前途如何？原有模式难以为继，如果转变为智能货柜则成本太高，又与自动售货机雷同。

无人货架不一定能成功，但是挡不住创业者们继续裂变行业寻找发展机会的梦想。**扫描行业发现一个“缝隙”需求，设计一个全新商业模式，创建一个伟大的企业，进而开创一个新行业，是多少创业家的梦想！**很多开创型企业包括BAT（阿里巴巴、腾讯、百度）等都是这么干出来的。它们要么引领了一个新行业，要么颠覆了一个老行业。古代讲三百六十行，包括：酒行、米行、茶行、珠宝行、鼓乐行等。新需求不断被开发，社会分工越来越细，现在已经裂变出了成千上万个行业，新兴行业不断涌出。

由于创业者的创造，现在至少有三万六千行。外卖、代驾、直播、短视频、无人货架、共享单车……**起源于一个创新的商业模式，大家蜂拥而至来创业，玩家多了就逐渐形成了行业。行业向纵深发展，市场体量不断膨胀，不断专业化分工，逐渐形成了产业链，行业就演化为产业。**例如：外卖市场规模突破3 000亿元，已经升级为产业了。有饿了么、美团等平台企业；有原料集采、餐饮、外送企业；有设备、包装、软件配套。行业演化为产业时，产业就具备了孕育能力，不仅能孕育新项目，还能孕育新行业。例如：受益于外卖这个产业平台，瑞幸咖啡创立仅半年，开店数量达到500多家。除了自助咖啡和在星巴克喝咖啡，喝外卖咖啡也很时尚风靡，似乎即将形成一个叫作“外卖咖啡”的新行业了。

从出现一个新模式到聚集成一个新行业，进而演化为一个大产业，

行业集中度不断提高，产业围绕中心企业聚集，领导企业就长成了。这些领导企业，以资金、人才、品牌优势，扫描所在行业及产业，不断创新商业模式，而且也迅速模仿或收购其他优秀的商业模式，围绕自身成长打造生态圈，逐渐成为“巨无霸”企业。除了BAT之外，华为、海康、小米、苏宁、京东、陕鼓、潍柴等均是如此。

前文以果小美为例，分析无人货架创业是否可行。俗话说，磨刀不误砍柴工。无论是扫描行业创新一个商业模式，还是追随风口模仿一个商业模式，我们都建议先用波特五力模型分析一下，然后再用T型商业模式的相关要素和原理论证一番。

7.3 关注客户：让那些“潜伏”的需求浮出水面

重点提示

※为什么拼多多能够3年实现美国上市？

※产品经理 “Y模型” 如何用于商业模式创新？

※哪些行业有更多的商业模式创新机会？

京东于1998年6月成立。拼多多于2015年9月开始孵化，母体是创始人黄峥的游戏公司。2018年7月，成立不到3年的拼多多在美国纳斯达克上市，以市值300亿美元开始，螺旋式上升而直追京东。拼多多作为社交电商的代表，其巨大的爆发力，让行业巨头们倍感压力。苏宁易购的嗅觉最灵敏，紧跟拼多多，很早就成立了苏宁拼购。而2018年3月，淘宝突然推出了一个名为“淘宝特价版”的APP，主打低价拼团，被当作阿里巴巴正面狙击拼多多的一个信号。之后没多久，京东也开始推出 “京东拼购”项目。

依据我国目前的《专利法》，还不能对商业模式创新授予专利，所以拼多多不能阻止别人模仿或抄袭它的商业模式。拼多多的拼团模式，2009年团购风口兴起时就有了，并且后来发生了惨烈的“千团大战”。那时，中国的团购模式是从美国Groupon公司模仿习得的。Groupon公司的模式从哪里学来的？其实2000年左右，上海就有团购了——发起人在社区发小广告，感兴趣者在地铁站集合，然后集体出发，与厂商谈一个批发的价格。经历几度轮回后，团购又在发源地焕发生机。拼多多在上海创立，总部在上海，属于地道的上海网络科技公司。

相较于过去的团购，拼多多的模式已经全面更新升级了。首先，它们关注的目标客户不同。PC时代的网页版团购，客户群体是大中城市能够使用电脑的青年人群，而在移动互联网时代应运而生的拼多多APP，其主要客户群体是一线城市到六线县镇的低消费人群。这个人群基数非常大，拼多多目前注册用户3亿多，且拼团交易异常活跃。千元以下的智能手机，是这个客户群体的拼购“神器”。他们原来习惯于在乡镇或城市角落的集贸市场购物，现在通过智能手机能在拼多多上与厂家或大经销商直接对接，自我感觉消费升级了，体验也棒极了！对于逐步高大上的电商巨头来说，这是一个被遗忘的角落。

为什么他们（拼多多的目标客户群体）不在天猫、京东购物？回答这个问题，要列举一个也说不恰当的历史典故。当年天下闹饥荒，百姓食不果腹，晋惠帝却问：“何不食肉糜？”这个群体更愿意在拼多多上拼购，大致有3个原因：①拼团购物有抱团取暖的信任感。他们独自在淘宝、京东购物，反而会担忧钱被骗及疑虑是否能收到货。就像一个没有见过世面的人到了陌生豪华的消费场合，总是有一点担忧被宰的心理。而拼多多让他们感觉很安全，几个人一起拼购，形成了集体信任，人多时心理力量强大起来；②拼多多上购物很简单。早期的拼多多SKU很少，现在也不多，且大部分是高频需求的食品、日杂百货之类。都在首页上，他们看得懂，直接参团或发起拼团就行了。而淘宝、京东的货品琳琅满目，需要搜索比较，几乎每个商品都有详细的产品说明和营销文档。尽管这些高大上的电商其购物界面“化妆”得尽善尽美，但是他们不适应不喜欢。③通过拼多多团购，感觉商品极其便宜或性价比非常高；以朋友圈、微信群等社交形式达成拼购，让购物过程有乐趣、有成就感。拼多多每个商品页面上显著标示“单独购买”价格及“发起拼单”价格，通常两者相差30%以上。这样设置满足了消费者比价的心理，拼单购买给人以非常便宜的直观感觉。

其次，拼多多团队深谙人性，设计的营销组合处处“搞掂”了目标客户的消费心理。拼多多为拼团而生，在“拼团”“拉新”这些事上搞出了数不清的花样：一分钱抽奖团、一元拉新团、助力砍价、团长免单、瓜分红包；限时秒杀、品牌清仓、天天领现金、现金签到、砍价免费拿……不仅如此，在签到、抽奖等常规玩法中，裂变营销的手法已根植于骨髓，用相似的逻辑包装了几十种玩法，所以能在不到3年斩获3亿多用户。拼多多运用裂变营销手法，已经达到了登峰造极的境界。单拿"助力砍价"这一个模块来讲，可以在QQ中以"砍价"搜索到上百个群，微信拼团砍价群更是多如牛毛。在这些群里，拼友们只发拼团链接不聊天，也能保持每日上千的信息活跃度。

拼多多招股书披露，上市前腾讯占股18.5%。腾讯参加了其B轮和C轮融资，为拼多多的第二大股东。腾讯核心业务是QQ和微信，推崇休闲、娱乐、游戏精神。社交拼团、裂变拉新等营销花样，与QQ和微信的休闲、娱乐、游戏精神高度契合，所以能在腾讯所属QQ、微信的生态圈里展开。腾讯在微信给了京东流量入口，但京东只是自我威猛不知道怎么承接腾讯的流量，而拼多多很好地承接了腾讯的流量。例如，微信的某个小闲用户，收到了朋友的拼团等邀请链接，打开了拼多多。即使他（她）购买欲望不强烈，至少可以玩一玩现金签到、限时秒杀、砍价免费拿，或者可以参加助力砍价为朋友捧捧场。只要他（她）玩了几次，账户里就有了拼多多奖励的几元钱或几个优惠券，从此便成了"瓮中之鳖"，一发而不可收。

拼多多带来的客户价值什么？这要看拼多多为客户提供的产品组合。形式上看，拼多多是一个拼购平台，让顾客能买到便宜货，并获得一点占了便宜的购物体验；实质上，拼多多精心设计的社交化团购界面，使顾客在购物过程中获得了通过自己努力而终于买到便宜东西的惊喜感和满足感。同时，与其他人在拼多多一起购物，增强的游戏感、娱乐感、分享感，常常让人欲罢不能。吴伯凡、梁冬将此称为"吃鱼不如打鱼香"。在丰裕经济时代，吃鱼没有什么好炫耀的，也没有什么成就感。而钓鱼的乐趣在于努力克服障碍之后，心中油然而生的获得感和成就感。如果几个人一起去钓鱼或捕鱼，通过齐力配合而收获颇丰，那么他们不仅有获得感和成就感，而且过程中还增强了游戏感、娱乐感和分享感。

大家会抱怨甚至口诛笔伐拼多多上假货多，便宜没好货！淘宝起步时，大部分人还不会上网购物，那时大家也是这么"声讨"淘宝的。2015年，记得否？曾发生淘宝“大战”国家工商总局事件，胳膊拧不过大腿！接着2016年，淘宝进行了非常严厉的打假，陆续关停了20多万个自家平台上的涉假店铺。也是那个时候，京东抛弃了腾讯免费送来的拍拍网，与微小涉假电商说再见。拼多多创始人黄峥说，“我们吸引的是追求高性价比的人群”，“实惠多、乐趣多是我们的企业使命，本分是我们的价值观”。拼多多经营管理团队也不愿意卖假货。黄峥本人学历及工作经历都不差，早年曾与李开复一起，被谷歌派到中国拓展业务，建立Google中国办公室；也曾与段永平一起参加巴菲特的午餐。黄峥后面的投资人有段永平（步步高董事长）、丁磊（网易创始人）、王卫（顺丰创始人）、孙彤宇（淘宝创始人之一）等，此诸位也都是天天向上的人，没必要趟假货的浑水。

在淘宝、京东、苏宁易购等综合电商寡头垄断的竞争环境下，拼多多发现了空隙市场，精准定位了初始的目标客户群体，针对其需求开发了拼购交易的新模式。从用户需求到产品功能的转化，苏杰先生提出了简单易懂的“Y模型”，深受广大产品经理们的推崇。如图7-3-1所显示，Y模型的“1”是指用户需求（目标客户需求）。拼多多目标客户的需求：相对于集贸市场，所购商品要价廉物美，并且购物过程简单、有一定的安全感。Y模型的“2”是指产品主张。产品经理对客户需求的深度理解和开发，通过揭示客户需求背后的目标和动机，形成产品的价值主张。拼多多针对目标客户需求深度开发而形成的产品主张：赋予用户拼购、砍价的成就感及通过QQ、微信群拉团、拼团、助力、免费等社交协作行动的乐趣和游戏体验。Y模型的“3”是指产品功能（解决方案）。打造一个产品组合，将产品主张变成现实功能。拼多多产品功能方面的内容：拼购界面和过程设计、简约的购物流程、花样繁多的营销组合。Y模型的“4”是指马斯洛需求。它是指用户需求的第三种深度，人性中深层次的方面。“4”对于“2”和“3”具有指导意义。黄峥团队极擅长挖掘人性中深层次的方面，让客户来了就上手，上手就喜欢，喜欢就离不开拼多多。

参见图7–3–2，本书章节3.2及5.1等内容中有与Y模型相似而详尽的阐述。蓝海战略与Y模型也有相似之处，都是为满足目标客户的需求而对产品组合进行创新。从用户需求到产品功能的转化，其实就是从目标顾客→价值主张→产品组合的循环定位过程，上面的案例阐述中已经对此有所涉及，并且也介绍了一些拼多多在市场竞争、营销组合、企业所有者、进化路径等方面的独特做法。作为一个创新的商业模式，拼多多能在寡头垄断的竞争格局下迅速打出一片新天地，对应于T型商业模式上的亮点要素必然很多。除了上述已经提及的因素之外，拼多多在支持体系、增值流程、合作伙伴等方面也可圈可点。对于创新的商业模式，有优势也会有劣势。财报显示，拼多多2018财年第二季度归属于普通股股东的净亏损为64.94亿元。拼多多的主要劣势是持续的战略性亏损，甚至比预想的亏损年限还要长一些，因为这类商业模式实现财务盈利就会抵销拼购平台的竞争力和吸引力。因此，为形成优秀的赢利机制，拼多多还需要长期不断探索。

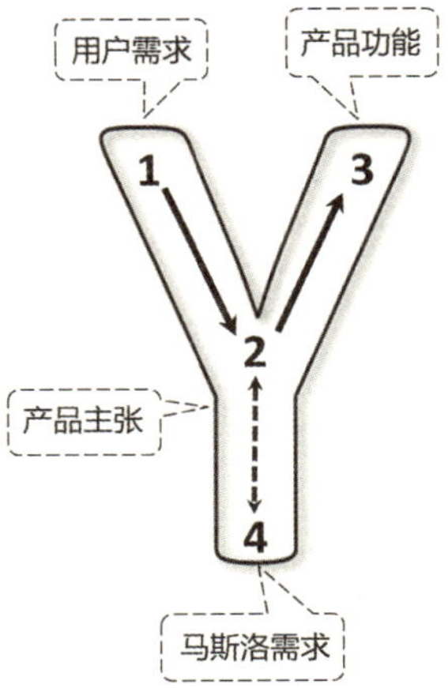

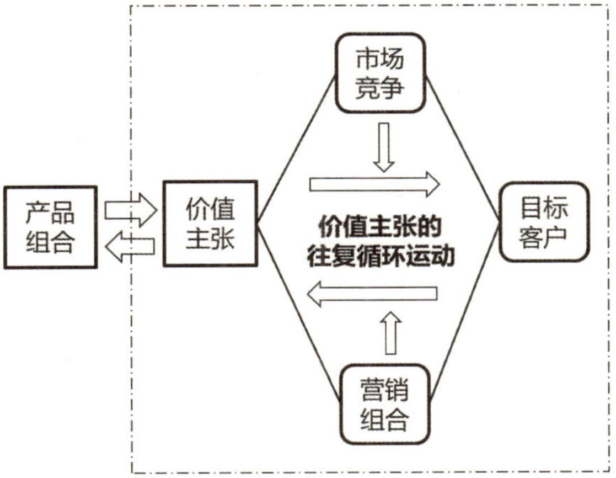

图 7–3–1 产品经理工具“Y 模型”示意图　　图 7–3–2 产品组合 – 目标客户之间的循环运动示意图

阿里巴巴开创中国综合电商行业以来，京东商城以“3C+自建物流”创新模式、苏宁易购利用自身传统优势以O2O新模式，分别拿到了进入该行业的通行证。通过关注低消费群体的需求，拼多多以社交拼购引领了综合电商行业又一次行业创新。关注客户群体的需求变化，是商业模式创新的源泉之一。尤其那些用户群非常广泛、用户需求多样化的行业，商业模式创新是层出不穷的。例如，餐饮行业的商业模式创新，永远也不会停止。以前有快餐连锁模式、高档酒楼模式、主题餐厅模式、自助服务模式等，新涌现的有网红餐厅模式、无店外卖模式、餐饮商超混业模式……

以上通过拼多多的案例，阐述了如何通过“关注客户”来创新一个商业模式。总结一下，大致有以下三个简明步骤：**首先，要找到某个行业中被遗忘、未被开发或需求未被很好满足的客户群体，从中确定企业的目标客户；其次，可以通过Y模型、蓝海战略或T型商业模式相关原理，由浅入深地梯次挖掘目标客户的显性和隐形需求，以差异化创新生成产品价值主张，依据定位原理最终构建产品组合——这是商业模式创新的核心内容；最后，让创造模式、营销模式、资本模式各要素实现协同创新和配称。**

7.4 模仿借鉴：遵循“七步法”，培养创新能力

重点提示

※为什么宏图三胞的“王大妈”模式会成功?

※模仿创新与山寨仿制的主要区别是什么?

※黄金圈法则对创新商业模式有什么帮助?

创新要有灵感，而灵感在某个场景下才会涌现。1999年，电脑零售商袁亚非从南京到深圳出差，进入当时国内首家沃尔玛大卖场购物，立即被沃尔玛宏大的售货场面所震撼。被震撼后，袁亚非灵感涌现，创造性地设计了著名的“王大妈”（WDM）商业模式。回到南京，他把沃尔玛（W）的大规模连锁、戴尔（D）的个性化定制和麦当劳（M）的标准化服务结合到一起，开设了第一家宏图三胞IT连锁大卖场。

袁亚非如何将“王大妈”模式落地？首先，袁亚非要像沃尔玛一样连锁开店，做到货多连锁店多。宏图三胞要销售几乎所有品牌的电脑，而连锁店越多，销量越大，则采购成本越低。其次，模仿戴尔的个性化定制，把生产线搬进店里，为顾客组装他们点餐定制的个性化电脑。顾客选好所有的电脑组件，隔着玻璃窗就可以看到流水线在装配，等大约半个小时，自己定制的电脑就生产好了。最后，是向客户提供麦当劳式的标准化服务。在全国所有宏图三胞连锁店中，店面形象是统一设计的，电脑产品及组件的价格是统一的，服务流程是标准化的。

通过这样一个模仿借鉴而形成的拼接式商业模式，袁亚非的“王大妈”获得了令人瞩目的成功。2001年起步，当年宏图三胞开了5家连锁店，实现销售收入5亿元；到2008年，宏图三胞实现营收60.18亿元，利润总额1.16

亿元，拥有连锁店140多家。从此以后，宏图三胞升级为三胞集团。

宏图三胞成长为“三胞集团”，代表着中国企业成长发展的一种典型演化路径。20世纪最后20年及21世纪最初10年，是中国从短缺经济向过剩经济演化的30年。这期间，创业者模仿一个成功的商业模式，再有一些相对正式的管理，所创立企业就会在强劲需求的拉动下发展起来。袁亚非是一个商业奇才，一次沃尔玛偶遇，通过组合模仿而设计一个“王大妈”商业模式，就创造了一个IT连锁零售企业集团。之后互联网普及促进电商兴起，范式转移为3C传统零售带来了巨大冲击。从传统产业到“互联网+”，从“互联网+”到移动互联网，面对范式转移，三胞集团的对策是通过并购实现抱团取暖，通过国内外企业之间的差别继续寻求模仿式创新的机会。事实证明，这样的演化路径出了大问题。当汽车发明出来并大批量产业化后，系统性地优化马车甚至局部实现机械化，绝对挡不住目标顾客为实现自身的消费升级而对新技术和新模式的追求和向往。在此给宏图三胞的敬告是：**商业模式也有一个生命周期，得益于其赢利区间，企业应内生出模式创新能力与核心竞争力。**

尽管如此，对优秀的商业模式进行模仿和借鉴，仍然是广大新创业者、企业经营者进行商业模式创新的第一步。 沃尔玛的创始人山姆·沃尔顿说：“我做的事多半都是模仿别人。”三星集团的李健熙说：“如果付出一亿韩元就能以一周的时间获得技术，却硬要投入十多亿韩元，还必须经过三到五年的研发，那是一种浪费。”德鲁克说：“模仿本身就是创新，模仿是创新的前提，创新是成功的关键。”

在模仿的基础上进行商业模式创新，全世界知名企业都在这样做。以知名房地产企业万科为例，早些年间，万科向日本索尼公司跨界学习，学习索尼的营销方法和售后服务，并在此基础上进行了创新，首次在国内创建了万科物业管理模式。其后是学习香港新鸿基地产，在学习新鸿基“新地会”的基础上建立了“万客会”。再后来，万科学习美国帕尔迪公司在跨地域经营、土地储备方式、持续盈利能力、客户细分及关系维护等诸多方面的先进经验或模式。在此基础上，万科又进行了本土化创新，并在2007年超越了美国帕尔迪公司。

众所周知，中国互联者创业项目很多是模仿西方的模式。例如：百度模仿谷歌、优酷模仿YouTube、人人网模仿脸书、滴滴模仿优步等。而现在，在不知不觉中全球进入了一个“模仿中国”的新时代。例如：脸书新的即时交互工具就借鉴了微信的很多小功能；硅谷初创企业limebike模仿中国摩拜，在美国搞共享自行车模式。在互联网金融、社交媒体、人工智能、VR及AR、智能交通等许多领域，中国企业正在逐步处于世界领先地位。

创新始于模仿，但是不能让模仿流俗于另一个极端——山寨仿制！有些企业长期依赖山寨仿制，亦步亦趋跟进领先者，在被模仿企业的阴影里举步维艰，经常陷入焦灼而低劣的价格战、广告战，因而它们也没有能力去实现弯道超车。真正的模仿是理解“为什么”，在模仿的基础上实现精进突破和持续创新。

关于商业模式模仿与创新，一定还可以列举出许许多多成功案例，但是我们应该把商业模式创新视为一个工程化项目，并为它寻找一个通用的工程化方法。**借鉴产品开发“逆行工程”法，结合T型商业模式的通用结构和原理，在此提出商业模式模仿创新“7步法”，如图7-4-1所示。并且，此“7步法”的产生本身就是一个先模仿再创新的应用案例。**

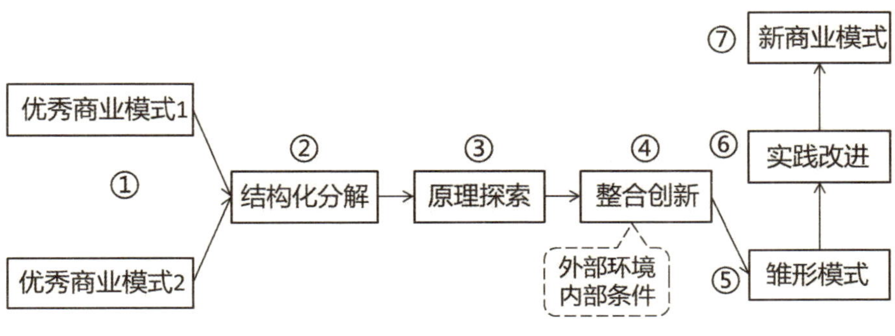

图 7-4-1 商业模式模仿创新“7 步法”示意图

商业模式模仿创新“7步法”的具体内容是：①首先要搜寻与发现希望借鉴的优秀商业模式。它可以是一个，也可以是多个。袁亚非先生在沃尔玛灵感一现，拼接出的“王大妈”（WDM）商业模式是借鉴了沃尔玛、戴尔和麦当劳3个知名公司的模式亮点。淘宝早期的商业模式是易趣网、免费和媒体模式三者的跨界嫁接。②利用T型商业模式的结构化方法，对希望借鉴的商业模式进行逆向结构化分解。优先找到它们的亮点要素，然后辨别剩余的普通要素。T型商业模式的通用结构有13个要素，只要按图索骥，亮点要素及普通要素都可以一一列示出来。一般来说，产品组合、赢利机制、营销组合、价值主张、增值流程等有更大的概率是某些商业模式的亮点要素。③利用T型商业模式的创造模式、营销模式、资本模式的构成公式、相互关系及3大原理等，探索要借鉴商业模式的相关原理。④结合本企业的具体外部环境和内部条件，在借鉴模仿他人商业模式的基础上，通过整合创新尝试图得出适合自己的独特商业模式。⑤形成一个雏形模式，并对它进行原理验证、仿真验证（沙盘推演）。⑥所谓实践改进，就是在初期的实践应用中不断地迭代更新。商业模式内部要素与环境和企业条件之间有一个调适和配称的过程，需要在实践中不断探索和提升。⑦新的商业模式形成了。企业可以组织专家定期对它进行测评；遇到环境突变或企业变革，还需要对商业模式不断优化或升级。

西蒙·斯涅克提出黄金圈法则，把思考和认识一个问题形象地画成3个圈：最外面的圈层是“What”层，也就是做什么或是什么，指的是事情的表象；中间的圈层是“How”层面，也就是怎么做，是实现目标的途径；最里边的圈层是“Why”层面，问一问自己为什么要这样做。在上述商业模式模仿创新“7步法”中，①②步骤是解决“What”层面的问题，阐述要借鉴模仿的商业模式的结构及要素。③是回答“Why”层面的问题，揭示要借鉴的优秀商业模式的成功原因。④⑤⑥⑦是“How”层面，也就是怎么做，是实现商业模式创新的具体途径和方法，如图7-4-2所示。

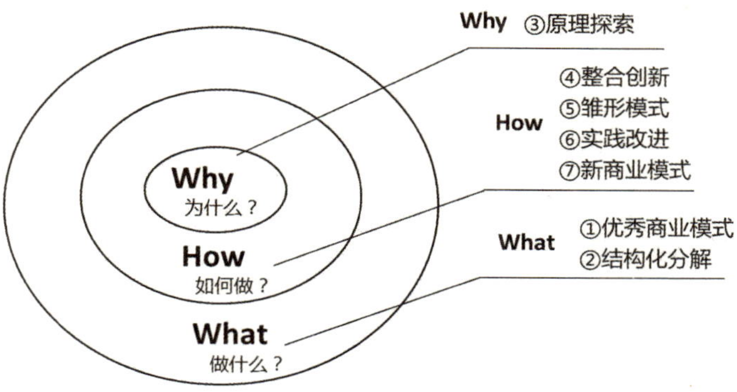

图 7-4-2 创新“7 步法”中的黄金圈法则示意图

显而易见，通过模仿借鉴“7步法”开展商业模式创新有3个突出的优点：①有一个可以遵循的步骤和系统化理论，从而一定程度上摆脱经验思维和局部化理论陷阱；②加快商业模式创新速度，减少无谓的随机试错，降低创新成本和风险；③在模仿借鉴的基础上，逐渐形成创新能力，为形成企业的创新竞争力提供有效支撑。

7.5 技术创新：促进商业模式创新和进阶

重点提示

※联影医疗能否成为中国医疗设备行业的“华为”？

※技术创新与商业模式创新的关系是什么？

※石墨烯、区块链等技术创新将带来哪些颠覆和新机遇？

有人做了统计：在上海，租金越贵的地方，金融企业占比越高；租金越低的地方，科技企业占比越高。几乎每个高大上的“中心”都是金融企业的聚集地，而那些暂时看上去“矮穷矬”的科技行业（尤其是创新型的初创公司）就不得不被高租金挤压到离市中心更远、租金更便宜的郊区。

联影医疗（简称“联影”）创立于2010年10月，总部位于上海远郊的嘉定工业区，创业起步阶段，条件也是比较艰苦的。2016年，联影年销售收入超过20亿元，比上年增长200%以上。2017年9月，联影医疗完成A轮融资，融资金额33.33亿元，投后估值333.33亿元。据说，这是当时中国医疗设备行业最大的单笔私募融资，可见联影的团队背景、科技实力及发展空间都是不一般的。

在联影创立初期，就有3位“国家千人计划”专家、5位“上海千人计划”专家加盟。创立不到4年，联影各事业部累计提交专利申请1 035项，其中高技术发明类专利数量达756项，占全部专利申请数量的72%；联影已经拥有逾1 100人的研发团队，其中超过110人具有海外留学背景。

2017年，我国医疗器械行业市场规模高达5 233.4亿元，其中高端医疗设备占比25%。经过近40多年的发展，我国高端医疗设备进口比例仍然高达90%以上。我国进口的高端医疗设备80%以上的市场份额被GPS［通用电气（GE）、飞利浦（Philips）、西门子（Siemens）] 三巨头瓜分。联影致力于成为中国医疗设备行业的“华为”，打破GPS在华垄断，产品组合定位就在这超过90%的高端医疗设备市场份额上，其愿景是做世界级的中国医疗设备公司。

虽然联影已经是本土高端医疗设备行业中的一面旗帜，但是要追赶GPS三巨头花费几十年乃至上百年建立的技术积累优势，联影的创业团队认识到必须依赖技术创新和商业模式创新“双轮驱动”，共同构建独特的协同优势，才能实现超越式发展。在T型商业模式中，技术创新包含在创造模式的支持体系要素中。在技术创新的巨大支持下，联影医疗已经成型的商业模式有两个：一个是智慧医疗平台，另一个是区域影像中心。

联影的智慧医疗平台实际上就是“设备硬件+运维软件”模式，可以分解为两个部分：一个部分是医疗设备硬件，包括计算机断层扫描仪(CT)、分子影像(MI)、磁共振(MR)、X射线(X-Ray)等诊断设备，也包括放疗(RT)、移动医疗（M-Health）等治疗设备。运维软件属于医疗信息化，联影不想做单纯的设备买卖者，而是通过基于互联网和物联网的运维软件实现远程设备管理与维护、故障诊断、远程培训，开发的延伸功能还包括帮助医院做好医疗管理，提升细节上的诊疗水平。

近年来，分级诊疗成为医疗改革的重中之重，而联影的“区域影像中心”成为实现分级诊疗的重要模式创新。该模式由下级医院放射科进行影像检查，上级医院诊断并将诊断报告发还给下级医院，以此将高端医疗设备资源下沉，而将稀缺不足的专家资源集中上移，提高基层医院诊断能力。自2014年起，联影就积极探索实践区域影像中心模式，构建以县区级医院为中心，省（市）、县、乡3级医院互联互通的“区域影像中心”，助力实现“大病不出县，小病不出乡”。截至2017年，联影已经在全国10个省（市），投资设立了10多个区域影像中心（以公司制形式），其中独资公司占比50%。

联影的两个商业模式具有很强的协同作用。智慧医疗平台将单纯卖设备转变为卖解决方案，这样可以提高整体营收和利润率（服务毛利高），提高对客户的吸引力和黏性（降低了目标客户的操作和应用障碍），并且运维软件可以每年收费。联影可以采取自建、合资或协作建设运营区域影像中心，实际上是从终端应用建立行业标准，目的是让区域影像中心充当销售渠道的作用，“近水楼台先得月”，在区域影像中心辐射范围内将尽力普及联影的高端医疗设备。再说，联影独资或合资建设的区域影像中心，相当于一个为患者提供影像诊疗服务的专科医院，本身就是一个有较高盈利水平的独门好生意。

技术创新可以分为产品技术创新和基础技术创新。对于联影医疗来说，产品技术创新就是把高端医疗设备做好，在相对成熟的技术基础上把持续创新做得更好、更能满足中国特色的需求；在跟随世界先进水平的基础上逐步实现技术创新的超越，从而保持企业的技术水平能够立足世界，引领未来。基础技术创新服务于产品技术创新和商业模式创新。例如：互联网、大数据、云计算、人工智能等基础技术创新已经给我们的产品创新或商业模式创新带来了翻天覆地的变化。除了产品技术创新，联影医疗积极将互联网、物联网、云计算、大数据、人工智能等基础技术创新应用到商业模式创新中。联影的智慧医疗平台就是基于互联网、物联网等基础性创新技术的商业模式创新。联影的区域影像中心不仅搭载了人工智能、虚拟现实等前沿应用，还搭载了影像云、云端诊疗、大数据分析等前沿技术模块。

对于企业组织来讲，技术创新为目标顾客服务，为商业拓展服务，所以技术创新是商业模式创新的一个组成部分。如图7–5–1所示，技术创新通常来源于企业所有者、支持体系、合作伙伴三者构成的A1层。例如：诸如联影医疗、柔宇科技、寒武纪芯片、商汤科技、拓璞数控等技术型企业，创始团队（企业所有者）都是技术创新的源头。支持体系含有两种技术创新的来源，一是企业的研发团队，它通常是产品技术创新的来源；二是来自社会科技进步的基础技术创新。合作伙伴也可以是技术创新的提供者。例如：联影医疗与大华基因联合建立“基因+医疗影像”精准医疗大数据中心，由此将会衍生新的商业模式。A2层包括基础技术创新和产品技术创新，其中基础技术创新可以支撑产品技术创新，也可以直接服务于商业模式的其他要素（A3层）。A3层（产品组合、增值流程、营销模式）是A2层技术创新的服务对象。不言而喻，技术创新可以改进工艺流程（增值流程）和形成有技术竞争力的产品组合。现在及未来，营销组合将越来越多地受益于技术创新，例如：大数据营销、互联网营销、人工智能营销。A1→A2→A2的连接与协同作用，就会引致商业模式创新（用B表示）。这个图示的逆过程也是成立的：为了实现B（商业模式创新），需要A3→A2→A1，即最终要解决技术创新的来源问题。

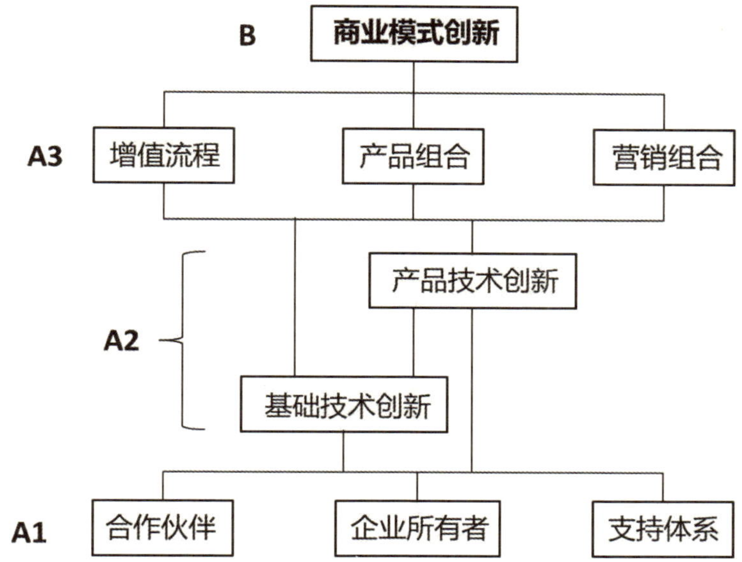

图 7-5-1 技术创新与商业模式创新的关系示意图

现在，技术型企业也非常重视商业模式创新，这样做的好处不仅是构建了多重防护壁垒，并且能让企业超越常规发展，有的仅用三到五年就成为独角兽企业。联影医疗是个技术驱动型公司，但也构建了智慧医疗平台、区域影像中心等创新型商业模式。同样，以商业模式创新发展起来的公司也非常重视技术创新。滴滴在交通领域积累了海量优质数据，也拥有强大的数据处理、云计算能力。2018年初，滴滴出行正式成立AI Labs（人工智能实验室），以加大人工智能前瞻性基础研究。早在2015年，京东就在西安成立了无人机事业部。2018年6月，京东第一架重型无人机（研发样机）正式下线！刘强东宣称这款JDY-800无人机的目标最大有效载重量要达到5吨，飞行距离超过1 000公里，100%自主知识产权。

技术创新也常常对现有商业模式带来颠覆。当年美国柯达公司津津乐道其冲印连锁店模式时，数码相机技术将它彻底颠覆了；诺基亚沉醉于功能机全产业链模式时，三星及苹果以3G智能机技术将它替代了。互联网技术从萌芽出现到繁殖裂变，让几乎所有传统商业模式面临着转型或变革。现在如火如荼的大数据、云计算、人工智能技术及正在产业化过程中的3D打印、石墨烯、区块链等技术创新，将对一些传统商业模式构成挑战，而同时又带来更多商业模式创新的机遇！

7.6 资本运营：促进商业模式的进化与升级

> **重点提示**
>
> ※为什么富士康要通过资本运营实现商业模式转型升级？
>
> ※资本运营促进商业模式升级与进化有哪5个途径？
>
> ※跨国并购可以为商业模式带来哪些改变？

谁说大象不能跳舞？——当年的CEO郭士纳让IBM这头“大象”成功地从生产硬件转型为提供服务（整体解决方案）；将“一只脚已经迈进了坟墓”的IBM公司，从接手当年的亏损160亿美元逆转为全球最赚钱的公司之一。

富士康集团也是一头“大象”，2017年营收约9 000亿元人民币（4.7万亿元新台币），全球财富500强排在第27位。不甘心只是世界上最大的3C数码产品代工厂，创始人郭台铭正在让富士康这头“大象”跳舞。比较于IBM，富士康的舞姿刚刚从模仿秀开始。2016年以来，郭台铭带领富士康以35亿美元收购了日本夏普，8.66亿美元收购美国物联网硬件公司Belkin，3.5亿美元收购诺基亚功能机，还联合阿里巴巴共同出资5亿美元投资印度电商Snapdeal，也曾1.2亿美元投资滴滴出行，战略投资摩拜单车等。

郭台铭频频地买买买！为的是让富士康商业模式转型升级。众所周知，富士康作为全球最大的代工厂，一直给苹果、小米、华为等企业OEM贴牌生产，而富士康内部对于代工厂形象一直很排斥，多次试图通过内部孵化新商业模式实现转型升级。

早在2010年，富士康成立“万马奔腾” 项目，希望用5年时间，在三线以下城镇开10 000多家万马奔腾数码专营店。2011年搞了整整一年仅开出

280多家，且大部分处于严重亏损状态。幸好郭台铭头脑清醒及时喊停，没有继续大规模铺店，因为接下来几年线下渠道开始雪崩，众多数码品牌开始转战天猫和京东商城。

2015年时，富士康成立爱锋派项目。富士康拿到苹果官方授权，爱锋派负责搭建销售渠道，主营业务是销售经过翻新的iPhone等苹果二手设备。这条路显然前景乐观，隔壁的爱回收、回收宝都长成独角兽了，其中还吸引了阿里巴巴、京东等电商平台战略投资加持，只是爱锋派反而不见踪迹了。

富士康不会服输，转型升级是必选战略。商业模式这个东西，自己创新不成，还可以转为资本运作，把世界上的好企业或者曾经的“贵族”，买回来与自己的代工业务无缝连接在一起，说不定这样做成功的概率要高很多。

谁说大象不能跳舞？IBM的成功转型，是因为有王牌CEO郭士纳；美国GE、德国西门子等公司转变为智能化与科技服务商，成功实现商业模式升级，都经过了10多年的摸索。值得注意的是，富士康所收购的品牌以及想要涉足的领域，均是竞争充分的红海市场。如何在红海中突围，是富士康需要正视的问题。2018年6月，富士康A股IPO首发获通过，36天闪电过会创纪录。国家为富士康IPO开辟“绿色通道”，是从资本市场层面帮助富士康尽快实现转型升级。

现在越来越多的企业通过投融资、收购兼并、资产重组等资本运营手段，实现企业商业模式的转型升级与进化协同。总结下来，资本运营促进商业模式升级与进化有如下5个途径，如图7-6-1所示：

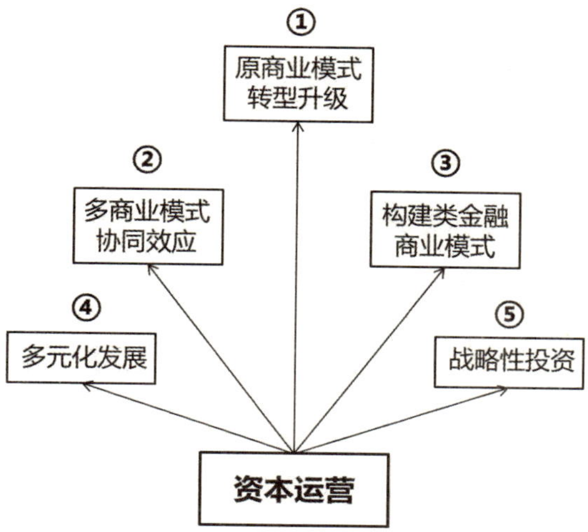

图 7-6-1 资本运营促进商业模式升级与进化的 5 个途径示意图

(1)促进原商业模式转型升级。上例中，富士康通过投资收购来实现从代工厂向品牌商和科技服务商的升级转型。另一个典型的例子是联想集团。2004年联想收购了IBM的个人电脑业务，立马实现了国际化，一举成为全球第三。其后，联想相继并购了日本NEC、德国Medion、巴西CCE等公司，完成了电脑业务全球布局，逐渐成为全球第一，并把持多年。在智能手机冲击下，电脑业务已经被公认是夕阳产业，但联想在智能手机业务上，更是一路向下。联想曾经是“中华酷联”一员，有过中国市场份额第一的辉煌。联想试图重复走收购IBM模式，希冀让手机再造辉煌，但是买过来摩托罗拉后，非但没有补好短板，反而陷入并购泥潭，在市场上已经沦陷。通过收购促进商业模式转型升级，比较忌讳简单粗暴，而应该设法实现融合创新。有了融合创新能力，才算是让资本运作为企业插上了腾飞的翅膀。

苏宁电器的商业模式经历了传统零售、ERP连锁管控、O2O线上线下同价和智慧零售4个发展阶段。尤其苏宁的O2O线上线下同价模式，是通过资本运营对原商业模式转型升级的一个典型案例。2009年，为了紧跟电商零售时代的发展，苏宁电器成立苏宁易购B2C电商平台，除了自己投入巨资发展苏宁易购之外，先后引进了弘毅资本、阿里巴巴的资金，同时积极收购能弥补短板或带来协同效应的项目，例如：红孩子、天天快递等。经过近10年的发展，苏宁易购正在成为引领潮流的下一代互联网零售企业。近些年，电子商务的发展汹涌澎湃，像苏宁电器这样转型升级的案例比比皆是。在"互联网+"背景下，随着工业互联网、物联网及人工智能时代的到来，几乎所有传统企业的商业模式都面临着转型与升级。

（2）促进多商业模式协同效应。章节7.5开头案例中，联影医疗投资运营的两个商业模式具有很强的协同效应。智慧医疗平台为区域影像中心提供设备和技术支持，而区域影像中心促进了智慧医疗平台的产品销售，同时两者也为企业构建了双重防御壁垒。支付宝和淘宝之间有很强的协同效应。支付宝最早是阿里巴巴旗下的一个战略性孵化项目。2003年支付宝上线时，公司的很多内部人士都不看好，认为它只是一个提供交易担保的"蹩脚猫"。现在的支付宝已经独立发展成为蚂蚁金服，估值10 000亿元，排在几个独角兽排行榜的第一位。

按照T型商业模式理论，企业中每一类产品组合就是一个商业模式（参见章节7.1）。之前提到，在基本商业模式上，京东通过资本运营陆续叠加了京东金融、京东物流、企业购、京东云、京东智能等创新商业模式。阿里巴巴、腾讯及苏宁等巨无霸型企业各自投资运营的商业模式都更多。例如：阿里巴巴拥有淘宝天猫、1688、速卖通、阿里妈妈、阿里云、阿里体育、高德地图、钉钉等20来个商业模式。对于像BAT、京东、苏宁等超级互联网企业平台，它们的多个商业模式之间通过流量与品牌共享、交易连接、现金流"水库"、界面互通实现协同效应。

（3）促进构建类金融商业模式。类金融商业模式是指非金融企业通过资本运营引进金融方法来创新商业模式。加盟连锁属于类金融模式，章节2.8提及的7-Eleven、章节4.1提及的麦当劳等与加盟商的关系类似于有限合伙企业，其中7-Eleven与加盟商签订"最低收入保证条款"，相当于对加盟商投资承诺基础利息。对客户提供各种形式的分期付款属于类金融商业模式创新。章节5.3中列举了瑞典利乐包装公司，它的类金融模式创新是对伊利、蒙牛、光明等奶业公司提供包装自动线分期付款多样化解决方案，用户既可以选择未来以现金还款，也可以选择购买利乐的包装产品“返利”还款。另外，现金流充沛的企业对合作伙伴提供的供应链金融也属于类金融商业模式创新。企业发展类金融商业模式，对交易方提供金融支持方案，首先要有低成本资金来源，其次要有风控体系和能力，最后通过赢利机制能获得营收增加、品牌价值提高、市占率上升等划算的赢利。

（4）进行多元化发展。通过资本运营多元化发展，狭义上的理解是机会性产业布局，形成的多个商业模式之间较少协同与关联。中国作为新兴市场国家，近几十年充满了机会，产生了许多多元化发展的产业集团公司。中国经济进入“新常态”，多元化发展的产业集团正面临着艰巨的考验。

美国GE公司是跨国公司中比较成功的多元化发展案例，因为它的经管团队能将多元化业务转变为多商业模式协同。在全球华人中，能将“多元化业务转变为多商业模式协同”玩到炉火纯青的高阶水平，当属华人首富李嘉诚。他在全球54个国家投资运营港口及相关服务、地产及酒店、零售、基建、能源、财务及投资、电讯7大业务板块，20多万名员工中80%在海外，现金流与行业周期互补成为其多商业模式协同之道的两条核心主线。什么叫行业周期互补？就是两个行业，我好你坏，你好我坏，刚好可以对冲行业周期风险。

（5）促进国内外战略投资。BAT频频对外战略投资，围绕自身核心业务构建生态圈——属于群落式商业模式协同。例如，百度围绕搜索业务，在流量分发、社交、金融、电商、O2O、文化娱乐、教育、医疗、智能硬件、工具、企业服务等领域，仅2017年就战略投资了近40家企业，同期阿里巴巴投资了45家企业、腾讯投资了113家企业。另一个战略性投资模式是设立产业投资基金。51信用卡是一个新兴独角兽企业，于2018年与嘉实投资合作设立10亿元规模的“51信用卡产业投资基金”，将持续围绕互联网金融产业链上的数据、资产、流量等优质公司展开生态投资布局。

2010年以来，中国企业对外投资风生水起，逆势上扬。复星集团提出

“中国动力嫁接全球资源”，首当其冲的动作是通过收购，快速构建复星保险产业板块。到2016年，复星一举拿下10家保险公司的股权，其中多达6家是欧美老牌保险公司。复星领军者郭广昌多次表示要在中国复制巴菲特“产业+保险+投资”的业务模式。接连收购或投资国内外10家保险公司，其幕后盘算是复星致力于优先使用这些保险公司的“浮存金”，以保障产业、投资这两大板块所需要的中长期低成本资金来源。滴滴出行通过投资参股/控股收购等资本运营形式建立全球化跨境出行合作网络，以“商业模式+技术领先”双重优势向世界多个国家输出交通出行的“中国方案”。至2018年，滴滴出行已触及东南亚、南亚、北美、南美、欧洲、非洲等地区的1 000多个城市，覆盖了60%以上的世界人口。

7.7 坚持以人为本　推进商业模式创新

重点提示

※创始人基因对商业模式创新的影响是什么?

※为什么马云让CEO张勇接任阿里巴巴董事局主席?

※哪些企业应该建立商业模式创新委员会?

1994年3月，张勇等4人凑了8 000元在四川简阳开了第一家火锅店。2018年9月，海底捞在港交所上市，市值突破1 000亿港元。此时的海底捞，全球门店362家，员工2 0000多人，年营收为106亿元，每月利润为1亿，一年服务食客1亿人次，翻台率每天5次，比同行要高一倍到两倍。以年收入计算，海底捞在全球中式餐饮业中排名第一。

创始人张勇是海底捞的商业模式设计者。根据美团大数据，全国火锅店数量近40万家，说起它们的商业模式，无非就是加盟连锁、中央厨房配送、主题特色等，难道海底捞的商业模式有什么更特别之处?

众所周知，海底捞以变态服务著称（参见章节2.4）。而在“变态”服务背后，是创始人张勇敢于授权和真心对员工好。海底捞的授权到了什么程度?当年海底捞走出简阳的第一站是西安。西安海底捞开业半年后，店长杨小丽给张勇打电话说：“张哥，我们有车了。”张勇问，什么车?杨小丽说：“一辆面包车，刚买的。”张勇立即就傻了：一家异地刚能立足的小火锅店，店长买了一辆车，竟然没跟老板请示。张勇却也完全没怪罪她。后来，这也就成了海底捞的文化。现在，杨小丽是海底捞餐饮集团的第一副总经理。

海底捞的普通服务员都有权给客人送一两个菜，特定情况下还有权给任何一桌客人免单。海底捞的新员工培训，包括如何使用ATM机，包括如何乘坐地铁“买卡、充值”等。这些员工多数来自边远农村地区，海底捞要帮助他们去融入一个城市。在海底捞有个说法，叫“嫁妆”。一个店长离职，只要任职超过一年以上，给8万元的嫁妆，就算是这个人被小肥羊挖走了，也给……如此授权，这种承诺，如何不让员工有忠诚度？

我们说过，海底捞商业模式产品组合的独特之处是——“变态”服务+川味火锅。开个火锅店没有什么技术含量，“海底捞你学不会”，关键在于创始人张勇不可复制，所以海底捞的商业模式也不可复制。火锅餐饮是服务业，张勇深谙服务价值链模型（详见章节2.4）——懂得如何提高员工满意度，也懂得如何把员工满意度转化为顾客满意度和忠诚度。能够打通服务价值链，并让它持续有效地循环运转，这是张勇的过人之处，也是海底捞商业模式的核心“秘密”所在。

另一个张勇是阿里巴巴CEO。加入阿里巴巴之前，张勇是典型的职业经理人。自从2007年8月加盟阿里巴巴后，张勇表现出了优秀创业者般的刚毅和创造力。起初他担任淘宝网首席财务官（CFO），参与设计淘宝商业模式，帮助淘宝在2009年底实现盈利。当年横空出世的天猫，是张勇的“创业项目”，他让天猫找到了新的模式和方向。张勇主导创造了“双十一”购物节；坚持将物流事业部进化为菜鸟网络；领导阿里巴巴的“百川计划”；坚持将手机淘宝变成移动端的一个超级APP，为阿里巴巴拿到了移动互联网的“船票”。

2016年10月，马云提出新零售概念。新零售是什么？外界质疑新零售的声音络绎未绝。世上本没有路，是靠人走出来的。张勇说：“阿里巴巴愿意在前面去探索。” 2年过去了，盒马鲜生、零售通系统、无人超市、亲橙里购物中心、天猫平台线上线下融合……一直面目模糊的新零售，似乎清晰了许多。

张勇担任CEO以来，阿里巴巴集团实现连续13个季度持续健康高速增长。2018年教师节当天，马云宣布：一年后他将不再担任阿里巴巴集团董事局主席，届时由现任集团CEO张勇接任。

不仅海底捞创始人张勇不可复制，阿里巴巴的张勇也不可复制……

这再次证明优秀的商业模式是不可复制的。

"张勇"这个名字火了！一个执掌电商帝国阿里巴巴集团，另一个是第一火锅海底捞创始人，还有……许多个张勇也许是正在创业的那个小伙伴。例如，有个人叫张勇，他创立的探索旅行公司已经与荷兰SXC太空旅行公司签订合作协议，将后者的太空旅行项目引入中国大陆。太空旅行就要来了，这是一个新颖而有前瞻性的商业模式。

创新以人为本，科技创新如此，商业模式创新亦是。现阶段，我们认为商业模式创新人才出自企业创始人、高管成员、商业模式创新委员会等3个来源，如图7–7–1所示。

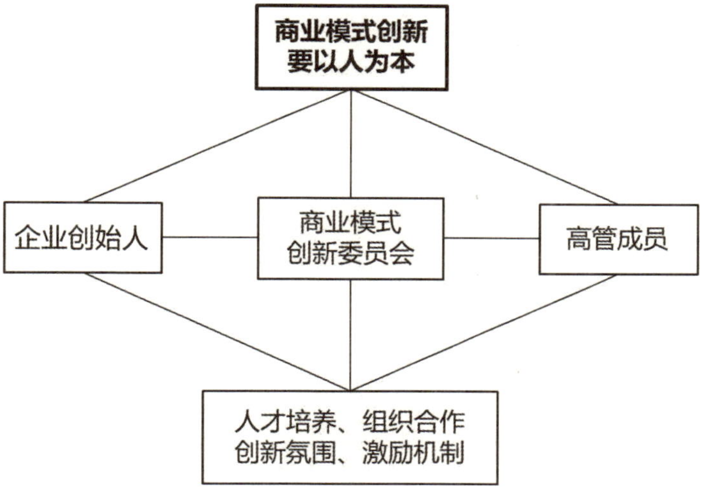

图 7–7–1 商业模式创新要以人文本示意图

企业创始人是商业模式创新的第一源泉。像本节海底捞案例所揭示的，可以说没有创始人张勇，就没有海底捞；创始人对商业模式创新的贡献，不可替代也不可复制。创业意味着创新，从打算创业那一刻起，创始人就应该重点关注商业模式创新。如果拿战舰做比喻，创业首先是设计一艘与众不同的战舰，然后才能驾驭这艘战舰到达愿景的彼岸。我们观察，许许多多创业成功的企业，无论是偶然所得，还是处心积虑苦苦求索，几乎都是创始人搞对了一个商业模式，然后持续优化与执行这个商业模式。对于创业与商业模式的关系，复旦大学管理学院司春林老师说过：“创业就是设计一个商业模式，然后持续优化与执行它。”阿里巴巴的创始人基因是电商，所以能将淘宝、天猫等做成巨无霸，而曾经的“来往”社交APP很快消失了。腾讯的创始人基因是社交通讯，所以能将QQ、微信等做成天下第一，而曾经的“拍拍”电商网站不得不被关掉了。

企业高管是商业模式创新的“接力棒”。这里的企业高管单指那些能够系统思考、领导企业变革，尤其是能够统领商业模式创新的企业领导人（除了创始人之外，通常是企业CEO或总裁）。阿里巴巴做大后，马云做前瞻性战略思考和忙于会见国内外巨贾政要，商业模式创新的任务便交棒给企业高管了。前文案例中起步于CFO的阿里巴巴CEO张勇是比较突出的一位能领导企业商业模式创新的企业高管。创始人年龄渐长，企业必须传承；市场瞬息万变，商业模式创新不能停步。创始人要交棒，从职业经理人进化而来的总裁（或其他高管）要接棒。除了阿里巴巴CEO张勇，这样的成功案例有很多：美的总裁方洪波接棒于创始人何享健，万科总裁郁亮接棒于创始人王石，联想CEO杨元庆接棒于创始人柳传志等。国外成功案例更多，不再一一列举。

商业模式创新委员会是企业商业模式创新的系统保障。商业模式创新委员会是作者所提倡的一个企业组织机构设置。它由一把手领导，跨部门相关人员组成，实行项目制管理；它为企业培养能够系统思考，指导企业变革，尤其是能够统领商业模式创新的高级人才；它可以选择以T型商业模式或其他相关理论为业务指导方法论；它的工作是负责企业顶层设计，统领企业战略或产品经理部门。对于商业模式创新，中小企业可以继续实行首长制，而较大型企业或商业模式相对复杂的企业应该尽快建立商业模式创新委员会。

以上讨论了相关高端人才是商业模式创新的源泉，这是个硬道理。

除此之外，人才培养、组织合作、创新氛围、激励机制也是“以人为本，推进商业模式创新”的重要延伸方面。

懂商业模式的人才应该具备打通、联接和系统思考的知识储备和能力。在领导者重视商业模式创新的前提下，推荐企业选择T型商业模式为业务指导方法论。所谓打通，能将T型商业模式中的创造模式、营销模式和资本模式之间打通。T型商业模式有13个要素，涉及企业经营与发展要素的方方面面；有3大原理，还有诸多运转机制和经济学原理。所谓连接，能将T型商业模式与蓝海战略、定位理论、爆品战略、平台革命等与商业模式有关的诸多时髦理论连接在一起。既见“森林” 又要见“树木”，更要看到树木与森林之间的结构与功能关系。所谓系统思考，是指站在赢利系统的高度对企业商业模式进行思考（参见章节6.5关于赢利系统的简述），明晰商业模式与经管团队、战略路径之间的系统动力传导关系，懂得管理体系、企业文化、资源平台、技术厚度、创新变革等辅助要素对商业模式的构建和支撑关系。

遗憾的是，整个社会缺乏商业模式创新人才。一些社会培训和专题论坛，常以营销和“绝招”见长，通过“奇妙”的营销促进企业掏钱、组织高管参加培训，然后为他们传授资本、营销、模式等绝招。“绝招”只能在罕见的类似环境下才能使用，并且“彼之蜜糖，我之毒药”，很多企业还中了绝招的毒。国内外商学院的MBA教育，分门别类开设商学课程，但至今还没有系统的商业模式课程。

像技术创新一样，企业在自身商业模式创新能力不足的情况下，可以寻去与外部组织合作，常见的合作创新方式有：联合型创新方式、依托型创新方式、开放平台型创新方式、虚拟R&D创新方式。诸多关于创新理论的书籍对此都有阐述，所以这里不再详述。

关于创新氛围，追溯一下便知，它是由企业文化决定的，而企业文化的核心是企业高管的价值观。更进一步，强势领导者统领企业时，企业文化就是老板的文化。哈耶克《通向奴役之路》一书对于我们企业的警示是：偏好集权和控制欲强的老板，逐渐演化后可能扮演一个无所不能的“皇帝”，而将下属看成是听差办事的臣民。商业模式创新是一个美好的果子，必定长在市场制度与自由精神之树上。也有人会提出反例。例如：乔布斯既傲慢又神秘，他是个独裁者，却能让苹果公司闪耀于世。特例并不代表普遍性。例如：马云、马化腾、李彦宏、雷军等更多新经济企业家都是开明的领导人。开放、平等、协作是互联网精神的核心，独裁带来的成就常常是昙花一现。再说，乔布斯的继任者库克先生，就是一位“依靠团队力量而不是个人魅力”的领导人——他带领团队继续让苹果闪耀于世。另外，能做成伟大事业的独裁者屈指可数，而独裁者中失败的例子比比皆是。况且，人的寿命有限，独裁者搞坏了企业文化，为他（她）之后的企业可持续发展带来了巨大不确定性。

创新需要宽松环境和自由畅想的氛围，但奖惩兑现的激励机制和严谨运转的管理体系不可或缺。有宽必有严，商业模式创新才能摸得着、看得见。阿里巴巴具有比较优秀的创新文化和氛围，但是内部奖惩机制和管理体系也坚持执行到位。2014年9月阿里巴巴上市，后续市值曾突破5 000亿美元，内部10 000多名员工成为千万富翁。阿里巴巴上市时，创始人马云持股8.9%，张勇不到1%。同样，曾记得2012年前后阿里巴巴反腐，集团总裁引咎辞职，聚划算总经理等多人被判刑。如前文所言，海底捞模式的背后是授权和真心对员工好，而背后的背后还有严格的奖惩机制和执行到位的管理体系。关于海底捞这方面的报道和书籍很多，这里仅列举一点：海底捞的店长薪酬有A/B两种方案：A方案为其管理餐厅利润的2.8%；B方案为其管理餐厅利润的0.4%+其徒弟管理餐厅利润的3.1%+其徒孙管理餐厅利润的1.5%。正是这种让老店长自主发起的“师徒制”发展新店长方式，让海底捞的快速拓展能力变得强劲。每两个月海底捞会对每个门店进行A/B/C级评定。A级门店约占总门店数20%，A级门店的店长拥有自主开拓新店的权利。若某店连续两次被评定为C级店，该店长将被革除职位。同时，该C级店店长的师傅也会被牵连，一同遭受惩罚。

T

第8章

结束语

本章导读

商业模式比战略年轻多了，近10年才到企业应用，还处于“少年”阶段。T型商业模式有很多创新之处，既然是创新，必然有“不破不立”之处，没必要崇拜权威，也没有必要轻视“无名氏”。在本章中，作者对中外商业模式研究者的主要观点进行了汇集，也总结了T型商业模式的7大创新特色，特别地，对之前国内外研究者的一些商业模式构成要素进行了更新或纠正。

动态事物普遍以否定之否定规律发展。T型商业模式是在国内外学者对商业模式持续研究基础上的进一步探索，本身还有诸多薄弱或不足之处。今天是创新，明天就可能被归为过时的“传统”，我们坚持以开放的心态接受后来者正确的更新或纠正。只有这样，我们自己才能持续改进，商业模式理论才能不断得到完善与进步，才能真正应用于实践。

商业模式是一个“尼斯湖水怪”吗？

重点提示

※为什么说商业模式的部分内容来自战略学？

※为什么说自古至今商业本质没有变？

※为什么说创新是一个“验证性学习”的过程？

尼斯湖位于英国苏格兰高原北部的大峡谷中，湖水很深，平均深度达200米，最深处有298米。早在1 500多年前，就开始流传尼斯湖中有巨大怪兽出没水面的故事。从古至今，常有一些人宣称目击过这种怪兽。有人说它长着大象的长鼻，浑身柔软光滑；有人说它是长颈圆头，现身时泡沫层层，四处飞溅；有人说它口吐烟雾，顿时湖面雾气腾腾……各种传说颇不一致，越传越广，越说越神奇。

商业模式有点像尼斯湖水怪，很多专家学者对它进行了研究和描述，但是，至今商业模式是什么？众说纷纭，尚无定论。没听说世界上那个大学有商业模式这个专业，还没见到那位专家编出过一本得到公认的权威教科书。商业模式比战略年轻多了，也就30多年历史，近10年才到企业应用。**没有商业模式的年代，通常用战略的内容来代替一部分，从这个角度可以说商业模式脱胎于战略。战略自身也是一门不太能说清楚的学科。**管理大师明茨伯格在《战略历程》中将眼花缭乱的各种战略思想总结为10大流派：设计学派、计划学派、定位学派、企业家学派、认识学派、学习学派、权力学派、文化学派、环境学派和结构学派。明茨伯格说每个战略流派都像盲人摸象，将10大流派组合在一起才是完整的“战略”。明茨伯格明显也是没有办法，只能“和稀泥”“拉郎配”，将多个部分机械地拼接起来，既不是一个整体，更不能成为系统。10大战略流派就像10个“小怪兽”，怎么可能组合成一头大象?

（一） 国内说商业模式

用逆向思维反推，如果把商业模式说清楚了，也许战略就随之清晰成为一个整体了。近30年来，研究商业模式的中外学者也不少。先从国内说起，厦门大学翁君奕教授应该是中国最早一批研究商业模式的学者。他在2004年出版的《商务模式创新》一书中，以客户界面、伙伴界面、企业内部构造3个要素构建了商业模式存在的三维空间，并提出了由价值主张、价值支撑、价值保持构成的价值分析体系。

中国社会科学院工业经济研究所原磊先生于2007年提出了商业模式的“3-4-8”构成体系，其中：“3”代表联系界面，包括顾客价值、伙伴价值、企业价值；“4”代表构成单元，包括价值主张、价值网络、价值维护、价值实现；“8”代表组成因素，包括目标顾客、价值内容、网络形态、业务定位、伙伴关系、隔绝机制、收入模式、成本管理。“3-4-8”3个层次之间是逐级展开包含关系，形成一个3层金字塔结构。

栗学思先生首先提出了企业赢利模式由利润家、利润源、利润点、利润杠杆、利润渠道、利润屏障等6大要素构成，然后从企业如何开拓利润区展开进一步研究。近期，栗学思的商业模式框架包括物质与信息两个层面，物质层面由客户、渠道、产品、运营4个要素构成，信息层面由经营者、管理机制、经营壁垒3个要素构成。

魏炜、朱武祥两位学者在2009年出版的《发现商业模式》一书中，提出了魏朱商业模式 “六要素模型”，即定位、关键能力、业务系统、盈利模式、现金流结构以及企业价值。魏朱模型的起点是定位，然后是关键能力、业务系统、盈利模式、现金流结构4个要素构成的运行机制，最后的终点是企业价值。

李东博士在2016年出版的《商业模式构建》一书中，将商业模式构建成了一个船锚结构，以锚形路线统御全程：起点是顾客价值主张，腰部是顾客问题解决方案，左边是内部运营系统板块的构建，右边是外部合作网络，锚底是盈利获取。

（二）国外说商业模式

美国美智咨询副总裁亚德里安·斯莱沃斯基（Adrian Slywotzky）在其著作《发现利润区》（1998年英文版）中提出了利润模式（现在叫商业模式）的4个维度：客户选择、价值获取、产品差别化/战略控制、业务范围，并第一次提出了22种利润模式（盈利模式），包括客户解决方案模式、产品金字塔模式等，开启了理论界、创投行业对商业模式的持续研讨和创新实践。**早在1998年，亚德里安·斯莱沃斯基就对商业模式构成进行系统地阐述和对现实中的商业模式进行概括分类，应该说亚德里安·斯莱沃斯基是开创商业模式理论的鼻祖。**

沃顿商学院阿米特（Amit）教授、ISES商学院的佐特（Zott）教授在2001年左右提出商业模式是企业创新的焦点和企业为自己、客户、供应商等合作伙伴创造价值的决定性来源；认为交易内容、交易结构、交易治理是商业模式的主要构成要素。**《商业模式全史》作者三谷宏治认为，佐特才是开创商业模式理论的鼻祖，也许因为佐特与阿米特的主要观点——商业模式是企业为自己、客户、供应商等利益相关者创造价值的交易结构，对之后的研究者产生了深远影响的缘故。国外学者对商业模式体系构成的观点汇总，如表8-1所示。**

亚历山大·奥斯特瓦德（Alaxander Osterwalder）及伊夫·皮尼厄（Yves Pigneur）两位学者在2005年提出商业模式9要素理论，9个要素分别是：客户细分、价值主张、渠道通路、客户关系、收入来源、核心资源、关键业务、重要合作、成本结构。他们合著了《商业模式新生代》一书，该书以较少文字、较多图画的画面形式展现了他们关于商业模式的9要素理论。

马克·约翰逊（Mark W. Johnson）、克莱顿·克里斯滕森（Clayton M. Christensen）及孔翰宁（Henning Kagermann）3位学者于2008年在《哈佛商业评论》发表《如何重塑商业模式》一文，提出商业模式体系构成的4要素论，这4个要素分别是：客户价值主张、盈利模式、关键资源、关键流程。至此，商业模式构成要素从之前最多9个又减少到4个，好像又是一个新轮回的开始。商业模式这个“尼斯湖水怪”，继续让我们捉摸不定。

表8-1 国外学者对商业模式体系构成的观点汇总

来源	构成要素	数量
Adrian Slywotzky（1998年）《发现利润区》	**客户选择、价值获取、产品差别化/战略控制、业务范围**	**4个**
Hamel（2000年）	核心战略、资源基础、价值网络、客户界面	4个
Chesbrough（2000年）	价值主张、价值网、价值链结构、市场细分、竞争战略、盈利机制、利润模式、成本结构	8个
Amit/Zott等（2001年）	**交易内容、交易结构、交易治理**	3个
Dubosoon Torbay（2001年）	产品、顾客关系、伙伴基础与网络、财务	4个
Rayport等（2001年）	价值流、市场空间提供物、资源系统、财务模式	4个
Weill等（2001年）	战略目标、价值主张、收入来源、成功因素、渠道、核心能力、目标顾客、IT技术设施	8个
Alaxander Osterwalder（2005年）《商业模式新生代》	**客户细分、价值主张、渠道通路、客户关系、收入来源、核心资源、关键业务、重要合作、成本结构**	**9个**
Mark W. Johnson等 2008年《哈佛商业评论》	**客户价值主张、盈利模式、关键资源、关键流程**	**4个**

原磊先生通过研究2007年之前关于商业模式构成的20多个理论学说，在论文《国外商业模式研究理论评介》中指出：通过对比发现，我们考察的20多个商业模式构成体系既有相似之处，也有不同的地方。从商业模式构成因素数量上来看，最少为3个，最多为9个。构成因素数量不同的主要原因在于研究者采用了不同的归纳方法，以及考察商业模式的深度和广度

之不同。从商业模式构成因素本身来看，研究者一共提到了24个不同的因素，其中15个因素被不同的研究者重复提到，提到最多的是价值主张（12次），然后依次是经济模式（10次）、顾客界面（8次）、伙伴网络（7次）、内部结构（6次）和目标市场（5次）。

牛顿曾经说过："如果说我看得比别人更远些，那是因为我站在巨人的肩膀上。"伴随着互联网对商业的影响，2000年左右是一个商业模式研究热潮时期。后来的研究者继承了前人的贡献，形成了一些显著的成果。例如：《商业模式新生代》将商业模式这个"尼斯湖水怪"描述成了一个由9个要素构成的"画布形状"。这9个要素在过去诸多学者相关研究中都可以找到，有些名称也许叫法不同但实质内容是相似或相同的。因此，《商业模式新生代》中的"9要素理论"是对过去诸多学者相关研究的继承、集成和深化，应该是商业模式研究阵营中的一个显著成果。

（三） T型商业模式理论的产生

本书作者从古代商业的源头——物物交换入手，考察商业模式的最简形式。从古代的物物交换发展到今天高度发达的商业社会，虽然朝代更迭、时代变迁，但是商业的本质未变，商业交易还是主要有3个主体：买方、卖方和第三方供应商。在进行创造和创新的同时，为了便于沟通和传播，我们应该继承或借鉴中外研究者已经给出的术语体系。因此，在T型商业模式中，将买方称为目标客户，将卖方称为企业所有者，将供应商称为合作伙伴。三者之间交易标的物是产品……（详见章节1.3　T型商业模式是如何推导出来的？）

T型商业模式分为创造模式、营销模式与资本模式3个部分，将三者排列组合在一起：左侧是创造模式，右侧是营销模式，立柱是资本模式，看起来像英文字母T，所以称为T型商业模式。T型商业模式的3个部分共有13个要素（见图8-1），其中一些要素的名称尽量与之前商业模式研究者的要素名称一致，更多一些继承性有利于理论传承和迭代优化。受益于国内外学者对商业模式的持续研究，希望T型商业模式也能给后续的研究者一些启发，共同努力将商业模式这个"尼斯湖水怪"描述的再清晰一些。

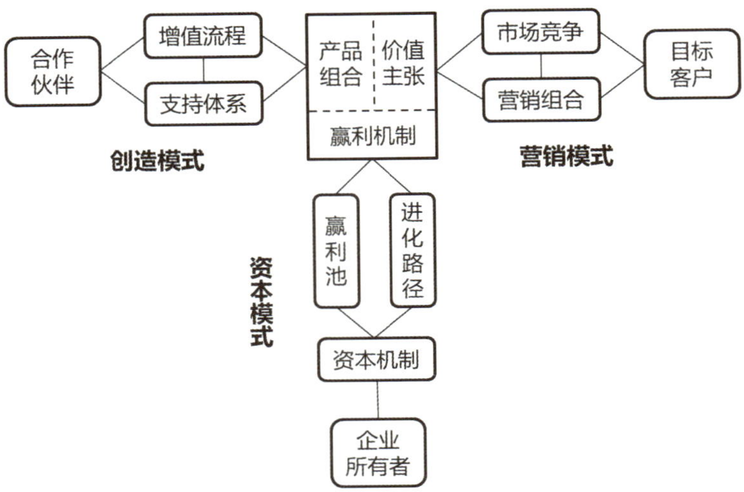

图 8-1 T 型商业模式的 3 个部分与构成要素示意图

（四） T型商业模式的创新特色

从出现概念到形成零星片段的理论，商业模式还太"年轻"；在指导实践方面，现有商业模式理论还有很多不足或空白地带甚多。作者提出的T型商业模式，从目前成书的部分概括来说，其主要创新特色有以下七点：

1. 转变为动态和进化视角

以静态视角的传统商业模式理论的盈利模式、资源和能力状况等构成要素，评价一个处于创业阶段的公司，常常陷入一个非常尴尬的局面。例如，马云早期创办阿里巴巴时，18个合伙人才凑了50万元启动资金。与雅虎、搜狐等当时被追捧的"辉煌"公司相比较，马云及团队成员履历很一般；刚起步的阿里巴巴没有什么具体的能力和资源；没有收入来源，盈利模式也是模糊的。很多投资人拒绝了马云，出于风险考量好像就没有什么好后悔的，因为他们采用了传统静态的商业模式理念，被当时的状况挡住了看向未来的视线。从静态的商业模式视角评价一些成熟期盈利企业、历史优势企业，往往会得出它们有非常棒的商业模式，但是颠覆性替代者也许正在打败它们的路上。例如：当年柯达拒绝数码影像技术，而醉心于搞线下柯达冲印店模式。至2003年，近8 000家柯达冲印店布满了中国大小城市的主要街区，成为柯达全球的利润之泉。柯达这个“接地气”的商业模式创新，广受专家赞誉并成为商学院经典案例。同时柯达的股价快速上涨，成为当年最被看好的蓝筹股之一。2004年开始，柯达逐渐走向了破产。类似的案例，还有诺基亚、摩托罗拉等。

在T型商业模式中，以赢利机制替代了原来的盈利模式（收入来源、成本结构属于盈利模式的内容，只是分开与合并的不同说法）。赢利不仅仅是指收入来源与成本结构比较后赚取财务利润的能力，更拓展到能力和资源等广义资本的积累，以及由此带来的竞争优势和发展前景。

在T型商业模式中，引入赢利机制、进化路径、企业所有者、资本机制、赢利池等要素，将传统的静止视角转变为动态和进化的视角去研究和考察一个企业的商业模式。亚马逊是一个典型代表。它创立20年之久，一直不考虑盈利，但是从赢利机制考量，它的广义资本产出远远大于投入，并赢得了竞争优势和未来发展空间。再结合进化路径、企业所有者、资本机制、赢利池等T型商业模式要素考察亚马逊的商业模式，它上万亿美元的市值是合乎逻辑的。

2. 增加了资本模式

在T型商业模式中，创造模式和营销模式的构成要素与传统理论的商业模式构成要素有很多相似之处。增加了资本模式后，不但形式上将商业模式构型从“一”字型变成了“T”字型，更主要是通过为创造模式和营销模式提供资本输出和输入支撑，这个增加的资本模式从实质上阐明了商业模式的运转与进化机制。企业所有者发挥主观能动性，驾驭企业能力和资源等广义资本形态，为创造模式和营销模式持续赋能，并遵循进化路径为企业开拓新的业务领域。创造模式和营销模式共同经营成果的结晶——累积形成的资本，通过赢利机制再输入到企业赢利池。这样形成资本输出、输入持续增强的循环，长期显现就是企业的进化和发展。

3. 以公式求解模式

创造模式的核心内容是创造一个有竞争优势和发展空间的产品组合，用公式描述：产品组合=增值流程+支持体系+合作伙伴。营销模式的核心内容是如何获得更多目标客户，用公式描述：目标客户=价值主张+营销组合-市场竞争。资本模式的核心内容是拓展与加固赢利池，用公式描述：赢利池=企业所有者+赢利机制+资本机制+进化路径。

以公式求解模式的好处是显而易见的，既明确了目的与统领要素，也表明了与各构造要素之间的因果逻辑关系。对照创造模式、营销模式及资本模式的相关公式，哪些是企业的短板，向哪个方向努力，可以一目了然。

当然，也许有人会搬出巴巴拉·明托在《金字塔原理》中提出的MECE原则提出疑问：创造模式、营销模式、资本模式各自的构成要素应该是相互独立的，而求和公式是否违反了MECE原则，即“相互独立，完全穷尽”？我们先用水库水系形象地解释。假如水库E的总水量来自A、B、C、D 4条河流水量的汇聚，那么可以用公式E=A+B+C+D表示这个水量构成关系。但是我们静止地看地理构成，E水库与A、B、C、D4条河流又是相互独立的，即它们边界清晰不重叠。也许：MECE原则更适用于抽象概念的归纳和演绎；从系统论的角度说，静态地描述一个系统或整体与构成元素的逻辑关系应该符合MECE原则，但是其中的动态变化参数可以具有函数关系。

4. 提出商业模式3大原理

原理是具有普遍意义的基本规律。本书作者在书中提出三端定位原理、价值分配原理、资本赋能原理，分别为商业模式的定位、利益攸关者源动力、长期进化发展找到一些基本规律。商业模式不止有3大原理，还有待相关研究者进一步去发现。由于成书时间仓促，作者在这方面的认识还不够系统和深刻，所以本书3大原理的内容及观点或许有些薄弱，欠缺较多，还需要后续进一步优化、提升及完善。

5. 关联相关理论

畅销书《赋能》中有句话："还原论思想深入社会肌理。"几百年来，培根经验主义的自然观、笛卡尔崇尚分解的科学方法，导致了还原主义在科学领域的盛行。反映在经营管理理论领域，学科与专业不断细分，碎片式创新不断涌现。我们拿起了显微镜而忘记了望远镜！大家追随理论和概念创新热点，好学不倦者变成了局部思考者。以碎片化热点理论概念，指导企业施行局部变革，缺乏系统思考必然会导致"今天的问题来自昨天解决问题的方法"。

通过系统整合和相互关联的尝试，可以修正一些还原论的一些弊端。纵向上，遵循部分归属于整体的逻辑，T型商业模式与企业赢利系统关联，成为经营管理者系统思考的理论依据之一；横向上，T型商业模式与蓝海战略、定位理论、爆品战略、平台战略等创新理论相互关联，为大家创建一个看待商业模式的开阔视野。

6. 对一些商业模式构成要素进行了更新和探索

既然搞创新，必然有"不破不立"之处。例如：

将"渠道通路""客户关系"并入营销组合。渠道通路只是4P营销工具之一，客户关系是4R营销工具之一。营销组合是企业采取的各种营销工具和方法的集成。

将中外研究者普遍采用的"盈利模式"变更为"赢利机制"，将"收入来源”“成本结构”构成要素归入“赢利机制”，变更理由详见章节4.2的阐述。

将“核心资源”“核心能力”“企业价值”并入赢利池，其中“核心资源”“核心能力”属于广义资本，是资本模式重点讨论的内容，变更理由详见章节4.1、章节4.5的阐述。

认为“定位”“核心战略”等若干要素不适合作为商业模式的构成要素，理由详见章节5.1、章节6.5的阐释。

动态事物普遍以否定之否定规律发展。T型商业模式是在国内外学者对商业模式持续研究上的进一步探索，本身还有诸多薄弱或不足之处。今天是创新，明天就可能被归为过时的“传统”，我们坚持以开放的心态接受后来者正确的否定或更正。只有这样，商业模式理论才能不断得到完善与进步，才能真正应用于实践。

7. 为商业模式创新的实践添砖加瓦

当下，商业模式创新实践活动异常活跃，而商业模式创新理论严重滞后。如何创新商业模式，好像大家都在实践中摸索、随机试错，似乎找不到合适的商业模式创新理论可以借鉴。

本书试图做一些努力。T型商业模式的13个要素，好像构成商业模式的13个零件，视具体场景而定，都可以是一个创新的入口或抓手。零件构成部件，部件连接成整体。创造模式、营销模式、资本模式是T型商业模式的3大部件。从各大部件入手，也是创新商业模式的可行方法。从整体或系统的角度进行商业模式创新时，“3大原理”可以成为思维展开的依据。另外，本书第7章重点补充了行业扫描、关注客户、模仿借鉴、技术创新、资本运营、以人为本等实践场景中商业模式创新的具体做法。在商业模式创新理论方面，本书的阐述也是挂一漏万，还不够系统和深入。

（五） 商业模式定义及其他

本书没有给出商业模式的新定义，也许这不是一个非常大的遗憾。过往的商业模式定义已经很多了，几乎每一部关于商业模式书籍的开始部分都会提出“什么是商业模式”。这些定义中，有的过于简单而深奥，以至于比商业模式本身还难理解；有的繁杂冗长试图面面俱到，但是它们仍然描述不清商业模式这个“尼斯湖水怪”。也许我们很难对商业模式、战略、经营、管理、产品、服务等边界有点模糊的经济类术语下一个被大家认可的定义。定义对学科完整有意义，而对实践操作意义不大。T型商业模式为重新定义商业模式正在做出一些探索和尝试，但它不是一段文字描述，而是需要参照13个要素构成的T型图来理解。

硅谷创业家埃里克·莱斯（Eric Rise）在其著作《精益创业》一书中提出：创业者先向市场推出极简易的原型产品，然后进行“验证性学习”——通过一系列的优化迭代，不断试验和改进，让产品更好地满足用户的需求。本书介绍的T型商业模式也只是一个极简易的原型产品，今后还有一个“验证性学习”的过程。

后　记

致谢与情怀

本书的序言中提到了《异类》一书中的“一万小时定律”：“人们眼中的天才之所以卓越非凡，并非天资超人一等，而是付出了持续不断的努力。1万小时的锤炼是任何人从平凡变成世界级大师的必要条件。”对于这段话、这本书，雷军、张瑞敏、李开复、俞敏洪、潘石屹、徐小平、周鸿祎等各行各业诸多大佬推崇备至。

而在这篇后记中，有必要再提一下美国学者丹尼尔对“一万小时定律”的进一步阐述。丹尼尔说：“了解异类还不够，我们的目标是成为异类！”如何成为“异类”？生存在“北上广”，大家都很努力，不仅是“1%的灵感加99%的汗水”，他提出了“一万小时天才理论”的3大要素：精深练习、永葆激情、伟大的伯乐。虽说知易行难，我们很多人“在路上”，但还是要对照修正，砥砺前行。既可表白自己，也能相互激励。长期从事风险投资工作，10多年在实践与理论前沿坚持商业模式探索与研究，这算是我的精深练习。工作中培养兴趣，激发出攀登理论研究高峰的情怀，直至今日初心未改，并且《T型商业模式》顺利出版，后续研究与创新仍将坚持不怠，这算是我的永葆激情。至于寻找或偶遇“伟大的伯乐”，网络时代为我们带来了便捷的实现方式——可以及时获得国内外前沿学者的研究动态，可以及时地相互讨论、交流和沟通。只要谦卑求知，高手藏民间，精英驻庙堂；“三人行，必有我师焉”！

创新来自长期的积累，也会来自灵感一闪念，更需要不断的迭代更新。2018年4月下旬，我画了一个最新的T型商业模式构型图，然后写了一个介绍它的PPT，与《商业评论》主编颜杰华先生约好，“五一”节后上班第一天，再讨论一下我长期研究的这个“伟大创新”。

我认为所谓批判性思维，不是嗓门大的先声夺人，也不是亮出“我是权威”的底牌，更不是咬文嚼字的吹毛求疵，而是需要长期的专业积累，也需要有追求真理的人生本色，更需要庖丁解牛般的解构分析能力和一语中的的点睛之功。无疑，我们讨论下来，从批判性思维的角度，颜杰华又给了我这个T型商业模式一些非常中肯有效的修正建议。

之后，我将T型商业模式写成了一篇8 000多字的文章，经过资深编辑田巧云女士的认真修改，刊登于《商业评论》2018年7月号。当时，我已经有了将自己对T型商业模式的长期研究积累尽快写成一本书的设想。从事风险投资工作，尽管我们接触的创业者或专家比较多，但是与出版行业联络较少。“朋友圈”的牵线搭桥——知名科普作家汪诘出版很多本书了，其中《时间的形状》《星空的琴弦》等都是非常畅销的科普读物——汪诘的力荐比我作为陌生人拜访出版社要好很多。8月初，正巧北京时代华文书局的高磊女士来上海出差，在汪诘引荐下，我们对谈了一次，半月后就签订了《T型商业模式》的出版协议。

术业有专攻！北京时代华文书局的周磊、高磊两位事业部经理、资深编辑对于本书的写作与出版给予了大力支持，提出了很多宝贵建议。有他们两位的悉心指导和诚挚帮助，我作为一个写书方面的“freshman（新手）”，少走了一些弯路，经过几遍递进式修改，《T型商业模式》方能于今正式出版。

写一本书，最好能一鼓作气完成，晚上及休息日孜孜不倦。由于每天整理资料及打字太多，偶尔手指会有些麻木，我就用两个健身球来活络手腕和手指。有一次，我的手机壁纸随机跳出了西斯廷教堂的天顶画《创世纪》。我在想，历时4年5个月，天顶画作品完成后，当米开朗琪罗走下脚手架时，他的眼睛已经毁坏，脸容也变得憔悴不堪。之前的创作大师条件比我们艰苦得多，但是他们有坚定的信仰和追求，成就也更加辉煌。

这本书能顺利出版，除了感谢以上提到的各位老师朋友、专业人士，感谢米开朗琪罗，更要感谢我的家人。我妻子工作比较繁忙，但是每天早晨她都认真地准备好早餐，并对我“安贫乐道”的写作追求给予肯定和支持；孩子在外地读书，每周一次对话沟通中，他建议我多健身，不要操之过急，支持父亲去做一些对社会有益而不给社会带来“油腻”的事。在此，还要感谢好友中戈资本合伙人王文革、民投控股副总经理蒋伟民、圆熹书院创始人张伟，他们对本书的写作、出版都给予了一些建议和大力支持。

我尤其要感谢的是以众合创投董事长聂新勇先生为代表的各位前辈与同事。众合创投/鼎鑫国际资本的团队成员大部分来自于原湘火炬集团及国际知名企业，具有丰富的投资、并购和重组的实践经验，先后投资实施了近百个项目，其中盈德气体、碧水源、新筑股份、天和防务、明阳智能、睿创芯片、法士特、陕西重汽、拓璞数控等诸多项目已经成长为行业领先型企业或国内外知名上市公司。在团队合作中，项目的交流和讨论、成功经验的归纳和失败教训的总结、投后管理的积极参与等各项投资业务活动，必将促进我们的进步和成长。聂新勇先生永葆初心，坚持创业创新和实业投资，为社会增添价值，通过“新勇教育基金会”积极支持教育事业。企业文化影响着团队中的每一个人，聂新勇先生的进取和奋斗精神鼓舞我们去登高望远、探索未知、突破自我！

牛顿说：“我好像是一个在海边玩耍的孩子，不时为拾到比通常更光滑的石子或更美丽的 贝壳而欢欣鼓舞，而展现在我面前的是完全未探明的真理之海。” 我们在前人的指导下摸索前行。对于书中的一些原文引用，我尽量注明所参考的资料或文献，也可能有个别引用难以确认资料来源，在此统一表示深切感谢！

本书的序言写道，由于回归初心，我写了这本《T型商业模式》。写好这本书，我又要“跟着感觉走了”，下一步想写一本通俗类畅销书《成为T型人》，接着还想写《企业赢利系统》《战略私董会》。思路看似杂乱，我太不像一个专业研究者。哲学家叔本华说：意欲是一个勇猛强壮的瞎子，他背负着一个能给他指路的亮眼的瘸子（瘸子指人的理性）。钱钟书《围城》最经典的一句话：围城里面的人想出来，围城外面的人想进去。人的理性和意欲，是对立统一的关系，所以作为人，能够“波浪式前进”就不错了。

企业亦是如此。日本企业家涩泽荣一说：一个好的商人，应该一手拿算盘，一手执《论语》。而现实中惯性的力量无处不在：要么我们一直拿算盘，而忘了《论语》；要么我们一直执《论语》，而忘了算盘。美国科学家哲学家阿尔弗雷德·科日布斯基说过：“The map is not the territory.”直译成中文：“地图不是疆域。”T型商业模式可以是一张赢利地图，让创业者手中的算盘打出一份靓丽的业绩；T型商业模式不能完全解释现实商业场景的风云变幻，理解这些还需要企业家的雄心壮志，需要《论语》，它们比情怀更重要！

预计2020年，我再回归初心，继续研究“T型商业模式”，实现人生“小目标”，成为一个专家研究者。这是一片广袤的土地，值得开垦。

李庆丰

图书在版编目（CIP）数据

T 型商业模式：揭示独角兽企业的成功密码 / 李庆丰著．-- 北京：北京时代华文书局，2019.5
ISBN 978-7-5699-2987-4

Ⅰ．①T… Ⅱ．①李… Ⅲ．①企业管理－商业模式－研究 Ⅳ．① F272

中国版本图书馆 CIP 数据核字 (2019) 第 063160 号

T 型商业模式：揭示独角兽企业的成功密码

T Xing Shangye Moshi: Jieshi Dujiaoshou Qiye de Chenggong Mima

著　　者 | 李庆丰

出 版 人 | 王训海
策划编辑 | 周　磊　高　磊
责任编辑 | 周　磊
装帧设计 | 天行健设计　迟　稳
责任印制 | 刘　银　范玉洁

出版发行 | 北京时代华文书局 http://www.bjsdsj.com.cn
北京市东城区安定门外大街 136 号皇城国际大厦 A 座 8 楼
邮编：100011　电话：010 - 64267955　64267677
印　　刷 | 凯德印刷（天津）有限公司　022-29644128
（如发现印装质量问题，请与印刷厂联系调换）
开　　本 | 710mm×1000mm　1/16　　印　　张 | 22　　字　　数 | 327 千字
版　　次 | 2019 年 6 月第 1 版　　印　　次 | 2019 年 6 月第 1 次印刷
书　　号 | ISBN 978-7-5699-2987-4
定　　价 | 88.00 元